# 시민참여실천연구

일러두기

- 인명, 작품명, 저서명, 개념어 등은 한글과 함께 괄호 안에 해당 국가의 원어를 병기했습니다.
- 외래어 표기는 현행 어문 규정의 외래어표기법을 따랐습니다. 단, 굳어진 표현은 그대로 두었습니다.

# 시민참여실천연구

김한수 지음

대한민국, 서울, 학이시습, 2024

# 시민참여실천연구

지은이 김한수
펴낸이 박영률

초판 1쇄 펴낸날 2024년 11월 8일

학이시습
출판등록 제313-2007-000166호(2007년 8월 17일)
02880 서울시 성북구 성북로 5-11
전화 (02) 7474 001, 팩스 (02) 736 5047
learningbooks@commbooks.com
www.commbooks.com



ISBN 979-11-7307-150-8

책값은 뒤표지에 있습니다.

# 서문
# 참여, 실천, 연구방법론을 향한 여정

## 들어가며: 한국 민중교육에 대한 성찰

5년 전, 20여 년 가까이 활동한 야학(夜學) 현장 활동을 쉬게 되면서 그간 직간접적으로 활동하고 경험한 민중교육, 시민교육, 지역사회 조직화 등을 되돌아볼 기회를 얻었다. 역사를 다시 한번 들여다보면서 잊지 말아야 할 것과 변해야 할 것이 무엇인지 살펴보고, 현시점에 시민들을 위한 교육이 어떻게 새로이 나아갈 수 있을지 여러 가능성을 탐색하는 시간이었다. 애초부터 책을 쓰려던 건 아니었지만, 기왕이면 함께 공유하고 학습하면 좋을 것 같아 세 권의 책을 연달아 출간했다. 이 세 권의 책 후반부에는 한국 민중교육의 이론과 역사에 대한 정리, 평가와 함께 새로운 이론과 실천들에 대한 탐색 작업들을 짤막짤막하게 넣어 두었다. 이 책은 세 권의 책에 흩뿌려 두었던 탐색들을 하나로 엮는 작업이면서, 당시 탐색 정도로만 그쳤던 것들을 보완하고 다듬어 향후 민중교육, 시민교육의 다양한 현장에서 활용할 수 있게끔 발전시켜 보려는 시도라고 할 수 있다.

첫 번째 결과물 『프레이리 선생님, 어떻게 수업할까요?』는 가장 대표적인 민중교육 이론가 파울로 프레이리(Paulo Freire)의 사상과 실천에 대한 탐색 작업이었다. 프레이리의 실천과 사상은 현재까지도 공교육, 문해교육, 평생교육 등 다양한 방면에서 필독서로 읽히지만, 실제 우리 사회의 교육 현장에서 활발히 적용되거나 재창안(reinventing)되는 경우를 찾기란 쉽지 않다. 한국 사회가 프레이리의 사상과 실천 중 의식화나 은행저금식 교육과 같은 사회 비판적 관점과 내용들에 주목하고, 정작 프레이리의 (문해)교육 실천에는 크게 주목하지 않았기 때문이다. 그래서 이 책에서는 프레이리가 직간접적으로 실행한, 그리고 기존 지배계급의 지식이 아닌 민중의 산 경험과 언어, 이야기에서 출발해 여러 경계를 넘나드는 참여적이며 비판적인 문해교육 실천에 주목하고자 했다.

프레이리가 1960년대부터 브라질 북동부 안기코스(Angicos) 마을에서 시도한 문해교육에서부터 칠레, 니카라과 등 라틴아메리카에서 시도된 문해교육운동과 아프리카의 기니비사우, 상투메 프린시페의 문해교육 실천들도 함께 살펴보았다. 프레이리에게 문해는 글을 읽고 쓰는 기초교육을 넘어 세계를 이해하고 변화시키는 삶의 주요한 방식이었다. 또한 그는 글읽기-세계읽기, 글쓰기-세계쓰기라는 변증법적 과정과 방법으로 학습과 세계를 연결하려 했다. 책의 뒷부분에는 프레이리 이론을 변화, 발전시킨 문해교육 방법론으로 문제 제기식 방법을 활용한 ESL(English as a second or foreign language)교육과 참여적 문해교육 방법론인 '공동체 기술을 강화하는 새로운 프레이리 문해교육(Regenerated Freirean Literacy through Empowering Community Techniques, REFLECT)'을 소개했다.

두 번째 작업은 한국 사회에서 가장 급진적이었던 민중교육 활동으로 평가할 수 있는 '노동야학'의 역사를 재조명한 『노동야학, 해방의 밤을 꿈꾸다』다. 야학은 한국 사회에서 가장 오래되고, 광범위하게 실천된 민중교육 현장이다. 이 중 노동야학은 1970년대 이후 노동운동과 흐름을 같이 하며 노동자들의 기초교육, 노동 현실에 대한 비판적 이해, 노동운동 조직화를 위한 교육들을 진행했다. 정치적 탄압을 피해 자취방에서도 노동야학이 열렸고, 지식인과 노동자 학생들은 서로가 배우고 가르치는 다양한 교육적 실험을 시도했다. '노동야학의 시대'라고도 부를 수 있는 1980년대에 노동야학은 전국 어디에서나 열렸고, 배움을 통해 새로운 존재가 되기를 원한다면 누구나 학강(學講, 배우면서 가르치는 이)과 강학(講學, 가르치며 배우는 이)으로 참여할 수 있었다. 청계피복노조 투쟁, 산업선교회 활동, 광주민중항쟁, 구로동맹파업 등 노동운동의 중요한 실천과 사건에서 노동야학은 중요한 매개체 역할을 했다. 하지만 1990년대 중반을 넘어서면서 노동야학은 급속히 줄어들었고, 야학과 함께 활성화됐던 다양한 노동교육들도 함께 수그러들었다. 노동운동의 성장으로 노동야학이 조직화를 위해 해 왔던 교육적 역할이 축소된 측면도 있지만, 그것보다 더 큰 원인은 노동교육의 경직화였다. 지식인이나 지도부에 의한 의식 변화와 정치 선동이 중심이 된 경직된 노동교육은 추상적이고 원론적인 내용과 방법으로 흘러갔고, 점차 노동자들의 삶, 경험, 감각과 주체화에서 멀어졌다.

이 역사를 성찰하면서 노동자 학생들의 인터뷰, 수기, 문집 글 등을 통해 노동자의 입장과 관점에서 노동야학을 재평가하고자 했다. 프랑스 정치철학자 랑시에르(Jacques Rancière)가 '프롤레타리아트의 밤'을 통해 노동자의 자기 해방과 자유를 위한 가능성을 발견한 것처럼, 노동자의 경험과 입장, 이야기에서 노동야학의 동력과 가능성을 새로이 발견하고자 했다. 노동야학은 노동자의 다양한 감각을 일깨우고 출세를 위한 학습에서 해방을 위한 학습으로 질적 전환을 이루었다. 노동자들은 참된 배움과 윤리적 주체에 대한 고민을 통해 나 아닌 다른 이에 대한 연대의 정신을 가지고, 배움을 가로막는 것에는 온몸으로 저항했다. 이러한 과정들을 통해 노동자는 기계가 아니라 생각하고 말하는 존재, 함께 살아가는 존재, 문화적인 존재임을 깨닫는다. 노동야학 이후의 새로운 노동교육을 탐색하면서 노동자의 경험과 지식에서 출발하는 북미의 나선형 교육 모델(Spiral Model)과 노동자 스스로 자신의 문제와 관련한 조사를 통해 지식을 창출해 가는 참여실천연구(Participatory Action Research, PAR), 노동과 학습이 연계된 사회 모델로 스웨덴의 노동자교육 사례를 탐색하였다.

세 번째 작업은 교육과 사회운동의 접합, 관계성에 대한 탐색 작업이다. 의식화와 조직화로 대변되는 가치와 방법론을 50년 넘게 유지하고 있는 한국 공동체 조직화(community organization, CO)운동의 역사를 고찰했다. 한국의 CO운동은 프레이리와 알린스키(Saul Alinsky)의 이론과 방법론을 토대로 하여, 지역주민들이 스스로의 상황과 현실을 비판적으로 분석하고 행동을 통해 스스로 조직을 만들어 지역사회를 개발, 변화시켜 나가고자 하는 시도라고 할 수 있다. 주로 도시의 빈민 밀집 지역에서 진행된 CO운동에는 풀뿌리 민주주의, 지역사회 조직화, 주민 대중교육(탁아소, 공부방, 주민도서관, 어머니학교, 야학 등), 주민 조직가와 지도자(리더) 교육훈련, 다양한 공동체 활동 등 지역사회를 기반으로 한 공동체 조직화와 교육(의식화) 활동이 배태되어(embedded) 있다. 프레이리-알린스키 모델이라고 불린 CO운동은 한국뿐만 아니라 필리핀, 인도, 태국, 미얀마, 인도네시아 등 다양한 아시아 지역에서 확산되었다. 한국에서는 소위 달동네라 불리는 지역에서 불거지는 다양한 이슈들을 통해 주민 조직이 이루어졌고, 지역공동체 형성으로 다양한 주민교육과 의식화 작업을 안정적으로 진행할 수 있었다. 교육과 학습으로 지역공동체의 조직력을 강화하거나, 조직화 작업이 한계에 부딪혔을 때 의식화와 교육 활동이 중요한 전환의 계기로 작동하기도 했다. 주로 권리와 자원의 획득이 중심이 되는 조직화가 한계에 다다르는 상황에서 리더십 개발, 사회적 이슈로의 의식 고양, 학습을 통한 성장 등의 의식화 활동이 지역운동을 성숙시키는 역할을 했다. 한국 CO운동은 알린스키의 이론에 근거한 조직화가 주요한 방법이었지만 야학, 탁아소, 공부방, 어머니학교, 지역사회학교(빈민학교) 등 주민들의 의식을 일깨우고 스스로의 현실과 이야기와 바람들을 표현할 기회를 다양하게 만들었다. 지역사회 조직화와 공동체 개발이 결합되어 다양한 의식화 활동이 가능했다. 하지만 조직화 방법론은 강제 철거와 같은 공통의 이슈에서는 효과를 발휘했지만, 주거 밀집 지역의 철거 이후 상황이나 전 세계적 저성장으로 인해 개발과 같은 공통의 이슈가 잘 보이지 않는 상황에서는 지역사회를 분석해 새로운 이슈를 발굴하는 교육 활동이 더욱 필요하게 되었다.

한국 CO운동 역사에 대한 성찰과 함께 의식화와 조직화, 교육과 사회운동이 결합한 다양한 모델들도 함께 소개했다. 신자유주의 상황 속에서 르페브르(Henri Lefebvre)의 '도시에 대한 권리'와 민중교육을 결합한 미국의 변혁적 조직화운동(Transformative Organizing, TO) 사례, 아시아 CO운동(특히 필리핀)에서 조직화운동의 한계를 인식하면서 민중교육을 발전시켜 나간 사례, 사회운동 자체를 학습하는 사회운동학습이론(Social Movement Learning Theory), 비고츠키(Lev Vygotsky)와 엥게스트룀(Yrjö Engeström)의 문화역사적 발달이론, 다양한 참여적 학습 방법론과 개발 사례[PAR, PLA, 커뮤니티 매핑(Community Mapping), 내재적 학습시스템(Internal Learning System, ILS), PALS]들을 통해 의식화와 조직화, 교육과 사회운동의 새로운 가능성과 모델들을 보여 주고자 했다.

이 세 작업은 모두 한국 민중교육 역사에 대한 부분적 기록이자 성찰 작업이다. 한국의 민중교육 담론과 실천은 1970~1980년대 정점을 이루었고, 대안적인 삶을 만들려는 운동과 교육을 연결하며 민중운동의 자양

분이 되었다. 하지만 1990년대를 넘어서며 급속히 쇠퇴하면서 그 유산과 의미들도 제대로 평가되지 못했다. 삶을 위한 교육, 평등을 위한 교육, 민중의 삶과 경험 · 언어 · 이야기에서 출발하는 교육, 사회변화를 위한 조직화교육들이 우리 민중교육의 역사 속에 있다고 할 수 있다. 물론 그 역사 속에는 노동야학에서 보이듯 교수자 중심의, 의식성을 중심으로 한 교육 방식의 한계도 존재한다. 프레이리의 이론 역시 민중교육 담론의 중심 역할을 했지만, 새로운 실천을 만들어 내지 못했다는 측면에서 실천 방법론에 더욱 주목할 필요가 있다. 민중교육에 대한 역사적 평가와 함께 변화를 위한 다양한 이론적 고찰과 실천 방법에 대한 새로운 모색이 필요해졌다. 형식적(제도적) 민주주의의 형성, 공교육과 평생교육의 확장, 경제 선진국으로의 진입, 지방분권의 활성화 등과 같은 환경 속에서 교육은 너무 '흔한' 것이 되었다. 배움과 사회변화를 바랐던 청년 대학생들과 노동자들은 야학 대신 영어, 자격증 학원을 찾는다. 과거 민간 교육운동 영역은 교육 소외자에 대한 기회 제공 중심으로 영역이 축소되거나, 제도화된 성인교육 영역으로 흡수되거나 동형화되고 있다. 기업교육, 평생교육, 또 숱하게 제공되는 온라인과 매체를 통한 교육은 과거 교수-학습의 관계와 틀들을 변화시키고 있다. 과연 과거와 같은 삶의 변화, 사회변화를 위한 교육운동은 이제 어려운 것일까?

이 연구의 출발점은 여기에 있다. 이 책에서 주요하게 소개하고자 하는 다양한 참여, 실천, 연구방법들은 이 고민들의 장을 넓혀 줄 하나의 관점(접근 방식)이자 매개체다. 이 책의 중심 주제인 '참여실천연구'는 세계 내에 존재하는 사람들의 경험, 이야기, 지식, 실천, 관계들에서 출발한다. 이미 잘 정리된 지식을 전수하기보다는 오랫동안 문화역사적으로 세계와 인간들이 실천을 통해서 창조한 거시적 앎(지식)과, 특정 지역 · 시기 · 관계 속에서 살아가는 인간들의 미시적 지식과 경험, 관계들을 연결하고 변화시키는 작업이다. 그 과정은 인간들의 직접적인 참여와 실천, 학습을 통해서 진행된다. 그래서 참여실천연구는 개인만의 연구와 학습이 아닌 집단의 학습이고, 이론과 실천이 연결되고 순환되는 과정이다. 프레이리가 문해교육에서 시도한 참여적(생성적) 조사부터 남미와 아프리카의 민중교육 전통들과 변화들, 그리고 비고츠키로부터 시작해 엥게스트룀으로 이어지는 문화역사적 활동 이론, 제3세계 민중의 지식과 경험에 기반한 참여적 개발론 등이 참여실천연구의 이론적 뿌리들이다.

## 주민자치와 시민교육

2018년, 지역 민간 전문가로 서울형 주민자치회를 지원하는 일을 하게 되었다. 촛불로 상징되는 직접 시민행동을 통해 대통령까지도 탄핵시키는 광장 민주주의가 활성화되었지만 시민의 일상이 이루어지는 노동 현장, 지역, 학교 등의 민주주의는 크게 나아지지 않았다. 오래전부터 지역운동, 시민운동 단체가 주민들이 겪는 문제에서 출발해 행정을 감시하고 견제하는 활동들을 진행해 왔지만 지역의 기득권 체제는 좀체 변화되지 않았고, 점차 복잡해지고 다양해지는 이슈들을 해결하기에는 한계에 봉착하고 있었다. 이러한 한계들을 시민들이 직접 지역 활동과 행정의 영역에 참여해 지역사회를 변화시켜 나가는 활동과 제도가 바로 주민자치(회)다.

오랜 시간 정치를 장악한 권위주의적 군사 정권과 중앙 집권적 국가 운영은 다양한 방식으로 국민을 침묵시키고 행정에서 배제했다. 1980년대를 지나며 형식적인 민주화가 이뤄지고, 1990년대 중반이 지나서야 지방분권의 출발인 지방자치가 제도화되었다. 주민자치회는 풀뿌리 자치 활성화와 민주적 참여의식 고양을 큰 목표로 하는 정책으로, 주민들이 주민대표기구를 구성하여 동 주민들과 함께 지역사회문제를 직접 해결해 나가고자 하는 취지로 만들어졌으며, 2013년부터 행정안전부와 각 지자체에서 시범 실시하고 있다. 과거 관(官) 주도로 운영되어 왔던 주민자치위원회를 민(民) 주도로 전환하기 위해, 주민들이 더 많이 참여할 수 있도록 개방하고, 형식적 기능 조직이 아닌 지역 의견을 수렴하고 문제를 해결해 나가는 실질적 주민 조직으로 기능할 수 있도록 예산 지원, 직접적인 사업 실행, 행정 사무 위수탁 운영과 같은 권한을 부여하는 방향으로 진행되고 있다. 이러한 주민참여 정책의 활성화는 빠르게 변화하고 다양한 욕구와 이해관계들이 증가하고 부딪히는 현대 사회에서, 관성적이고 유연하지 못한 행정만으로는 제대로 대응할 수 없다는 현실을 반영한 것이기도 하다.

하지만 현실은 녹록지 않았다. 행정과 지역 기득권의 그늘에 있었던 주민들은 '초대받은 권리의 공간'에서 여러 시행착오를 겪었다. 민주적 과정에 대한 경험이 부족한 상태에서 회의, 대화와 토론, 의견 수렴, 정보공개 등에서 여러 갈등을 빚었다. 공론장에 대한 참여와 운영에 대한 경험이 부족해, 공론장을 만들어 주민을 초대하기보다는 본인들이 의견을 제시하고 결정해 버리는 방식에 익숙했다. 지역사회문제 해결을 위한 자치 계획 수립을 위해 지역사회를 객관적으로 이해하고, 종합적으로 파악하고, 분석하는 과정은 꽤 힘든 여정이었다. 주민들이 이 과정을 좀 더 쉽게 학습하고 훈련할 수 있도록 지원하는 체계적 과정은 거의 없었다. 진행되는 교육들은 제도와 정책에 대한 안내가 대부분이었고, 방법에서는 의견 도출을 위한 단발적 워크숍 방식에 그쳤다. 어찌 보면 사회 전반의 교육 환경이 지식 습득 중심으로 획일화되어 있고, 성인들에 대한 정치교육과 시민교육의 토대가 거의 없다시피 한 한국 사회 현실에서 당연한 결과일 것이다. 주민자치는 광장이 아닌 지역, 마을이라는 구체적 사회 현실을 학습하는 과정이다. 또한 주민자치교육은 지역사회에 대한 이해를 바탕으로 지역주민들이 함께 논의, 결정하고 실천, 성찰하는 과정을 진행할 수 있도록 시민력을 형성해 나가는 과정이다. 권리의 공간으로 초대는 되었지만 우리 사회에 시민으로서의 역량을 만들어 나가는 체계적인 교육은 거의 없다. 행정에 대한 지식 전달이나 결과 도출을 위한 기술적 교육을 넘어서서 지역사회를 비판적으로 조사 · 분석하는 역량, 다양한 형태로 시민들의 의견을 수렴하고 토론하는 역량, 지역사회문제 해결과 변화를 위해 계획을 수립 · 실행 · 평가하는 역량, 지역의 다양한 사람 · 문화 · 관점들을 수용하고 더불어 살아가는 역량을 키우는 교육이 필요하다.

삶에서 유리된 획일적 · 형식적 교육에서 벗어나 삶의 구체적 현장인 지역에서 시민력을 키워 가는 자치교육이라는 방향은, 유네스코가 2021년에 발행한 "함께 그려보는 우리의 미래: 교육을 위한 새로운 사회계약(Reimagining our futures together: A new social contract for education)"이라는 전환적인 보고서와도 맥을 같이한다(UNESCO, 2021:7). 유네스코는 코로나19가 극에 달한 팬데믹과 기후위기라는 불안하고 위협적인 상황에서 과연 교육이 무엇을 할 수 있을지, 어떻게 변화해야 하는지 집단적으로 고민하고 성찰한 결과로, 창립 이후 세 번째 국제위원회 교육 보고서를 내놓았다. 가장 주목할 부분은 미래교육에 대한 기본원칙으로 '공공의 노력(public endeavor)과 공동재(common good)로서 교육을 강화할 것'을 제시했다는 것이다. 교육에서 다루는 지식들은 학교, 교실, 수업, 교과서, 시험과 같은 정형화되고 제도화된 과정에 있는 것에만 국한되지 않고, 인간 모두의 능동적 참여와 경험이라는 전체적인 활동들을 통해 공동으로 창조한 자산이라는 것이다. 교육이 공동의 자산이라는 것은 정부나 국가뿐만 아니라 다양한 주체(교사 · 청소년운동, 지역사회 기반 그룹, 신탁 기관, NGO(비정부기구), 기업, 전문가 협회, 자선 단체, 종교 기관 및 사회운동), 즉 모든 인류가 교육의 생산자이자 관리자이며, 협력 · 협동 · 연대의 원칙을 중심으로 조직되어야 함을 말한다. 그리고 교육과정에서는 학생들이 지식에 접근하고 생산하는 동시에, 비판하고 적용하는 능력을 발달시킬 수 있도록 생태적, 상호문화적, 학제 간 학습을 강조하는 변화와 혁신이 필요함을 주장한다. 특히 성인학습과 교육의 강력한 해방적 전통이 직업 및 기술 차원에 과도하게 집중된 평생학습에 의해 위축되었음을 지적하면서, 진정으로 변혁적인 학습을 중심으로 재개념화되어야 한다고 말한다. 우리 사회에서도 교육을 '한강의 기적을 만들어 낸, 개천에서 용을 키워 내는' 경제적 수단이 아니라 인류 공동체가 함께 축적한 지식과 지혜들을 통해 전면적 발달을 이룰 수 있는, 그리고 현재 인류가 겪고 있는 위기들을 함께 해결하는 비판적이고 참여적인 과정으로 만들어 가야 한다. 이 책에서 다루는 참여, 실천, 연구들 역시 과거 성인교육의 비판적 · 해방적 전통의 역사를 다루면서, 새로운 사회 계약을 위한 공공재로서 교육적 실험들을 탐색하는 계기가 될 것이다.

## 시민의 참여와 실천을 위한 연구(교육)

지금까지 이 책이 다루고자 하는 내용과 관련한 역사적, 이론적 배경, 주민자치회 경험과 유네스코 보고서를 통한 국내외 흐름을 살펴보았다. 한국 사회는 1970년대 의식화와 조직화라는 이론적, 실천적 토대를 통해 사회변화를 위한 교육 활동을 발전시켜 왔다. 하지만 노동야학의 쇠퇴와 같이 민중교육 담론과 활동이 사라져 버린 이후, 사회변화를 위한 새로운 교육 담론과 실천을 만들어 내지 못하고 있다. 민주시민교육이라는 담론이 있긴 하지만 선거, 토론, 법치주의와 같은 형식적이고 좁은 의미(주로 제도정치의 영역)에 그치고 있다. 2000년대를 넘어서면서 사회운동과 정책에서 마을공동체 활동, 주민자치, 주민참여예산, 도시재생처럼 분권, 협치, 시민참여를 기반으로 한 활동이 점차 증가하면서 이에 필요한 시민들의 교육 요구가 증가하고 있고, 구체적 지역 현장에서 학습과 행동이 연결되는 활동들이 다양하게 펼쳐지고 있다. 교육 분야에서도 학교개혁, 혁신학교운동, 마을교육공동체운동 등을 통해 폐쇄적이었던 학교가 지역사회와 연결해 교류하고, 마을학교, 마을교육과정 등을 통해 다양한 주체가 학교와 교육 활동에 참여하고 있다. 주어지는 기존 지식을 전수하는 학습 활동이 아니라, 다양한 주체들이 지식과 경험을 토대로 하여 조사와 연구, 행동과 성찰을 통해 새로운 지식을 생성해 내는 변혁적이고 주체적인 학습 활동이다.

그런데 시민들의 참여를 기반으로 하는 활동과 학습에는 다양하고 복잡한 맥락들이 존재한다. 하나의 사례로 최근 국내에서도 굉장히 많이 언급하는 협치, 거버넌스에 기반한 활동들을 들 수 있다. 협치와 거버넌스는 현재 국내 시민참여 활동에서 빼놓을 수 없을 정도로 중요한 영역이 되었다. 협치와 거버넌스를 통해 그동안 닫혀 있었던 정치와 행정의 영역으로 민간 영역과 시민들이 들어갈 수 있게 되었다고 생각하기 때문이다. 제3세계에서는 이미 1980~1990년대부터 참여적 개발과 국제개발협력에서 거버넌스가 핵심적 요소가 되었다. 제3세계의 거버넌스는 한쪽에서 원조 효과성을 높이기 위해 시민 또는 NGO와 같은 중간조직을 참여시키면서 사회의 실질적 변화를 이끌어 내기도 했지만, 다른 한쪽에서는 국가나 정치 세력, 사회운동의 정치적 영향력을 약화하는 '탈정치화'라는 결과를 낳기도 했다. 세계은행과 같은 거대 금융 조직은 이러한 프로젝트를 지원하며 정치적 자유, 시민의 참여, 공동체의 책임 등을 강조한다. 이는 국가의 통치성을 약화하고, 시민이 중심이 된 자조 그룹들의 참여, 학습, 생산 활동을 통한 점진적 변화에 주력한다. 일부 학자들은 거버넌스를 신자유주의와 저성장 속에서 위기 상황을 돌파하기 위한, 시민 주체화를 통한 위기 관리 전략으로 해석하기도 한다.

한국 사회의 거버넌스가 이와 똑같다고 할 수는 없지만, 여러 맥락이 혼재되어 있으며, 제3세계와 유사한 상황들도 발생한다. 주민자치나 도시재생 등에서는 다소 형식적으로 주민협의체가 운영되거나 주민 동원이 이루어지기도 한다. 또한 마을공동체 활동에서 '마을'은 좋은 (상품적) 가치를 생산해 내야 하는 것으로, 자원 중심으로 받아들여진다. 시민들의 역량강화도 소셜 디자이너, 사회혁신가, 사회적 기업가 등 다소 시장적 요소가 강한 내용들로 채워진다. 시민들이 직접적인 참여가 활성화된다는 점에서는 긍정적이지만 그 참여가 어떤 가치와 연결되고 지역 공동체의 권한 강화에 어떻게 기여하는지, 다양한 학습 활동을 통해 시민들의 주체력과 비판적 성찰력을 높이고 있는지 주의 깊게 살펴볼 필요가 있다. 이 책의 주요 내용을 '시민을 위한 참여와 실천의 교육'으로 잡고, 이론적 검토에서 출발하는 것도 이와 같은 이유에서다.

이 책에서는 시민들의 참여와 사회변화를 위한 교육, 학습 이론들을 '참여실천연구(교육)'라는 패러다임을 중심으로 정리해 보려 한다. 하나의 이론적 맥락으로 다 설명할 수는 없지만 몇 가지 공통점이 있다. 먼저 **'지식이 정치, 사회적으로 중립적이지 않다'**는 생각이다. 민중교육 이론가이자 실천가였던 프레이리가 주장했던 것처럼, 지식과 권력은 뗄 수 없는 관계성을 가지고 있으며, 지식이 생산되고 공적으로 가치를 인정받고 유통되면서 우리의 삶에 영향을 미치는 과정들이 정치적이다. 지식은 단수가 아닌 복수로 서로 경합하고 계쟁(係爭)하는 과정을 거치며, 이 과정에서 지식들이 서로 갈등을 일으키거나 차이를 생성하기도 한다. 자연스레 참여실천연구는 연구와 학습에서 누가, 어떻게, 어떤 지식을 생산하고 그 가치가 어떻게 사회적으로 인정받는지에 관심을 기울인다.

또한 지식 생산의 주체 면에서 **'모든 사람은 철학자'**라고 말한 그람시의 주장처럼 연구와 조사를 특정 전문가만이 다룰 수 있다는 입장에 반대하며, 모든 사람이 자신의 상황과 문제, 구체적인 일상에서의 경험과 실천, 지역에 대한 지식을 토대로 자신의 질문에 답하는 '유식(有識)한 연구자'가 될 수 있다는 가능성을 현실화하고자 한다. 이 책의 1, 2장에서 본격적으로 다룰 참여실천연구의 이론과 역사에서는 지식, 문제 상황, 일상, 경험과 관련한 당사자들이 지식을 생산하고 창조하는 인민과학의 연구자와 전문가임을 강조한다. 4장 지역사회 기반 연구에서는 모든 과정에 현장의 주체들이 참여하고 개입하는 당사자성과 파트너십을 강조한다. 5장에서 다룰 로버트 챔버스(Robert Chambers)의 참여적 개발 방법론 역시 외부 전문가가 아닌 내부 주민의 경험과 지식에 기반한 개발이 훨씬 더 효과적이고 현실 변화를 위한 지식 생산이 가능함을 강조한다.

지식의 내용과 형태에서는, 이론적이고 인지적인 지식만이 아니라 경험과 연결되거나 **감각적이고 행동적인 지식**들을 다룬다. 참여연구(Participatory Research, PR)를 시도한 인류학자 스완츠(Marja-Liisa Swantz)는 지식을 실용적인 지식에서 이론적인 지식까지의 연속체로 이해한다. 그리고 인식적 지식인 에피스테메와는 달리 직관과 경험, 감각을 통해 실생활의 맥락에서 구체적 지식을 생산하는 테크네(Techne)로서 '살아있는 지식'을 강조했다. 2장에서 다룰 팔스 보르다(Orlando Fals Borda)

의 참여실천연구에서는 시민들의 직접적 실천, 실행을 통한 산 경험(비반시아, Vivencia)의 학습을 중요시하면서 아카데믹하고 이론적인 부분이 변증법적으로 결합되는 과정의 과학을 추구한다. 그래서 추상적 지식만이 아닌, 실용적이고 경험적이며 현실을 변화시키는 '힘 있는 지식'을 다루고자 한다.

참여, 실천, 연구방법론들은 **이론과 실천, 지식과 행동의 통합적 과정과 순환 과정을 추구하면서, '성찰'을 강조**한다. 지식을 둘러싼 권력관계에 도전하면서 스스로 지식 생산의 주체가 되기 위해 애쓰며, 알고 있던 지식뿐만 아니라 경험적 지식들도 활용하고 실천을 통해 그 지식의 진실성을 확인하는데, 지나온 과정에 대한 비판적 성찰과 평가는 새로운 지식 생산의 출발점이 된다. 실천과 성찰은 지식이 새로운 지식으로 진화하는 데서 필수적이면서 매우 중요한 과정이다. 또한 참여실천연구는 지식 생산의 주체, 참여적이고 공동 협력에 기반한 연구 과정, 차이와 다양성에 대한 인정이라는 측면에서 대화적, **윤리적 과정**이다. 참여실천연구에서는 지식 생산과 연구 윤리적인 측면에서 스스로의 활동들에 대한 역사적 분석과 성찰을 매우 중요한 과정과 태도로 여긴다. 6장에서 다루는 파워큐브(power-cube) 역시 권력에 대한 분석을 중심으로 참여과정과 다양한 주체들의 활동을 분석하고 성찰하는 방법론이다. 페미니스트 참여연구의 경우 참여실천연구에 대한 젠더적 관점에서의 성찰을 통해 참여실천연구 자체를 심화한다.

마지막으로 참여실천연구는 개입과 행동을 통한 **현실의 실질적 변화를 추구**한다. 권력자와 전문가가 중심이 된 지식들이 기존의 질서를 옹호・전수하는 연구와 학습을 추구한다면, 참여실천연구는 기존 질서와 지식들을 전복하려 한다. '참여'는 의견과 지식 창출을 위한 단순한 도구가 아닌, 내재적이고 규범적인 가치를 부여해 기존의 권력을 대체할 수 있는 다양한 권력들로 개념화된다. 4장에서 다루는 지역사회 기반 연구는 정책 입안자와의 연구 파트너십 형성을 통해 현실을 변화시키는 정책의 입안을 목적으로 한다. 주민자치회, 로컬랩, 리빙랩 등도 문제를 둘러싼 다양한 주체들이 모여 공동의 지식과 공론장, 협력적 모델 등을 통해 일상의 문제 해결을 시도한다.

참여실천연구는 현장 연구나 문제 해결을 위한 기술적 도구들에 그치지 않는 지식과 연구, 학습과 실천에 대한 **일종의 관점이자 패러다임**이다. 지식과 권력의 관계에 주목하며, 그동안 지식의 생산과 유통 과정에서 배제되어 온 다양한 목소리와 차이들을 드러내는 대안적 학습 과정이다. 끊임없이 지식, 주체, 학습, 행동, 권력의 관계를 성찰하고 실천을 통해 현실을 변화시켜 나가는 과정이다.

## 책의 구성과 내용

이 책은 각 장에서 참여실천연구에 해당하는 이론, 학습 과정과 방법론과 도구, 사례들을 제시한다. 참고문헌들과 함께 추가 학습을 진행하는 데 참조할 수 있는 내용과 온라인 사이트도 함께 제공하려 애썼다. 1장과 2장에서는 이 책의 중심 패러다임인 참여실천연구의 이론과 역사를 다룬다. 가장 오래되고 대표적인 참여 연구로는 프레이리 해방교육을 들 수 있다. 프레이리의 해방적 문해교육 활동은 정리된 독본을 제시하는 대신 민중의 삶과 언어, 인식에 대한 생성적 조사(generative investigation)에서 시작한다. 또한 문자의 기능적 습득에 그치지 않고, 글읽기-세계읽기 과정과 이어지는 행동-성찰을 통해 억압된 상황 속에 있는 학습자의 해방을 꿈꿨다. 프레이리에게 참여적 조사의 전통을 이어받아

연구자와 참가자(피연구자)의 경계를 허물고 공동의 지식과 실천을 변증법적 학습 과정으로 만들어 낸 팔스 보르다의 참여실천연구가 남미를 비롯한 제3세계 해방적 학습의 또 다른 한 축을 형성했다. 제1세계와 전문가, 실증주의가 중심이 되어 온 연구와 지식 생산을 비판하면서, 권력과 지식의 관계성을 폭로하고 민중의 인식, 경험, 실천에 기반한 인민과학을 세우고 이론적 과학과의 통합을 시도했으며 연구자와 민중, 이론과 실천, 역사와 현실을 통합하려 했다. 이 전통은 주로 북미, 남미, 아시아(특히 인도) 지역을 중심으로 형성되었는데, 마르크스의 사회 갈등적 관점과 그람시의 헤게모니, 유기적 지식인, 이론과 실천의 통일과 같은 이론적 방향들을 공유한다. 참여실천연구는 약간의 차이가 있지만 남미만이 아닌 유럽과 미국, 아시아, 아프리카 등지에서 액션리서치, 참여연구 등 다양한 이름과 방법론으로 발전되기 시작해 1970~1980년대 교류와 공동 작업을 통해 참여실천연구로 집대성되었다. 참여실천연구는 다양한 주체와 지역, 영역에 적용되면서 페미니즘과 결합한 페미니스트 참여실천연구(Feminist Participatory Action Research, FPAR, 3장), 청소년 참여실천연구(Youth Participatory Action Research, YPAR, 1장), 지역사회 기반 참여연구(community-based participatory research, CBPR, 4장), 교사실천연구(Teacher Action Research, TAR) 등으로 변화, 발전한다.

3장에서는 젠더, 소수자를 위한 학습 이론으로 페미니스트 참여실천연구와 젠더행동학습시스템(Gender Action Learning System, GALS)을 소개한다. 참여실천연구는 1980년대를 넘어서면서 전 세계적으로 확산되었고, 다양한 주체와 내용들로 확장되었다. FPAR도 그중 하나로, 페미니즘이 결합된 모델이다. 참여실천연구가 가진 지식과 권력의 관계성을 유지하면서 사회 구조적 문제보다는 개개인의 정치성에 더 주목하는 모델이다. 페미니즘의 구호 중 하나인 '개인적인 것이 정치적인 것이다'

라는 전제에 기반해 성, 젠더, 인종 등 소수자의 주관성 강화와 권한 강화(empowerment)에 초점을 맞추는 모델이다. 젠더행동학습시스템은 제3세계의 참여적 개발 방법론을 바탕으로 젠더 정의라는 가치를 지향하는 방법론으로, 여성들의 다층적 억압에 대해 모든 젠더화된 권력을 제거하기 위해 여성과 남성 모두가 자신의 잠재력을 발견할 수 있어야 한다고 주장한다. 시각 이미지와 참여적 다이어그램들을 주로 활용해 글을 읽고 쓰지 못하는 수많은 여성, 남성들에게도 사용 가능하다. 젠더 불평등에 대한 분석뿐만 아니라 미래 비전에 초점을 맞춰 동료교육과 젠더 행동을 지속적으로 발전시켜 나갈 수 있는 학습과 구조를 구축하는 데 집중하는 액션러닝 과정이다.

4장에서는 지역을 기반으로 한 참여연구 사례로, 일상이 이루어지는 지역을 학습하고 분석하며, 이를 토대로 지역사회문제를 해결하거나 마을공동체 조직을 만들어 나가는 한국의 사회혁신 정책 사례들을 살펴보고자 한다. 지역을 기반으로 한 학습과 실천들이 없었던 것은 아니지만, 2010년대에 서울시를 중심으로 집중적인 사회혁신 정책 실험이 이루어졌다. 구체적 사례로는 지역을 기반으로 한 현장실험실로 불리는 로컬랩(리빙랩)을 통해 전문가와 다양한 이해관계자나 주민들의 공동연구, 학습과 행동을 통해 문제를 해결해 나가는 과정을 살펴보고자 한다. 또 하나의 사례로는 지역에 기반한 일종의 학습-실천 공동체로서 주민자치회를 살펴볼 것이다. 한국의 사회혁신 정책은 주민참여가 활성화되지 못한 지역을 촉진해 이해당사자들을 모으고 공동체적 관계가 형성되도록 했지만, 지역사회 분석과 문제 해결까지 나아가기 위해서는 좀 더 안정적이고 지속적인 플랫폼과 주축 집단이 필요하기 때문에 주민자치회라는 지역사회조직을 통해 학습-실천 공동체를 만들려 했다. 이 두 사례에서는 사람들의 구체적 삶과 일상이 이루어지는 지역에서 다양한 주체들이 참여하고 내부의 역량을 강화하며, 리빙랩 같은 연구 · 분석 도구들을 통해 문제를 발견하고 해결해 나가는 풀뿌리교육과 활동 과정을 살펴볼 수 있을 것이다. 이와 함께 지역을 중심으로 연구, 학습의 파트너십을 장기적으로 구축해 가는 지역사회 기반 참여연구를 함께 소개한다. 지역사회 기반 참여연구는 참여실천연구의 전통에 서 있으면서, 지역주민들의 경험과 지식을 기반으로 전문가와 주민이 공동으로 연구팀을 구성하여 정책에도 변화를 꾀하고자 한다. 일상에 영향을 미치면서도 여러 맥락과 복잡성으로 인해 원인을 찾기 쉽지 않은 건강, 환경 영역에서 특히 두드러진 접근 방식이다.

5장에서 다루는 개발학자 로버트 챔버스의 참여적 개발도 빼놓을 수 없는 참여적 학습 이론이자 방법론이다. 챔버스는 교육학자는 아니지만, 그의 참여적 방법론들은 대부분 교육적 바탕에 있다. 1970년대부터 기존 제3세계 원조 개발의 실패가 현지 당사자의 시각과 관점이 아닌 외부자, 전문가의 관점과 시도 때문임을 강조하면서, 당사자의 참여와 직접 학습, 집단적 워크숍, 행동을 통해 지역사회 개발을 주도해 나가는 방법론이라고 할 수 있다. 속성지역평가(Rapid Rural Appraisal, RRA), 참여지역평가(Participatory Rural Appraisal, PRA), 참여학습행동(Participatory Learning Action, PLA)으로 이어지는 참여적 개발, 학습 방법론은 1990년대 세계적으로 주목받으면서 주민 주도 개발의 대명사가 되었고, 영국 서식스대학교 개발학연구소(Institute of Development Studies, IDS)를 중심으로 농업, 위생, 화장실, 산림 관리, 문해, 해충 관리, 에이즈 등 다양한 개발 분야에서 이를 응용한 방법론들이 만들어지고 있다. 개인의 의식 고양부터 당사자와 지역 문제에 대한 다양한 조사 방법, 계획을 세우는 방법, 실행 방법들을 다룬다. 이러한 시도들은 대부분 가난하고 소외된 주민들이 자신들의 상황을 스스로 조사하고 분석해 해결 방안을 내놓는 과정을 포함한다. 그 과정에서 시각적 매개물, 커뮤니티 매핑, 랭킹, 벤다이어그램, 매트릭스, 타임라인 등을 이용한다.

6장에서는 '권력-지식을 통한 학습'이라는 주제로 파워큐브를 소개한다. 앞서 참여적 방법론이나 거버넌스 담론과 관련해 정치적 힘의 관계를 배제하거나 은폐한다는 비판이 있음을 살펴보았다. 파워큐브는 참여실천연구 중에서도 힘의 분석과 학습을 중심으로 한 방법론으로, 지역-국가-글로벌 역학 관계를 학습하거나 참여적 개발을 둘러싼 복잡한 권력관계를 입체적으로 분석하는 데 이용된다. 파워큐브는 다층적인 주체, 맥락, 레벨의 힘들에 주목하면서 공간적 측면(closed, invited, created power), 권력의 영역(public, private and intimate realms of power), 다양한 단계(global, regional, national, local, community, household etc)에 대한 힘의 분석을 통해 현재의 권력관계 내에서 시민들이 어떤 힘의 변화를 어떻게 가져갈 것인지 학습한다. 파워큐브는 지식을 통한 힘의 생성, 힘에 대한 학습과 분석을 통해 인간과 사회를 구체적으로 변화시켜 가는 전략을 위한 연구, 학습 방법론이다.

이 책에서 소개하는 다양한 참여실천연구는 완결된 개념이라기보다는 참여, 실천을 위한 교육과 학습을 포괄적으로 표현하기 위한 열린 상자다. 행동과 실천에 따라 더 많은 관점과 이론들이 포함될 수 있으며, 필요에 따라 몇 가지 세부 방법론들을 여러 접근 방식으로 묶을 수도 있다. 대신 끊임없이 민중, 시민, 당사자가 어떻게 학습과 지식 생산의 주체가 될 수 있는가, 추상적 지식과 경험적·감각적·실천적 지식들을 어떻게 변증법적으로 통합할 수 있는가, 참여적 학습 방식들을 도구화하지 않고 과정과 관계 형성을 통한 성장을 중심에 놓을 것인가, 미래를 구체적으로 변화시키는 학습과 실천을 연결할 것인가를 새롭게 생각해야 한다. 그런 의미에서 참여실천연구는 모든 시민을 지식의 수용자가 아닌 능동적 생산자이자 학습자로 성장시키고, 연구를 폐쇄된 실험실에서의 부검이 아니라 우리 삶이 이루어지는 현장에서 질문에 대한 실천적 답을 찾는 역동적 학습으로 변화시켜 갈 것이다.

# 차례

# 1장
# 참여와 실천을 통한 새로운 지식의 생산, 참여실천연구


■ 요약

참여실천연구는 하나의 연구방법을 넘어, 누구나 지식을 생산하고 실천을 통해 의미를 획득하고 성찰을 통해 새로이 지식을 창조하는 일련의 학습에 대한 관점이자 접근 방식이다. 참여실천연구는 독립적이고 객관적인 지식을 강조하는 실증주의와 주관적 관점에 기반해 생활세계가 구성된다는 해석주의 모두를 비판한다. 비판적 주관성과 경험의 공유, 참여적 분석, 행동을 통한 인식, 사회적 구성 등을 통해 변증법적으로 새로이 지식을 창조하는 것에 중점을 둔다. 그래서 현실의 사회, 정치에 참여적인 입장을 가지며, 학습-행동-성찰이 연결되어 있다고 주장한다.

참여실천연구의 과정은 액션리서치에서 발전했으며, 프레이리가 학습 과정으로 이야기한 행위(action)-성찰(reflection)의 순환 모델, 북미 민중교육(popular education)에서 온 나선형 5단계(일상적 경험과 지식에서 출발-유형 찾기-새로운 정보, 지식 보태기-실천 전략 수립-현장에 적용) 모델, '관찰-성찰-계획-행동-공유(observe, reflect, plan, act, share)' 모델 등이 있다. 참여실천연구는 보통 현장 맥락을 아는 이해관계자와 다양한 연구, 조사 방법에 대한 지식이 있는 전문 연구자들의 협업으로 진행되는 경우가 많다. 지식 생산에 대한 '위임 없음'의 원칙을 지키면서 참여자 모집, 각종 교육, 관리 및 지원 등에서 참여실천연구 팀이나 전문기관의 지원을 받는다. 참여실천연구는 특히 현실에 대한 이해와 판단에서 여러 지식들이 복합적으로 연결되고 계쟁하는 영역에 주로 많이 쓰인다. 보건, 산업안전, 환경, 인권, 소수자, 젠더와 같은 영역이다.

■ 주요 이론가 및 교육 이론/방법론

쿠르트 레빈의 액션리서치, 북미 민중교육의 나선형 방법론

■ 누가, 어디에, 어떻게 활용할 수 있나요

연구자: 스테레오타입의 연구 방식에서 벗어나 직접 연구 현장으로 들어가 참여관찰연구를 하거나, 문제 당사자와 함께 공동연구를 진행할 경우 다양한 참여실천연구를 적용할 수 있다.

사회운동가, 보건 · 복지 활동가: 사회문제, 정책과 관련한 기존의 지식들에 대해서 이해당사자들과 함께 그 지식들을 비판적으로 분석하고, 당사자들에 기반한 참여실천연구를 진행할 수 있다.

시민교육 활동가: 일상, 경험, 지식, 목소리, 실천 등이 얽힌 '대안적 지식 생산과 학습 과정을 디자인하고 진행할 수 있다.

일반 시민: 일상 경험, 목소리, 생각들을 다양한 형태로 표현하고 경향성과 방향성을 가진 집단 지식으로 정리해 낼 수 있다.

'모든 사람은 나름의 철학자다. 대중적 존재는 '느끼지만' 항상 알거나 이해하는 것은 아니다. 이에 비해 지식인은 '알지만' 항상 이해하는 것은 아니며 느끼는 것은 더더욱 아니다. 지식인과 민중 간의 심정적 유대 없이는 역사와 정치를 만들어 낼 수 없다.

- 그람시, 옥중수고

철학자들은 지금껏 여러 방식으로 세계를 해석해 왔다. 그러나 중요한 것은 세계를 바꾸는 것이다.

- 마르크스, 포이어바흐에 관한 테제

## 들어가며

우리가 살아가고 있는 세상은 '지식사회'라고 불러도 과언이 아닐 정도로 어느 때보다 정보와 지식이 많고, 그 변화 속도는 점차 빨라지고 있다. 세계에 대한 엄청난 양의 지식 속에 살고 있지만, 최근 우리가 경험한 코로나19나 기후변화와 위기라는 상황에서 미래는 여전히 불확실하고 불안정하다. 기후위기의 심각성을 알면서도 완화를 위한 실행은 쉽지 않으며, 코로나19와 같은 감염병에 대해서도 아주 일부만 알 뿐 이후 어떤 변이가 생길지 거의 알지 못한다. 아마도 그 상황을 겪고 난 뒤에야 알 수 있을 것이다. 소화하기에도 바쁠 정도의 엄청난 지식이 쉼 없이 생산되고 있음에도, 왜 우리의 미래는 더 명확해지지 않는 것일까? 이 어마어마한 지식들은 과연 우리 삶을 더 건강하게 만드는 것일까?

수많은 지식들은 중립적으로 쌓여만 가는 것이 아니다. 프랑스 정치철학자 랑시에르의 표현을 빌리자면, 서로 '계쟁'[1]한다. 당시의 상황과 역사적 시점, 현실 변화의 흐름, 지식을 생산하고 가치 평가하는 주체의 역량 등 다양한 영향 속에서 생산되어 생명력을 유지·확장하기도 하고, 어떤 지식은 가치를 인정받지 못한 상황에서 폐기되기도 한다. 이렇듯 지식의 세계는 홀로 유유히 존재하는 것이 아니라 우리가 살아가는 사회 곳곳에서 주체, 실천, 참여, 의식 등이 함께 맞물려 투쟁하는 장(場) 속에 있다. 특히 여러 주체가 얽혀 있으며, 판단 내리기 쉽지 않은 복잡한 부분들이 맞물린 상황에서는 더더욱 치열한 계쟁이 일어난다. 예를 들면 기후위기 문제, 안정성 문제(댐, 원전 등등), 개발을 둘러싼 경제성과 환경에 대한 판단, 삼성 백혈병 투쟁과 같은 건강과 질병(특히 산재) 문제, 역사적 사건들을 둘러싼 해석과 진실, 과학적 문제, 행정의 한계로 발생한 지역의 여러 문제, 페미니즘과 성소수자 문제 들에서 하나의 지식이나 사실만이 인정되는 것이 아니라 여러 지식들이 끊임없이 계쟁하며 변화한다.

---

1) 프랑스의 정치철학자 랑시에르는 '정치'를 '치안'이라는 개념과 구분해 내면서, 정치를 새롭게 해석하려고 한다. 우리가 보통 '정치'로 이해하는 집단의 결집과 승인, 권력의 조직, 자리와 기능의 배분, 이 배분의 정당화를 위한 체계 작동 과정 등이 사실은 '치안'이라고 랑시에르는 말한다(박나래, 2013:77). 치안은 그 사회의 행위 양식, 존재 양식을 규정하는 질서다. 그런데 이 질서의 배치는 볼 수 있는 것, 말할 수 있는 것 같은 감각적인 질서에 대한 규정의 배치이고 이러한 배치는 어떤 것을 가시적/비가시적인 것으로 보이도록 하고, 어떤 말을 담론/소음으로 들도록 하는 효과가 있다(진태원, 2015)는 것이다. 랑시에르에 따르면, 치안은 구성원 간의 몫을 분할하고 조정하는 것을 셈하는데, 여기에는 공백과 보충이 존재하지 않는다. 반면, 정치는 이 치안의 감각적 배치를 깨뜨리고, 새로운 셈을 제기하는 작업이다. 이 속에서 민중은 소위 '몫 없는 자'인데, 여기서 몫을 제기하는 행동이 바로 정치이며, 이는 항상 계쟁(係爭, litige)적 장이며 불화를 일으키는 과정을 거친다. 그래서 정치는 치안의 논리에 문제를 제기하면서 평등의 논리를 제기하며, 누군가에게 부여받은 '정체'를 깨뜨리고 탈정체화 하는 과정이 바로 '정치적 주체화'라고 랑시에르는 말한다. 평등을 전제로 하는 민주주의 역시 이런 차원에서 새로이 해석된다.

어떻게 보면 우리는 다양한 스펙트럼의 지식 중 편향되고 걸러진 지식을 학습하고 활용하고 있는지도 모른다. 학교에서는 고도로 정련된 지식들을 선별해 전달하고(그렇다고 객관적이라는 것은 아니다) 우리는 그것을 학습한다. 기업과 시장은 과학적 실험들을 통해 상품의 효능과 가치, 유해 요소가 없음을 소비자들에게 증빙하려 한다. 국가 역시 법률적, 사회적, 과학적 지식들을 동원해 각종 규칙과 지침 등을 시민들에게 제시한다. 우리는 이렇게 남이 생산해 낸 지식을 받아들이기만 하는 걸까? 우리가 능동적으로 생산해 내는 지식은 없을까? 자본주의라는 거대한 물질사회에서 마치 부속화된 노동을 하듯, 지식 생산도 마찬가지로 부속화되었거나 지식 소비 차원에서 그치는 것일까?

2010년 개봉한 다큐멘터리 영화 〈보라(purple)〉의 제목은 시퍼런 멍의 색깔, 즉 노동자들의 통증에 대한 은유적 표현이다. 산업재해와 산업안전보건을 다루는 이 영화는 다양한 노동 현장에서 일어나는 일들을 몇 가지 형태로 보여 준다. 첫 번째는 소음, 먼지, 쇳물, 약품, 유해 물질, 용접 불꽃 등이 난무하는 작업장들을 찾아다니면서 위험하기 그지없는 작업 현장을 덤덤하게 카메라로 담는다. 두 번째는 산업안전보건 담당자나 산업보건의가 노동 현장을 방문해 노동자들을 진료하면서 대화를 나누고, 연이어 노동 현장을 직접 방문해 작업 공정을 살펴보는 장면들을 보여 준다. 세 번째로 노동 과정과 산업재해 상황에 대한 노동자들의 인터뷰를 들려준다. 이 장면들은 계속 교차되면서 열악한 작업 환경으로 인해 노동자의 건강이 어떻게 위협받는지도 보여 주고, 소위 보건 지식을 가진 전문가의 지식과 노동 현장 상황에 차이가 나는 것을 보여 준다. 산업보건의는 노동자의 이야기를 이해하기 위해 직접 작업하는 자세를 취해 보기도 하고, 작업 현장에서 자기가 알고 있던 작업 공정과 차이가 나는 것을 깨닫게 되기도 한다.

다음은 영화 중 산업보건의가 자동차 공장 현장을 탐방해 노동자와 나눈 대화다.

노동자: 오늘 뭐 하는 건데?

보건의: 지난번에 근골격계 조사한 거, 그거 결과 보고 아픈 사람들 검진하는데, 의사들이 검진하려면 미리 현장도 봐야 하잖아.

노동자: 아…. 이래 작업을 한다고….

보건의: 일하는 거 봐야 검진할 때 이해가 되잖아. … 저쪽에 도장에서 뭐라 그러는지 알아? "그래 가지고 되나, 하루 일해 봐야 알지…."

노동자: 맞아. 하루 안 해도 된다. 하는 사람은 한 시간만 해도 안다.

보건의: 해 봐야지 자기가. 이게 머리로도 되고 마음으로도….

영화는 노동자의 건강, 질병, 산업재해를 이해하고 진단하는 데 현장에 대한 이해와 지식, 공감이 꼭 필요하다는 것을 말해 주며, 전문가들에게 노동 현장으로 직접 가서 '보라(watch)'고 이야기한다. 무겁거나 위험한 도구, 기계들을 반복적으로 다루는 노동 현장에서 당연히 일어날 수밖에 없는 근골격계 질환은 2004년에 이르러서야 산업재해라는 공식적 질병과 지식으로 인정받았고, 그 과정에서 정부와 자본가, 전문가 집단, 노동자들은 질환의 유무와 원인을 둘러싸고 갈등과 논쟁을 겪었다. 질환의 정도(산재 수준인가), 주요 원인(작업 과정이 주요 원인인가), 책임 주체(노동자 과실인가, 작업 과정 자체의 영향인가), 보상 방법과 정도, 법적 필요에 해당하는 지식들이 생산되고 서로 논쟁을 벌인다. 영화 '보라'는 산업안전보건 영역에서 전문가의 지식이 완전할 수 없고, 현장 노동자들의 지식과도 차이가 나며, 치열한 논쟁의 결과로 공식적인 지식

(산재냐 아니냐)으로 인정되는 계쟁의 장이라는 것을 보여 준다. 산업안전보건 영역뿐만 아니라 계속해서 일어나는 노동자들의 사고와 죽음의 원인에 대한 진실 규명, 아직도 밝혀지지 못한 세월호 침몰의 원인, 개발로 인한 환경 파괴의 영향들, 유해 물질로 인한 가습기 살균제 사건 들에는 이와 같은 지식의 계쟁들이 계속 진행되고 있다. 보건학자 김승섭도 그의 책 『우리 몸이 세계라면』에서 건강, 보건 영역을 몸을 둘러싼 다양한 관점이 각축하는 전장으로 바라보며, 건강 관련 지식에 권력이 개입됨을 다양한 사례를 통해 주장한다. 기존의 건강 관련 표준 과학이 주로 성인 남성을 중심으로 생산되어 여성의 몸에 대한 지식은 거의 배제되어 있으며, 담배 회사들은 압력과 사회공헌 활동을 통해 피해를 축소하거나 숨기기도 하고, 신약 개발에서 저소득 국가의 유행병은 선별적으로 다뤄지는 것을 비판하면서, 가난과 밀접하게 연관된 질병과 건강의 문제에 적극적으로 개입해야 한다고 주장한다(김승섭, 2018).

이번 장에서 살펴볼 참여실천연구는 일상을 살아가는 일반 시민이나 특정 문제와 관련한 이해관계 당사자들이 직접 자신의 문제와 관련된 내용을 조사, 분석하고 문제 해결을 위해 실천하는 과정이다. 참여실천연구는 기존에 우리가 생산하고 소비하는 지식 체계, 생산 과정과 인증, 지식과 연관된 실천들에 대해 다음과 같은 여러 질문을 던지는 연구, 실천 방법론이다.

- 지식은 전문가들에 의해서만 생산되는가?
- 수많은 지식 중 왜 특정 지식과 연구만 공식적 지식으로 인정을 받는가?
- 의미 있는 지식은 과연 연구소, 연구자에게서만 나오는가?
- 인정받은 지식 중 왜 일부만 실행, 실천되는가? 실천되지 않은 지

식은 어떤 의미를 가지는가?

- 지식은 일상에서 우리에게 어떤 과정으로 어떻게 영향을 미치는가?
- 연구자의 지식과 일상적 지식에는 어떤 차이가 있는가?
- 전문 연구자와 현장 당사자의 지식과 실천은 결합할 수 있는가?
- 연구되지 않으면 지식과 지혜는 생산되지 않는가?
- 지식과 권력은 어떤 관계를 맺고 있는가?

## 참여실천연구의 이론적 배경

참여실천연구는 기존 지식의 생산, 공식적 인정과 활용 과정에 문제를 제기하고 특히 연구, 지식, 학습과 힘(권력)의 연관성과 생산 주체에 주목한다. 그래서 "연구와 관련한 당사자가 연구 분석과 계쟁에의 참여를 통해 유의미한 말과 앎, 즉 지식으로 인정받고, 지식 생산과 실천의 주체로서 몫을 요구하는" 활동이자 관점이다. 객체가 아닌 주체로서 지식 생산 과정인 연구 과정에 참여하며, 책임성 있는 행위자로서 실천을 통해 지식을 현실화하고, 비판적 성찰을 통해 더 나은 지식과 실천들을 체계적으로 개발하고 능동적으로 사회를 변화시켜 가는 대안적이고 대항적인(Countervailing) 접근이다(McTaggart, 1997; Brydon-Miller & Maguire, 2009). 그래서 전문가가 현장에서 실제 행위를 연구하는 '실행연구'의 좁은 관점을 넘어서서 자기 삶에 대한 질문과 과제를 가진 모든 시민이 비판적으로 학습하고, 직접적 실천을 통해 개인과 사회를 변화시켜 나가는 해방적 연구 과정이라 할 수 있다.[2]

참여실천연구는 오래된 전통과 다방면의 요소에서 영향을 받았다.

그림 1-1 참여연구의 주요 흐름과 접근들, 그 역사적 흐름

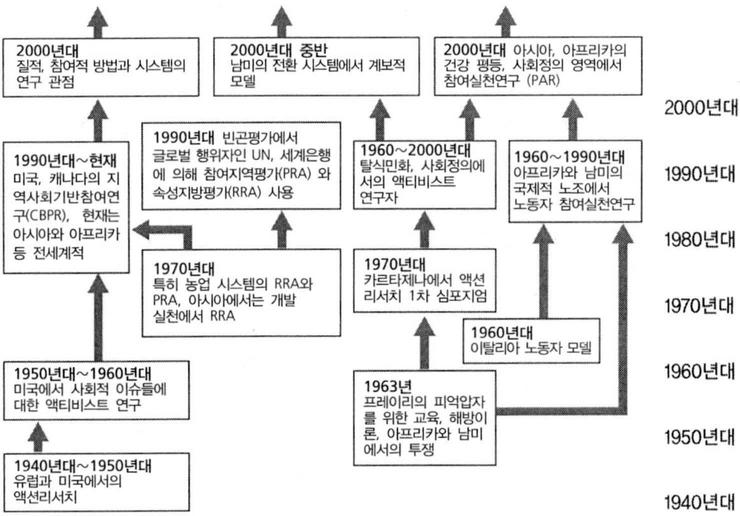


출처: Loewenson, Laurell, Hogstedt, DiAmbruoso, & Shroff, 2014:19에서 재인용

'참여연구'라는 큰 틀에서 본다면 그 내용과 형태가 굉장히 다양하다. 참여적 조사, 연구, 실천은 매우 다양하고 전 세계적인 범위에서 진행 중이다. 어떤 부분에 방점을 두는지에 따라, 그리고 지역이나 이론가에 따라서 굉장히 다양한 스펙트럼이 펼쳐진다.

참여, 실천, 연구가 결합된 이론의 흐름은 그림 1-1과 같이 나눌 수

---

2) 성열관(2006)은 교육계에서의 실행연구의 성장과정을 분석하면서, 액션리서치가 현장연구 정도로 축소되어 이해되거나 학자들에 의해서 사회비판적 인식이나 국제적 흐름을 포착하지 못한 상태에서 실행연구로 번역했음을 지적했다. 그래서 실천적 지식, 사회비판성, 개인-사회의 상호적 실천이 강조되는 해방적 실천연구로 받아들여야 한다고 강조한다.

있다. 참여적 방식을 통한 '연구(조사)'를 강조하는 관점과 이해관계 당사자에 의한 '지식 창조를 통한 실천'을 강조하는 관점이다.

### 참여, 실천, 연구의 첫 번째 흐름: 실용적 모델

첫 번째 참여연구를 강조하는 흐름은 실용적인 면이 강조된 모델이다. 미국이나 유럽 북부의 산업민주주의 전통의 영향을 받은 연구자들을 중심으로, 폐쇄적 연구 공간에서 진행되는 실증주의적 연구 과정에 문제를 제기하면서 주제와 관련된 당사자들을 참여시키고 직접 실행을 통해 대안을 찾는 연구방법이라 할 수 있다. 대표적 이론으로 참여연구의 뿌리라 불리는 독일의 사회심리학자 쿠르트 레빈의 액션리서치 이론을 들 수 있다. 레빈은 당시 지배적이었던 논리실증주의에서 크게 두 가지를 비판했다. 논리적 경험과 형식과학(통계적 간명성과 복제 가능성)으로 실험으로 증명할 수 있는 것만을 진리와 과학으로 인정하는 형식성과 현실과의 괴리, 소수 전문가 중심주의다. 그러면서 이론과 실행, 일반성과 특수성을 통합하려 했다. 레빈은 심리학의 주요 대상으로 환경에 의해 구속되거나 결정되는 인간의 행동에 주목했다. 물리적 환경과 심리적 환경이 상호 의존적으로 결합된 '장(field)' 속에서 어떻게 인간이 그 생활공간(장)을 파악하고 변화시켜 나갈 수 있는지 밝히려 애썼다. 또한 이러한 사회적인 실생활의 문제들을 맥락에 기반하여 해결하기 위해 행위(액션)를 계획, 실행하고 성찰을 통해 수정하는 총체적 관점의 과정을 합리적 사회 관리, 합리적 사회 실천으로 정의했다(서근원 2020:10~14). 이 합리적 사회 관리 과정은 주의 깊은 검토를 통해 추가적인 사실-발견을 하고 실행한 후 다시 성찰 과정을 통해 새로운 사실-발견을 하는 순환적 과정을 거친다. 즉, 기존 구조를 해체하고, 새로운 구조를 실행·안정화하고 다시 해체해 나가는 영속적이고 나선형적인 연구방법이다. 액션리서치는 합리적 사회 실천을 위한 과학적이면서 기초적인 연구로 더 깊은 조사에 해당하는 이해와 당사자의 면담을 통해 (기존에 있으면서 알려지지 않은) 사실-발견을 진행하고, 실험적 비교를 통해 집단 변화에 적합한 새롭고 구체적인 행위와 지식을 찾아내는 작업이다. 여기서 행위는 단순한 행동이 아닌 기존의 생활공간(장)을 변화시키고자 하는 의지가 반영된 '사회적' 행위다(서근원, 2020:17).[3)]

그리고 레빈의 액션리서치는 실질적 문제 해결을 위한 실험을 중요시했는데, 이런 실용적 철학에는 듀이의 프래그머티즘이 큰 영향을 끼쳤다. 듀이는 민주주의를 모든 계층이 참여해 지속적인 실험적 활동, 즉 실행(액션)과 반성과 성찰을 통해 집합적, 협동적으로 사회를 개선해 나가는 과정으로 보았다. 그래서 학교를 실행 · 실험과 분리할 수 없는 학습과정이 진행되는 환경으로 바라보고, 사유와 행동, 이론과 실천이 분리되지 않아야 한다고 주장했다(Greenwood & Levin, 2007:118). 그리고 액션리서치는 연구와 학습에서 보다 민주적인 방향으로 권력관계를 변화시키고자 한다. 레빈은 세상이 권위주의, 명령과 통제, 관료제, 협소한 전문화, 실행과 성찰의 분리가 일상화되어 있고 소수 엘리트가 지식과 능력을 독점하고 있음을 비판한다(Greenwood & Levin, 2007:138). 액션리서치는 지식의 공동 생성과 실행, 대화적 의사소통 행위를 통해 사회를 민주적이고 공동체적으로 변화시키려는 의도적 행위다. 자연스레 전문적 사회과학 연구 지식과 현장지식이 변증법적으로 결합한다. 현장지식은 주로 지역적 맥락과 오랜 경험에 기반한 실천적 지혜, 실천적 추

---

3) 액션리서치는 연구자가 연구 주제와 관련된 이해당사자와 함께 협동하여 진행하는 연구 정로도 알려져 있다. 이는 액션리서치가 공동연구, 참여연구, 집합연구와 어떻게 다른지에 대한 충분한 답변은 아니다. 그래서 서근원(2020)은 레빈의 액션리서치와 레빈 이후 액션리서치를 엄밀히 구분한다.

론, 암묵지, 실천지의 형태를 띤다. 실행연구는 두 가지 지식의 연계를 통해 기존의 권위에 도전하며, 비판적 의사소통과 지속적 대화를 통해 사회적으로 학습하고 성찰하며, 합리적으로 사회를 변화시켜 나가려는 방법론이다. 여기에서 행동-성찰(action-reflection)이 계속 순환하는 나선형 모델이 나왔으며, 이후 미국을 중심으로 한 지역사회 기반 참여 연구(CBPR)라는 방법론으로도 이어져 미국의 공중보건과 보건 정책 시스템에 큰 영향을 끼쳤다(Loewenson, Laurell, Hogstedt, DiAmbruoso, & Shroff, 2014).

이와 비슷한 실용적 흐름으로, 5장에서 소개할 1980년대부터 발전한 속성지역평가, 참여지역평가 모델을 들 수 있다. 이 모델들은 영국의 인류학자 로버트 챔버스가 발전시킨 모델로, 주로 제3세계 개발 관련 분야에 광범위하게 사용하고 있다. 챔버스는 제3세계에 대한 기존의 원조 개발이 제1세계, 도시, 외부 전문가의 관점에서 진행되어 온 데 문제를 제기하고 개발의 내용, 방식, 과정, 실행, 평가에 대한 조사에 지역주민이 직접 참가해 진행하는 것이 특징인 방법론을 제시했다. 이 모델은 다양하게 변주되어 1990년대 이후 아시아, 아프리카의 농촌 개발 과정에 광범위하게 활용되고 있다.

### 참여, 실천, 연구의 두 번째 흐름: 해방적 모델

참여, 실천, 연구의 두 번째 흐름으로, 주로 남부 지역[4](라틴아메리카,

---

4) '남부'를 지리적 의미보다는 가난한 사람들과 억압받는 사람, 집단을 지칭하는 정치사회적이고 도덕적인 개념으로 사용했다(Greenwood & Levin, 2007:267). 참여실천연구와 관련해서는 '남부'의 관점을 지역 민중의 지식에 초점을 맞춘 해방적 관점으로 보는 반면, '북부'의 실행연구는 자본의 관점에서 품질 관리를 달성하기 위한 연구로 왜곡되고 포섭되었다고 비판하기도 한다.

아프리카, 아시아)의 민중교육과 사회운동에 영향 속에서 다양한 지식 생산 과정을 사회정치적으로 이해하고 사회변혁을 위한 해방적 과정으로서 참여실천연구를 개발한 흐름이 있다. 해방적 모델(emancipatory model, 이데올로기 모델이라고도 함)로 불리는 이 모델에서는 단순히 연구의 다양성을 확보하기 위해 연구자와 참여자가 함께 참여하는 것을 넘어서서, 연구와 학습 전반의 위계적 권력관계를 해체하고, 지식의 생산과 해석, 활용, 통제 과정에 민중이 직접적이고 실천적으로 참여한다. 가장 중심적인 이론가로 브라질의 민중교육자 파울로 프레이리를 들 수 있다(Loewenson, Laurell, Hogstedt, DiAmbruoso, & Shroff, 2014). 프레이리의 해방신학, 풀뿌리운동에 기반한 문해교육, 비판적 교육에서 참여적 조사를 통한 지식 생산과 사회변혁 실천은 민중이 주체로 직접 참여하는 과정이었다. 또한 1970년대 초반부터 남미와 아시아, 아프리카에서 진행된 다양한 해방적 참여연구 경험이 보태졌다. 먼저 인도에서는 간디와 타고르가 토착적인 공동체 기술과 지식, 영적 힘(soul power)을 강화해 영국의 제국주의와 지식의 식민화에 맞서고자 했다. 이러한 전통은 이후 참여연구를 확산시키는 아시아 총책임자 역할을 한 인도 학자 탄돈(Rajesh Tandon)이 지역사회 기반 연구(community-based research)를 시도하고, '지식은 힘이다'를 모토로 한 아시아 비영리 참여연구 기구 PRIA(Participatory Research in Asia)를 만드는 데까지 이어졌다.

아프리카 탄자니아에서는 스웨덴 인류학자 스완츠(Marja Liisa Swantz)가 1970년대 프레이리의 생성적 조사, 참여적 실천을 적용해 주민과 함께 참여연구를 진행하고 함께 교육 프로그램을 만들고 평가했다. 스완츠는 1964년 탄자니아의 첫 대통령인 니에레레(Julius Kambarage Nyerere)가 주장한 우자마(Ujamaa, 가족주의, 동포애) 사상[5])을 지역사회 개발에 적용해 참여연구를 만들어 냈다(Swantz. 2016). 스완츠는 지식의 명확함과 현실적인 문제 해결을 통한 변화를 위해 일상생활에서의 (실용적) 지식 창출과 과학에서의 이론적 지식 창출을 통합하고자 했다. 그는 지식을 실용적인 지식에서 이론적인 지식까지의 연속체로서 지식을 이해하면서, 필요한 것을 능숙하게 만들어 내는 능력인 테크네와 인식적 지식인 에피스테메 두 가지로 구분하면서, 테크네와 에피스테메를 이상적인 형태로 사용하면 경제 및 사회적 행동을 더 잘 이해할 수 있다고 주장했다(Swantz, 2016:200). 스완츠는 인간이 몸과 마음과 손을 통해서 많은 지식과 기술을 배우고 있으며, 촉각과 느낌, 직관을 통해 경험을 조직하며 테크노를 통해 구체의 과학을 만들어 나간다고 주장한다. 또한 인간의 구체적 행동은 확인된 문제의 해결에 기여하는 동안 이론 지식과 실제 지식의 상호작용으로 지식 형성의 일부가 되며, 실용적이고 구체적 과학의 한 부분이라고 주장한다. 그런데 현실에서는 서구 중심의 과학적 지식인 에피스테메가 우위를 차지하면서 공식적 지식으로 인정받고, 지역적 맥락의 경험과 행동에 기반한 지식인 테크네에 대한 관심과 이해가 거의 없다고 지적한다(Swantz, 2016:201). 그래서 지식과 행동은 괴리되고, 이론적 사고에서 실용적인 일상 지식의 역할을 인식하지 못한 결과로 제3세계 개발 프로젝트가 계속 실패할 수밖에 없다고 주장했다. 그래서 '자기 삶의 상황에 전문가'인 일반 사람들이 일상의 행동을 통해

---

5) 니에레레는 협동조합에 의한 사회주의를 건설하고 대대적인 문해교육을 꾀하려 했고, 우자마 사상을 통해 아프리카의 전통적 부족 사상에 기반한 사회주의 건설을 진행했다(Hall, 2005). 제3세계에서는 1950년대 이후 제국주의로부터 독립하고 다시 각자 사회의 정체성과 뿌리들을 되찾는 시도들이 진행되었는데, 탄자니아의 우자마 사상은 아프리카식 사회주의의 핵심 개념으로 자본에 의존하지 않고 혈연에 기반한 아프리카 민족의 방식에서 서로 존경하고, 재산과 소득을 공유하며, 가족 구성원이 모두 자립적으로 일한다는 대안적 의미가 있었다.

현실을 변화시키는 실용적 기술을 만들어 내는 구체적이고 실천적인 테크네 지식에 주목하면서, 경험적 지식이 명제적 지식을 거쳐 '살아 있는 지식'[6]으로 변화, 발전하는 가능성을 제시했다.

남미에서는 칠레의 비오 그로시(Francisco Vio Grossi), 콜롬비아의 팔스 보르다 같은 민중교육자들이 참여실천연구를 만들어 냈다(Glassman & Erdem, 2014:208).[7] 유럽에서 1960년대 중반 이탈리아 노동자 보건 영역에서 시도한 노동자 모델(worker's model)도 이러한 맥락에 있다. 노동자 모델은 1960년대 이탈리아의 자동차 노조에서 시작된 것으로, 노동자의 경험을 중심으로 작업 환경에 대한 조사를 실시하고 위험 지도 작성, 노동자 건강 문제 개입 등을 해 나가는 방식이다(김한수, 2018).[8] 이러한 흐름들은 1990년대를 넘어서면서는 북미와 남미가 함께 참여연

---

6) 스완츠의 책 제목(In search of living knowledge)이기도 하다. 이 책은 인류학자인 스완츠가 아프리카 탄자니아에서 1960년대 이후 진행한 참여연구 과정과 사례를 자세히 보여 주는 책이다.

7) 팔스 보르다가 중심이 된 남미의 참여실천연구에 대해서는 2장에서 자세하게 다룬다.

8) 이탈리아의 노동운동은 1920년대부터 내려온 노동자 평의회운동의 전통을 계승해 노동자의 직접적인 참여를 중요시했다. '노동자 모델은' 노조(GGIL, CISL, UIL 등)가 중심이 되어, 노동자의 건강, 안전 문제를 직접 참여와 집합적 조사를 통해 풀어 나간 사례라고 할 수 있다. 노조에서는 계속 진행해 온 노동자 건강, 안전과 관련한 실증주의적 조사가 현실을 제대로 반영하지 못한 조사라고 판단하고, 노동자가 직접 현장 맥락적 지식을 생산해 내는 참여적 접근법을 활용하였다. 다른 사전적 지식들을 배제한 채, 오로지 노동자들의 전문성과 경험, 관찰만으로 작업 환경에 대한 조사를 진행한 것이다. 노동자 모델은 1970년대를 넘어서면서 이탈리아 전역으로 확산되었고, 2000년대까지 활용되면서 다양한 요소가 직업병의 요인으로 판정받았다. 노동자 모델의 위험 지도 방식은 이탈리아 국립보건서비스 네트워크에서 현재도 이용하고 있다. 또한, 노동자 모델 방식은 라틴아메리카, 아프리카에서도 집단 조사지(The collective questionnaire) 등의 방식으로 발전되어 활용되고 있다(Laurell, Noriega, Martinez, & Villegas, 1992).

구그룹(Participatory Research Group, PRG)을 만들어 지역 환경운동, 원주민운동, 이주민 언어 교육, 민중 예술, 억압받은 자들을 위한 연극, 니카라과의 산디니스타 혁명 등에서 실천 활동의 기반이 되었다. 이후 이 작업들은 제3세계 민중교육운동으로 변화 발전했다(Hall, 2005).

## 참여실천연구의 특징

지금까지 참여연구와 참여실천연구의 이론적 배경과 역사적 발전 과정을 살펴보았다. 실용적 모델로 당사자의 행위와 현실에 대한 연구인 액션리서치(AR)부터, 해방적 모델로 연구 현장에서 공동 참여와 실행을 강조하는 참여연구(PR), 연구자와 민중의 과학(지식) 통합과 함께 새로운 실천적 지식의 생산과 대항적 실천을 주장하는 참여실천연구로 개념과 방법들이 확장되어 왔다고 할 수 있다.

앞서 이야기했듯이 참여, 실천, 연구의 결합 개념인 참여실천연구의 스펙트럼은 굉장히 넓으며 어떤 부분을 강조하느냐, 참여의 성격과 범위를 어떻게 조정하느냐에 따라서 그 개념과 특징, 과정, 방법론에 차이를 보이며 다변화했다. 앞서 소개한 방법들 이외에도 주로 대학이나 연구소에서 전문연구자와 공동연구자가 연구 과정 전반을 함께 수행하는 연구자-참여자 합작 액션리서치(collaborative action research), 생활세계에서 준비된 현장 사람들이 주체적인 연구자로 연구의 전체 과정 기획하는 참여자 주도 액션리서치(practitioner action research), 관심 있는 현상에 작용하는 정치경제적 현실을 직관하고 해체-재구성을 통해 더 나은 삶으로 나아가고자 하는 존재론적 해방을 특히 강조하는 비판적 액션리서치(critical action research)와 같은 방법론들이 있다(조용환, 2015:22).

약간의 차이를 보이기는 하지만 참여실천연구방법론은 기존의 조사, 분석 방식과 다른 특징이 있다(Kindon, Pain, & Kesby, 2007:14).

- 불합리, 부정의, 불충분한 실존 상태에서 사회적 매개와 구조, 실천을 변화시키는 것을 목적으로 한다.
- 참여자들을 조사 과정의 모든 부분에 참여하는 반응적 행위자, 적임자로 여긴다.
- 맥락-의존적이고 실제적인 삶의 문제를 다룬다.
- 조사와 결과를 활용하는 핵심에 토착적 공동체의 신념과 가치를 통합한다.
- 지식 창조를 위한 집합적 과정에 참가자와 조사자를 통합한다.
- 조사 과정을 풍부히 하는 기회로서 공동체 내 다양한 전문가를 다룬다.
- 행동에 대한 성찰을 통해 새로운 의미의 구성을 이끈다.
- 공동체의 자기 결정을 늘리고 문제 해결 행동에 사람들을 포함하는 것에 따라, 과정에서 실행을 결론짓는 지식의 타당성/신뢰성을 측정한다.

먼저 참여실천연구는 기존의 사회 연구와 분석 패러다임에서 현실로부터 독립된 가치중립적이고 객관적인 진실만을 인정하는 실증주의 접근, 개인의 관점을 중심으로 상호주관적으로 생활세계가 구성된다는 해석주의 접근 모두를 거부한다(Gaventa & Cornwall, 2008; Loewenson, Laurell, Hogstedt, DiAmbruoso, & Shroff, 2014; Lomeli, Jafte, & Rappaport, 2018; 조용환, 2015). 지식 생산과 연구의 방법적 측면에서는 서베이(survey)식 조사 접근이 사회 현실을 지나치게 간소화하며 이

표 1-1 액션리서치, 참여연구, 참여실천연구 비교

| | 실용적 모델 | 해방적 모델 | |
|---|---|---|---|
| | 레빈의 액션리서치 (AR) | 스완츠의 참여연구 (PR) | 팔스 보르다의 참여실천연구 |
| 배경, 영향 | 프래그머티즘<br>산업민주주의 | 프레이리의 해방적 연구 | 해방운동<br>민중역사운동 |
| 지식관, 과학관 | 장이론 | 테크네와 에피스테메의 만남 | 인민과학과 아카데믹 과학의 결합 |
| 주장하는 지식 유형 | 실용적 지식 | 살아있는 지식<br>경험적 지식 | 힘 있는, 진정 유용한 지식, 역사적 지식 |
| 연구가 진행되는 과정 | 나선형 과학<br>연구-실행-성찰의 순환 | 연구팀 구성을 위한 미팅-공동 조사, 연구-결과 공유, 반영 | 민중의 자료 수집-역사적 비판-문화-자료의 보급 |
| 주요 연구 주체 | 연구자 | 연구자+현지 주민 | 연구자+민중 |
| 주요 적용 분야 및 대상 | 현실 문제 솔루션 제공<br>질적연구 분야 | 지역사회 개발 | 사회운동 |

미 전제된 질문과 응답에 대해 강제적으로 선택하게 하는 소외를 일으키는 폭력적인 방식이며, 사람을 정보의 재료로 생각하고 현실을 변화시키는 행동이나 학습과도 연결되지 않는다고 비판한다(Hall, 1992). 대신 참여실천연구는 우리가 살아가는 세계를 무기적, 유기적, 사회문화적 요소들이 상호작용하여 구성하는 맥락 의존적 과정의 산물로 이해하며 폐쇄된 체제가 아닌 개방된 체제, 변혁이 가능한 체제로 받아들인다(Greenwood & Lévinn, 2007). 그래서 이론과 실천은 분리될 수 없다고 보고 특정 맥락의 현실에서 일어나는 문제들을 해결하는 것에 초점을 맞추는 변증법적 비판이론 및 구성주의와 연관성이 있다고 할 수 있다. 참

표 1-2 연구 패러다임의 특징

| | (존재론)<br>무엇이 실제인가? | (인식론)<br>무엇이 지식인가?<br>현실에 관해 무엇이 알려질 수 있나? | (방법론)<br>현실과 관련한 지식은 어떻게 생산되는가? |
|---|---|---|---|
| 실증주의 | 유일하게 객관적인 현실은 존재하고 이해될 수 있다. | • 객관주의<br>현실의 지식은 가치중립적, 공정한 관찰을 통해서 가능하다. | • 실험<br>가정의 명확화를 위한 관찰과 방법 |
| 포스트 실증주의 | • 비판적 리얼리즘<br>현실은 존재하나 단지 불완전하게 그리고 개연적으로 이해된다. | • 객관주의<br>실증주의적이지만, 총체적 이해를 위해 공동체적 인식을 필요로 한다. | • 수정된 실험<br>가정의 오류 테스트를 위한 방법 |
| 비판이론 | • 역사적 리얼리즘<br>현실은 사회, 정치, 경제, 젠더적 가치로 형성되며 시간에 걸쳐 명확해진다. | • 상호행위/주관성<br>지식은 주관적이며 특정 맥락과 연견돼 가치를 지닌다. | • 대화적/ 변증법적<br>주관적 의미의 통합 |
| 구성주의 | • 상대주의<br>지역적 현실들은 사회에 의해 공동으로 구성된다. | • 상호행위/주관성<br>지식은 사회적으로 구성된다. | • 해석학적/변증법적<br>사회적 구성과 공유된 의미 |
| 참여실천 연구 | • 참여적 지식<br>현실은 주관적이고 함께 구성하는 것이며, 주관적 경험과 행위를 통해 이해될 수 있다. | • 비판적 주관성<br>공유된 경험, 참여적 분석과 행동은 변혁에 영향을 주는 현실에 대한 자기-인식과 사회적으로 구성된 지식 구성에 사용됨 | • 정치적 참여<br>집합적 실천과 조사에 탁월하며 공유된 경험에 근거 |

출처: Loewenson, Laurell, Hogstedt, DiAmbruoso, & Shroff, 2014:21

여실천연구에서 지식은 현실에서의 다양한 경험과 행위, 그리고 특정 집단의 주관적 경험들에 대한 집합적 비교를 통해 구성되는 것이다. 참여실천연구는 산 경험과 행위에서 오는 정보들을 집합적으로 검토하고, 현

표 1-3 참여의 다차원

| 역할 | 전문적 연구자 | 공동체 구성원 |
|---|---|---|
| 순응적 참여 | • 연구 주제, 과정에 대해 공동체에 균형 잡힌 정보를 제공<br>• 프로젝트 디자인에 대한 주체 채용<br>• 연구자가 연구를 완전히 통제 | 자발적으로 주체로 참여하는 것에 동의 |
| 직접적 협의 | 공동체의 특별한 관점에서 이익이 되는 조사-정체화 업무를 공동체 구성원과 협의 | 그들의 지식과 경험에 기반한 연구-정체화된 질문과 일에 대한 조언 제공 |
| 상호 협의 | • 프로젝트와 목적에 대한 총체적 이해를 제공하는 공동체 구성원과 긴 시간 파트너십 개발<br>• 연구자가 학습 전반을 통제 | • 프로젝트 관련 연구자와 지속적으로 소통하는 공동체 구성원과 긴 시간 관계 유지<br>• 프로젝트는 총체적이어서, 공동체는 개입을 통해 연구의 목적과 적용에 속한 학습에 대해 관점을 제공할 수 있다. |
| 공동-조사 | • 연구자와 공동체 구성원은 결정권에서 평등한 관계성을 형성<br>• 연구 조사와 디자인, 목적, 범위를 포괄하는 연구 과정을 집합적으로 진행 | • 연구자와 공동체 구성원은 결정권에서 평등한 관계성을 형성<br>• 연구에 대한 집합적 의사결정을 위해 책임감을 가지고 연구에 참여한다. |
| 해방적 PAR | • 공동체 외부 사람들은 촉진자로 참여<br>• 사회적 대화를 촉진하는 능력과 실행 능력을 가져야 함<br>• 공동체 구성원에 의해 개발된 이론들을 조명하는 이차적 목소리로서 행동 | • 위임 없음의 원칙<br>• 공동체 구성원이 연구자<br>• 사회 집단이 공유된 경험, 이해관계, 집단적으로 행동하는 가능성들을 통해 참여하는 것을 중요하게 여긴다. |

출처: Loewenson, Laurell, Hogstedt, DiAmbruoso, & Shroff, 2014:24

실을 매개로 새로이 구성해 나가는 지식의 민주화를 강조한다. 표 1-2는 기존 사회과학 연구방법과 참여실천연구의 차이들을 정리한 것이다.

다음으로 참여실천연구에서는 사회 현실에 대한 조사, 분석을 전문가에게만 맡기지 않고 이해당사자, 특히 과학적 실험과 근거 자료에서 배제된 일반 시민과 소수자를 주체로 참여시키는 것을 가장 중요한 원칙으로 삼는다. 인간은 외부에 의해서 개발될 수 없으며, 학습과 행동을 통해 스스로 발전할 수 있다는 신념을 지지한다. 또한 참여실천연구는 기존의 지식 생산 과정이 권력관계 속에 있음을 비판하며, 권력 불평등을 지식 생산 구조를 통해서 회복하려는 인지 정의(cognitive justice)를 실천하는 과정이다. 지식의 생산, 실행, 해석 권한에 대해 '위임 없음의 원칙(the principle of no delegation)'을 갖고 문제 당사자나 공동체가 직접 연구와 분석을 통해 새로운 지식을 생산해야 함을 강조한다(Loewenson, Laurell, Hogstedt, D'Ambruoso, & Shroff, 2014). 그래서 이해관계 당사자를 모든 부분에 참여하는 반응적 행위자, 적임자, 그 문제와 관련한 토착 전문가로 본다. 또한 참여자들의 자료화되지 않은 경험, 신념, 가치를 중요시하며 이에 대한 성찰을 통해 새로운 지식 창조를 추구한다. 일상에 대한 계획, 행동, 관찰, 성찰뿐만 아니라 역사적인 부분에서도 경험, 실천, 언어, 사회적 관계, 조직에 대한 변화들을 직접 기록하고 창조한다고 할 수 있다. 아시아에서 참여연구를 개척해 나간 탄돈은 연구 어젠다를 세팅하는 데서 민중의 역할, 데이터 수집과 분석에서 민중의 참여, 완전한 과정과 결과의 사용에 대한 민중의 통제가 연구에서의 '진정한 참여'라고 보았다(McTaggart, 1991). 이와 같이 참여실천연구 프로세스에 참여하는 (전문) 연구원과 시민/활동가 간 협의와 권한 부여를 통해 최적의 수평성을 추구한다고 할 수 있다(Martinez, 2008). 표 1-3은 참여와 개입의 정도에 따라 연구에서 전문적 연구자와 공동체 구성원이 각각 어떤 역할들을 수행하는지를 구분한 것이다. 참여실천연구는 공동체 구성원에게 가장 높은 수준의 권한과 주도권이 있다고 할 수 있다.

마지막으론 참여실천연구는 행동을 통한 변화에 중점을 두고, 학습-

그림 1-2 역학(epidemiology)과 PAR 모델의 개념

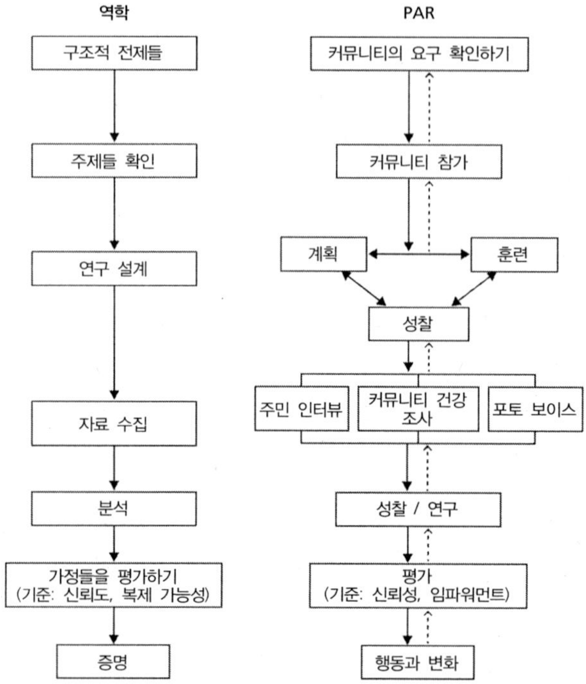


출처: Gonzalez, Lejano, Vidales, Conner, Kidokoro, & Cabrales, 2007:89

행동-성찰의 순환적 프로세스를 통해 새로운 지식과 실천을 생성하고자 한다. 참여실천연구는 지식 생산의 주도권이 없었던 사람들이 자기 삶의 문제 해결을 위한 연구를 통해 완전한 잠재력을 표현할 수 있도록 하며, 과정뿐만 아니라 결과에서도 직접적이고 즉각적으로 삶의 질을 향상하는 것을 중요한 목표로 한다(MacDonald, 2012; Hall, Gillette, & Tandon, 1982). 이를 위해 지식을 도구화하지 않고 인간의 존재, 삶, 배

움을 향상하는 사회변혁을 위한 프레임으로 지식을 민주화하는 실천이다. 참여실천연구가 현실 변화를 지향한다는 것은 가치중립적 과정이 아닌 정치적 과정임을 말하며, 의식화, 가치화, 조직화 과정을 통해 갈등, 저항, 대안적 실행을 종합하는 과정이라는 의미다.

## 참여실천연구의 과정

참여실천연구는 앞서 원칙과 특징들에서 볼 수 있듯 아카데믹 전문가와 현장 당사자, 개인과 집단, 이론과 실천, 행동과 학습, 계획과 실행들을 통합하고자 하며 일회의 연구와 실행으로 끝나지 않는 지속적이고 나선형적인 확장을 거치는 변증법적 순환 과정이다(Martinez, 2008).[9] 가장 단순하면서 순환적인 참여실천연구 과정으로 프레이리와 레빈이 제안한 행위-성찰 순환 모델을 들 수 있다. 이는 일련의 행위들에 대해 여러 측면에서 질문을 던지고 점검 · 확인하는 과정이며 행위 이후의 성찰 과정이라고도 할 수 있는데, 표 1-4와 같이 점차 확장하는 형태다. 단지 각 과정을 점검하는 차원에 그치지 않고 하나의 행위-성찰을 통한 연구가

---

9) 조용환(2015)은 사전검사-사후검사를 거치는 전통적 실행연구와 관점-태도-실천 전반의 전환 과정에 주목하는 참여적 실행연구를 구분한다. 그리고 실행연구가 초창기에는 계획-실행-평가의 선형적 모형에서 나선형적(심화, 발달적) 순환과 중층적 피드백을 중시하는 형태로 발전해 나갔다고 설명한다. 또한 브리던 밀러(Mary Brydon-Miller)와 그 동료들이 참여적 실행연구에 대해 "변화하는 상황에 맞추어 가능한 자원과 방법을 두루 활용한다는 측면에서 재즈, 벵골보리수의 속성을 닮았다"라고 한 것을 인용하며, 울창한 잎의 지붕 아래로 많은 줄기가 기근을 뻗어 내리는 것처럼 참여적 실행연구 또한 관련된 사람들을 최대한 참여시켜 다양한 입장과 지식을 두루 포용한다는 점에서 벵골보리수와 닮았다고 설명한다(조용환, 2015:21).

표 1-4 전형적 PAR 과정의 핵심단계

| 항목 | 활동 |
|---|---|
| 행위 | 모든 이해관계자 사이의 공동 의제와 관계를 창출.<br>이슈와 정보를 집합적으로 묶음.<br>기간에 대해 동의. |
| 성찰 | 조사 디자인, 윤리, 힘 관계, 지식 구성 과정, 재현, 책무성에 관하여 성찰 |
| 행위 | 관계 구축<br>역할, 책임, 윤리적 과정 확인하기<br>이해에 대한 각서 만들기<br>바라는 행위 결과를 토론하고 확인하기 |
| 성찰 | 조사 질문, 디자인, 작업 관계, 정보 구비 등에 관하여 성찰 |
| 행위 | 데이터 수집과 조사 과정 시행을 모아 작업<br>다른 것들에 대한 참여 가능하게 하기<br>생성된 조사들 집합적으로 모으기<br>함께 계획 실천 시작하기 |
| 성찰 | 조사 과정, 다른 사람들에 대한 재현과 참여 측정, 다양한 행동 옵션이나 심도 있는 조사에 필요한 측정에 관한 성찰 |
| 행위 | 다른 영향자와 참가자의 피드백을 포함한 조사-형성된 실천 계획 |
| 성찰 | 전체 과정과 실천 평가에 관하여 성찰 |
| 행위 | 아카데믹한 조사자 없는 참여적 조사와 행동의 추가적 옵션 확인하기 |

출처: Kindon, Pain, & Kesby, 2007:15

끝나면 새로운 흐름과 전제, 과정이 구성된다고 할 수 있다. 이를 토대로 새로운 연구, 실행 계획을 수립하고 점차 확장, 심화하는 변증법적이고 진보적인 과정을 거친다고 할 수 있다(강지연 외, 2011:201).

또 하나의 참여실천연구 과정으로 주로 북미 민중교육운동의 나선형 5단계 모델을 들 수 있다. 단계별 과제와 방법은 표 1-5와 같다.

북미의 민중교육은 교육을 개인과 집단 해방의 중요한 부분이라 판단하고, 하향식(top-down) 전위주의(vanguardist)에 반대했다. 그리고 풀

표 1-5 나선형 5단계 모델의 세부 과정

| 단계 | 과제 | 방법 |
|---|---|---|
| 1단계 | 참가자의 일상적 경험과 지식에서 출발하기 | 참가자가 스스로 자기 경험을 많이 이야기하도록 촉진하고 격려한다. |
| 2단계 | 유형 찾기 | 참가자가 쏟아 놓은 다양한 경험과 지식을 비교하여 공통점과 차이점, 유형, 패턴, 문제, 원인들을 확인한다. |
| 3단계 | 새로운 정보, 지식, 분석 보태기 | 참가자의 일상 지식을 넘어서서 세계의 구성 원리 및 변화 원리를 규명한다. |
| 4단계 | 실천 전략 수립하기 | 일상적 실천을 통하여 실현 가능하고 검증 가능한 전략과 실천 기법을 수립한다. |
| 5단계 | 현장에 적용하기 | 유급 교육 휴가를 통하여 배우고 익힌 것을 현장에 적용하고, 그 결과를 피드백하여 교육에 반영한다. |

뿌리 민주주의와 유럽 좌파의 영향과 함께 교육을 변혁적 관점에서 바라본 프레이리, 그람시, 탄자니아의 니에레레(Julius Kambarage Nyerere)의 사상들을 받아들이면서 나선형 모델을 만들어 냈다(Arnold et al., 1991). 이 나선형 모델은 1991년에 출간한 '변화를 위한 교육(Educating for change)'이라는 민중교육 매뉴얼을 통해 정리, 소개되었고 노동교육뿐만 아니라 반인종차별운동, 시민권운동, 여성주의운동 등 다양한 민중교육에 활용되었다. 나선형 모델은 참가자의 경험과 지식에서 출발하여 그 경험을 공유하고 질문을 통해 대화하면서 필요한 내용을 새롭게 보탠 뒤, 논의를 통해 종합한 내용으로 실천 계획을 수립하고 실행한다. 또한, 실천 이후 다시 그 경험을 토대로 공유, 대화, 실천들을 종합적으로 진행하면서 계속 연결되고 확장되는 구조다. 나선형 모델의 가장 큰 특징이자 강점은 정해진 내용을 제시하지 않고 노동자의 경험과 지식에서 시작한다는 것이다. 따라서 노동자를 교육의 대상이 아닌 학습의 주

그림 1-3 나선형 모델

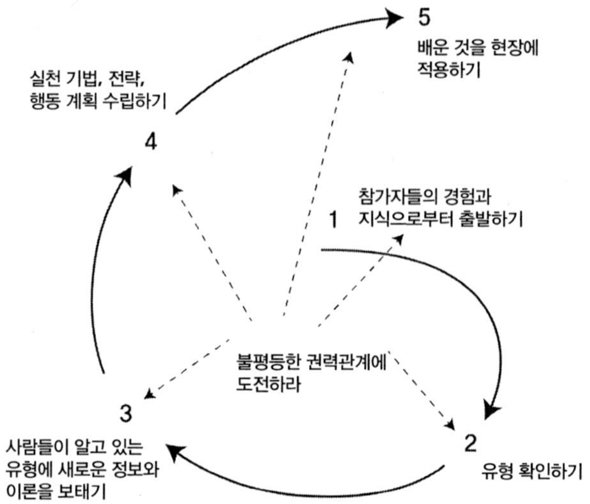


출처: 박장현, 2010:7

체로 여기고, 강사 역시 '토론 진행자(discussion leader, 토론 강사)'라고 부르며, 강의식-주입식 교육을 비판하면서 참여식-문제 제기식 교육을 적용한다(박장현, 2010:3).

이 모델은 노동자가 지침서보다는 동료와의 대화나 몸소 작업을 하면서 배우는 학습 경로와 경험을 소중히 여기면서, 새로운 정보와 지식을 보태어 경험과 이론을 결합하려 한다. 또한, 개인의 의식이 변화하는 과정보다는 참가자가 함께 자기 경험과 지식을 내어놓고 대화를 통해 집단적으로 서로 가르치는 것을 촉진하며, 실천을 통해 학습의 결과를 확인하려 한다. 이러한 과정은 프레이리의 생성적 학습 과정과 거의 유사하다고 할 수 있다(Burke et al., 2002).

그림 1-4 확장된 PAR 순환과정

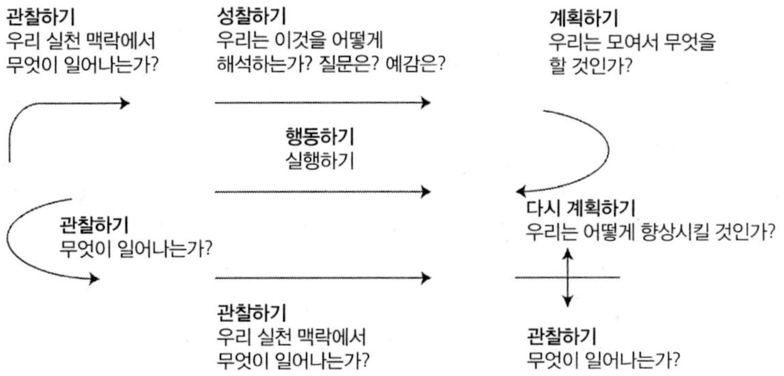


출처: Crane, Phil & O'Regan, Maureen, 2010

나선형 방법론과 유사하면서 보다 확장된 순환 모델로, 더 나은 실천을 통해 상황을 개선해 나가는 '관찰-성찰-계획-행동-공유(observe, reflect, plan and act, +share)' 과정을 들 수 있다(Crane & O'Regan, 2010). 이 과정은 일상에 대한 면밀한 관찰(observe)로부터 여러 새로운 정보들을 발견하며 이를 기반으로 다양한 질문, 관점과 해석을 통해 다각도로 의미를 성찰(reflect)한다. 이후 행동을 위한 질문을 명확히 하고 시도할 작업들을 식별해 실행(plan) 계획을 개발한다. 다음으로, 세워진 계획을 다른 사람들과 함께 체계적이고 창의적으로 실행(act)한다. 이후 다시 무슨 일이 일어났는지를 관찰하고, 성찰하며 이론과 통찰력 개발을 통해 답(진행한 실행과 다음 계획)을 도출한다. 마지막으로 질문과 관찰에서 행위, 성찰에 이르는 과정을 일정 형식으로 정리해 타인들과 공유하면서 결론의 범위를 구체화하고 후속 계획의 의미를 대중과 공유한다.

이 과정들은 참여실천연구의 프로세스라 할 수 있고, 그 진행에서 어

표 1-6 연구 프로젝트의 단계별 운영 과제 예시

| 과정 | 모집 및 선발 | 역할과 관계 설명 | 관리 및 지원 | 훈련 및 감독 |
|---|---|---|---|---|
| 프로젝트 시작 | 팀원 명확화 효과적 선택을 촉진하는 과정 개발 | 모든 팀 구성원들의 역할과 기능 설명서 개발. 과거 개인적 경험과 관계로 구별 | 소비자 구성원에게 지불할 재정 확인 물류 매니저, 자원 코디네이터 고용 모든 팀원이 함께 회의 관리, 갈등해결, 의사결정을 위한 절차 선택 | PAR의 가치와 철학에 대한 전문 직원에 대한 교육 모든 이해관계자들에게 주제와 관련한 기본 프로젝트 인식을 위한 교육 조직 감독자에게 PAR 접근 방식 교육 |
| 연구 설계와 편성 | 프로젝트 진행 중 필요한 경우 새로운 팀원 모집 | 연구책임자와 소비자 구성원들의 역량들을 검토 | 시기적절한 의사 결정과 포용적이고 존중하는 프로세스를 보장하기 위해 회의, 토론을 관리 시기적절하고 적절한 도구 생성을 보장하기 위해 팀 프로세스를 관리 | 연구설계 대안, 그 결과 및 목적에 대해 팀 교육. 측정과 관련한 대안, 설계 사항에 대해 팀 교육 |
| 데이터 수집 | 데이터 수집자를 위한 작업 설명 개발. 팀과 함께 채용 과정 설계 | 면접관 역할의 성격 정의. 데이터 수집자, 연구 주제 및 연구팀 구성원 사이의 잠재적인 역할 갈등을 해결 데이터 수집자를 | 데이터 수집자의 특정 편의/지원 요구 사항을 해결. 데이터 수집 절차에 대한 팀 의사결정 관리 | 기본 데이터에 대한 데이터 수집방법 교육 수집 요구 사항(즉, 사용 절차, 태도, 데이터 수집 시 예상되는 문제에 대한 대응)에 대한 |

| | | 고용하는 데 소비자 및 전문가 구성원의 상대적 책임 명시 | | 방향과 이슈, 전략 데이터 수집자의 성과 감독 |
|---|---|---|---|---|
| 데이터 분석 | 데이터 분석 외부 보조자 팀 멤버 모집 | 특정 연구 업무를 수행하는 연구 책임자(직원/고용주)와 일반 구성원 기능을 수행하는 관계(협업)의 차이점을 명확히 설명 | 예비 데이터 분석가의 특정 편의/지원 요구 사항 해결 데이터 분석 접근 방식 및 구현에 대한 팀 의사결정을 관리 | 데이터 분석 성격에 대한 모든 팀원에 대한 교육 초기에 데이터 조사를 완성하기 위해 특별팀 훈련 데이터 분석의 타임라인과 품질을 위해 분석가의 작성 성과 감독 |
| 해석과 보급 | 필요할 경우 생산물을 위한 외부 보조자 채용 | 소비자 팀과 전문적 팀 구성원 간의 이론 공동학습, 공동 배치 기회 제공 | 데이터 분석 및 보급활동에 대한 팀 의사결정 관리 | 보급 목적과 대안들에 대한 검토 |

출처: Danley & Langer-Ellison, 1999:12

느 정도는 외부의 전문적 지원과 조력을 필요로 한다. 표 1-6은 프로젝트의 시작부터 기획, 데이터 수집과 분석, 해석과 전파의 과정에서 다양한 관리, 지원, 교육이 필요함을 보여 준다(Danley & Langer-Ellison, 1999). 이해관계 당사자들이 연구의 중심적인 역할을 하더라도, 초기 팀 구성, 참여실천연구방법에 대한 교육, 연구 수행을 위한 팀 관리, 모금 · 홍보 실무 진행, 정보 제공 등에서는 참여실천연구 팀이나 전문기관의 지원을 받거나 역할을 분담할 수 있다.

## 참여실천연구의 세부 방법들

참여실천연구는 이해당사자의 경험, 지식을 끄집어내고 연결하기 위해 현실 상황에 따라 다양한 조사와 분석 방법을 사용한다. 주로 대화를 통하거나, 시각적 매개물을 사용하거나, 집단적 토론과 분석의 방법을 활용한다. PAR에서 주요하게 사용하는 방법은 참여 관찰(participant observation), 조사(surveys), 이차 데이터 분석(secondary data analysis), 대화(dialogue), 행동을 통한 학습(learning by doing), 정치적 행동(political action), 스토리텔링(storytelling), 매핑(mapping), 인터뷰(interviewing), 다이어그램(diagramming), 공동체 예술과 미디어(community art and media), 교육 캠프(educational camps), 프로그램 교환(exchange programmes), 점수와 순위 매기기(ranking and scoring), 공유 분석-집필-프리젠테이션(shared analysis, writing and presentations) 등이다(Kindon, Pain, & Kesby, 2007:17).

실용적 접근 방식의 PAR에서는 연구의 현장성과 신뢰도를 높이기 위해 특히 현장에서의 자료 수집을 중요하게 생각하는데, 그 방법들로는 명목 집단 기법(nominal group technique), 초점집단토론(focus groups), 참여관찰, 인터뷰, 비전 만들기(visioning), 포토보이스(photovoice) 등의 방법을 사용한다(MacDonald, 2012). 명목 집단 기법은 이해당사자들을 소그룹으로 나누어 관련 주제에 대한 응답 목록을 작성, 발표해 의견을 총망라한다. 초점집단토론은 일종의 그룹 인터뷰로, 다양한 이해당사자를 10명 내외로 구성한 뒤 최적화된 대화 환경을 조성해 함께 토론한다. 포토보이스는 시각적 매개물(사진)과 스토리텔링을 결합해, 당장 논리적 지식을 구성하기 쉽지 않은 소수자의 지식과 경험을 구성해내는 데 활용한다.

## 참여실천연구 사례

**저소득 도시 주변부에서 참여실천연구 모델을 통한 건강 문제 개입 사례**

앞서 이야기했듯 참여실천연구는 여러 집단의 지식이 계쟁하는 건강, 환경 영역에서 많이 쓰인다. 여기서 살펴볼 사례는 미국 로스앤젤레스 남동부에서 지역운동 단체가 중심이 되어 시민들과 함께 진행한 환경, 건강 문제에 대한 참여실천연구 사례다. 로스앤젤레스 남동부 지역(Southeast Los Angeles, SELA)은 1990년대를 지나며 산업적으로 뒤처지면서 대규모 산업단지가 값싼 제조 공장으로 대체되었고 저임금 라틴계 이민 노동자들이 많이 이주해 왔다. 이 지역의 환경은 열악했는데, 경공업이 중심이 되면서 그로 인한 환경 오염이 증가했고, 주변으로 고속도로와 철도가 지나가면서 디젤 기관이 오염 물질을 배출해 이와 관련된 건강 질환들이 증가하기 시작했다. 이때 지역에서 오랫동안 인종, 민권 운동을 해 온 풀뿌리 조직 '더 나은 환경을 위한 공동체(Communities for a Better Environment, CBE)'가 유해 토지 사용에 문제를 제기하면서 참여실천연구 작업이 시작된다. 2003년에 지역 삶 개선을 위한 풀뿌리 전략 연구의 일환으로 외부 지원을 통해 캘리포니아대학교 어바인캠퍼스(University of California Irvine)와 연구 프로젝트를 구성한다. 이 과정은 행동으로 가기 전까지 총 8단계로 진행되었다Gonzalez, Lejano, Vidales, Conner, Kidokoro, & Cabrales, 2007:).

**조직화(Organizing)**

CBE · UCI 프로젝트팀은 먼저 참여실천연구를 함께 진행할 청소년, 성인 구성원을 지역과 대학에서 모집했다. 주로 단체 회원과 지역주민을 중심으로 모집했고, 청소년 구성원은 지역 고등학교 학생들을 중심으로 모집했다.

### 스터디 디자인 워크숍(Study Design Workshops)

2단계는 초기 상황에 대한 분석과 참여실천연구의 밑그림을 그리는 작업으로, 여러 번의 워크숍을 통해 이루어진다. CBE · UCI 프로젝트팀은 주민들과 함께 지도를 통해 지역을 분석하는 인지매핑연습(Cognitive Mapping Exercises), 소그룹 토론 및 포커스 그룹을 촉진하여 중요한 프로젝트 설계의 주요 요소들을 배우게 했다. 참여실천연구의 주요 요소로는 조사할 건강 문제의 범위(오염 물질에 노출, 삶의 질, 폭력 등), 1차 조사 인구(0~5세 아동, 가족) 정의 및 지역사회 건강 조사와 관련한 주민 인터뷰 가이드 구성이 포함되었다. 워크숍에는 성인과 청소년 주민이 함께 참여했다.

### 주민 인터뷰(Resident Interviews)

프로젝트에 참여한 지역사회 구성원들은 건강 문제와 관련해 또 다른 거주자들을 인터뷰하기로 결정했다. 주민들에 대한 인터뷰는 개방형으로 설계되었고 특히 지역의 어린이 건강에 영향을 미치는 요인에 대한 통찰력을 얻을 수 있었는데, 요인들은 직접적인 가정 환경에서 지역사회에 이르기까지 범위가 다양했다. 인터뷰 내용은 녹음, 전사되었으며, 이어지는 워크숍에서 분석되었다. 분석 결과는 지역사회 건강 조사를 위한 몇 가지 질문을 구성하는 데 사용되었다.

### 토지 이용 매핑(Land Use Mapping)

문제가 많은 토지 사용에 대해 주민들이 워크숍에서 이야기한 내용들을 기반으로 팀에서는 헌팅턴 공원의 토지 사용 패턴을 기록하고 매핑하기 시작했다. 이것은 이후에 오염 지역과 물질을 표시하는 '위험 매핑'으로 변화되었다(Lejano & Smith, 2006). 위험 매핑은 표준산업체계(Sector Industry Code)에 따라 캘리포니아에서 규제되는 독성오염물질목록에 대한 1인당 배출 추정치를 얻기 위해 해마다 미국 환경보호청에 제출하는 독성물질배출량조사(Toxic Release Inventory)를 활용하여 개발되었다. 그런 다음 1인당 배출량에 지역의 사업체별 직원 수를 곱하여 이러한 소규모 배출원의 배출량 추정치를 얻었다. 지도는 거주지와 독성 물질의 관계, 오염 물질에 따른 토지 사용 패턴을 보여 주었다.

**지역사회 건강 설문조사(Community Health Survey)**

지역사회 건강 조사는 아동 및 청소년 건강, 보험 적용 범위, 이웃 문제에 대한 인식 등의 주제를 포함하는 양적 및 질적 데이터를 얻는 과정이었다. 설문조사는 CBE가 이전에 협력 관계를 유지했던 지역에서 시행되었다. 여기에는 지역 공원을 방문하고 지역에 거주한다고 답변한 가구 및 거주자로부터 데이터를 수집하는 작업이 포함되었다. 조사팀은 일반적으로 한 명의 주민과 한 명의 UCI 학부생이 짝을 이루어 총 8명으로 구성되었다. 데이터는 나중에 GIS(지리 정보 시스템)를 사용하여 매핑되었다. 인터뷰를 통해 다양한 사실이 확인되었는데, 부모는 집 밖의 안전과 강력 범죄뿐만 아니라 불쾌한 영향(냄새, 소음, 먼지)과 의료 서비스에 대한 접근성에 가장 관심이 있는 것으로 나타났다.

**포토보이스(Photovoice)**

포토보이스 프로젝트는 주민들이 자신의 지역사회에 존재한다고 여기는 몇 가지 문제를 촬영하도록 설계되었다. 성인 여성 학부모, 청소년 등 10명이 프로젝트에 참여했다. 주민들은 CBE에서 개최한 포토보이스 기획 회의에 참석하여 참여 이론, 공공 장소에서의 사진 윤리, 사진 구성의 기초를 배웠다. 참가자들에게는 2주 동안 촬영한 사진에 주석을 달 수 있도록 일회용 카메라와 노트북이 제공되었다. 현상한 사진은 디지털화하여 콤팩트디스크(CD)로 전송되었다. 후속 계획 회의에서 참가자들은 자신의 경험에 대해 토론하는 자리로 초대받았다. 참가자들이 찍은 사진들을 그룹별로 묶었는데 참가자들은 대기 질, 건강, 어린이, 열린 공간이라는 네 가지 주제에 따라 이젤에 사진을 배열했다. 참가자들은 또한 각 사진을 설명하는 개인 진술서를 작성했다.

**성찰/분석(Reflection/Analysis)**

마지막 순서에는 데이터 해석 및 중재 개발을 위한 지속적 성찰 워크숍(예를 들자면 천식 감소, 위험 감소를 주제로 한)을 진행했다. 이어서 '초기 행동 단계 설정'이 이루어졌다.

이 과정은 4월에 시작해 다음 해 5월까지 거의 1년여 동안 진행되었고, 앞서 언급한 과정 이외에도 여러 워크숍과 역량강화 과정들이 포함되었다. 프로젝트팀은 대기 독성 물질로 인한 환경 문제에 집중했으나 실제 참여실천연구 과정에서 지역주민들이 더 광범위한 건강 문제(가정폭력, 물리적 기반 시설 및 학교 혼잡도 포함)를 포착했기에, 더 장기화된 측면도 있었다. 이 과정을 통해 프로젝트팀은 주민들이 직접 도시 환경에서의 위험 요소를 발견할 수 있다는 가능성을 발견했고, 해당 지역에서 환경과 건강에 대한 지역 '병인학(etiology)' 구성을 통해 다양한 취약 요소들에 대해 문제를 제기할 수 있게 되었다고 평가했다. 도시 생활에서 어떤 요소들이 위험하고, 어떤 요소들이 이동에 영향을 끼치는지에 대한 일종의 지도를 만들 수 있게 되었다. 그리고 매핑, 지역조사, 포토보이스 등 다양한 방법과 자료 세트, 삼각 측량을 통해 환경 영향에 대한 '두터운 설명(thick description)"(Geertz, 1973)을 통해 결과의 신뢰성을 높이고, 양적 · 질적 · 내러티브 및 시각적 정보를 활용하여 건강에 대한 다차원적 그림을 생성하게 되었다. 이러한 참여실천연구 과정을 통해 아동들이 탁아시설로 이동하는 과정에서의 건강 위험, 환경에 의한 천식 유병률을 발견했고 정부의 규제 완화 정책으로 인해서 크롬 도금과 같은 독성 산업이 허용되었다는 것도 발견하게 되었다. 참여실천연구는 지역주민들로 하여금 본인이 일하고 생활하는 곳과 환경오염 및 건강 질환이 밀접하게 연관되어 있음을 인식하게 해 주었고, 자연스레 다양한 지점에서 지역공동체가 개입할 수 있는 지점들을 보여 주었다. 이 이슈를 중심으로 지역공동체는 여러 지식을 통합하고 행동을 위한 우선적인 전략 개발을 통해 지역에 대한 학습부터 정책 결정자와 상호작용하거나 캠페인을 진행하는 등 문제를 해결하는 능력을 개발하게 되었다.

### 지역에서의 청소년 참여실천연구

청소년들을 대상으로 한 청소년 참여실천연구(Youth Participatory Action Research, YPAR)도 참여실천연구의 주요한 영역이자 사례다. 남채봉(2013)은 YPAR의 특성을 사회 정의 및 반(反)인종주의(social justice and anti-racism), 프락시스에 기초한 교육 방법(praxis-based pedagogy), 총체적-유기적 접근법(holistic and ecological approach)으로 정리하면서, 참여실천연구가 타자화되어 있던 지역주민들, 특히 청소년들의 자기 결정권을 중시하는 자기-권한 강화(셀프 임파워먼트) 과정임을 강조했다. 또한 이 과정이 '학교에서 형성되는 시민성(school-constructed citizenship)'과는 달리, 프레이리의 문제 제기식 교육처럼 청소년의 일상 경험 및 그들이 지닌 문화 자원을 중시하고 다양한 참여 활동을 통해 '비판적 실천 시민성(critical civic praxis)'을 체득하게 한다고 주장한다. 그 사례로 미국 시카고 도심 근처 푸에르토리코계 거주 지역인 훔볼트파크(Humboldt Park)에서 라틴계 청소년들과 함께 진행한 참여실천연구를 보여 준다. 연구팀은 열악한 교육 환경에 있는 청소년들을 위해 개선해야 하는 주요 과제로 미성년 음주 문제를 지목했다. 단순 음주 금지만으로는 효과가 없다고 판단하고, 바카(Barrio, Art, Culture, and Communication Academy, BACCA)라는 방과 후 프로그램에서 청소년들이 고안한 음주 반대 캠페인을 진행했다. 그래서 청소년들이 직접 고안한 구호들["이게 진짜 나예요. 나에게 책임감 있게 사는 방법을 가르쳐 주세요(This is real me. Teach me how to live responsibly)"]을 노래, 라디오, 연극 등 멀티미디어로 표현하는 작업을 통해 공동체 연계 학습(connected learning in the community)을 진행했다. 그리고 청소년 풀뿌리 조직과의 밀접한 협력 관계를 통해 도심 유색인종 청소년으로서 일상에서 겪는 차별 및 부당한 대우에 대한 분노를 예술 공연으로 승화하고, 정보 전달과 연대를 통해 푸에르토리코인으로서 문화 정체성을 형성하고 존엄성을 되찾는 긍정적 변화를 만들어 냈다. YPAR은 청소년이 겪고 있는 문제들과 열악한 상황, 인종적 불평등에 대해 스스로 좀 더 깊은 질문을 제기하고 재평가하는 작업을 통해 자신들에 대한 긍정적 관점들을 만들어 낸 프락시스 과정이다(남채봉, 2013).

## 참고문헌


강지영·소경희(2011). 국내 교육관련 실행연구 동향 분석. ≪아시아교육연구≫, 12권 3호, 197~224.

김승섭(2018). 『우리 몸이 세계라면』. 동아시아

김종영(2017). 『지민의 탄생: 지식민주주의를 향한 시민지성의 도전』. 휴머니스트.

김한수(2018). 『노동야학, 해방의 밤을 꿈꾸다: 노동과 학습은 어떻게 만나는가』. 따비.

남채봉(2013). "우리도 이야기할 수 있다": 청소년 참여실행연구가 다문화시대 비판 시민교육에 지니는 의의. ≪시민교육연구≫, 45권 2호, 31~65.

박장현(2010). 프레이리 교육학과 나선형 모델. 금속노조 교육원 토론회 '캐나다 자동차일반노조 (CAW) 교육사업 및 교안. 전국금속노동조합.

서근원(2020). 실행연구(Action Research)의 새로운 과거: 쿠르트 레빈의 'action-research'를 중심으로. ≪교육인류학연구≫, 23권 3호, 1~46.

성열관(2006). 교육과정 실행연구의 성장과 주요 특징에 대한 이론적 고찰. ≪교육과정연구≫, 24권 2호, 87~109.

정지웅(2012). 평생교육에서의 참여연구의 기원과 발전. ≪평생교육학연구≫, 18권 4호, 87~102.

조용환(2015). 현장연구와 실행연구. ≪교육인류학연구≫, 18권 4호, 1~49.

Arnold, R., Burke, B., James, C., Martin, D., & Thomas, B. (1991). *Educating for a Change.*Toronto: Between The Lines.

Brydon-Miller, M. & Maguire, P. (2009). Participatory action research: Contributions to the development of practitioner inquiry in education. *Educational Action Research, 17*(1), 79~93.

Burke, B., Geronimo, J., Martin, D., Thomas, B., & Wall, C. (2002). *Education for changing unions.* Toronto: Between the Lines.

Crane, P. & O'Regan, M. (2010). *On PAR: Using participatory action research to improve early intervent*ion. Department of Families, Housing, Community

Services and Indigenous Affairs, Australian Government, Australia.

Danley, K. & Ellison, M. (1999). *A handbook for participatory action researchers.* Boston: Boston University Center for Psychiatric Rehabilitation.

Greenwood, D. & Levin, M.(2007). *Introduction to action research: S*ocial research for social change(2nd Edition). SAGE Publications, Inc. 변기용 옮김 (2020). 『사회개혁과 교육실천을 위한 실행연구 입문』. 학지사.

Gaventa, J., & Cornwall, A. (2008). Power and knowledge. In H. Bradbury(Ed.), *The Sage handbook* of action research(pp.172∼189). SAGE Publications Ltd.

Gutierrez, J. (2016). Participatory Action Research(PAR) and the Colombian Peasant Reserve Zones: The Legacy of Orlando Fals Borda. *Policy and Practice: A Development Education Review, 22,* Spring, 59∼76.

Glassman, M., & Erdem, G. (2014). Participatory action research and its meanings: Vivencia, Praxis, Conscientization. *Adult Education Qua*rterly, 64(3), 206∼221.

Danley, K., & Ellison, M. L. (1999). *A handbook for participatory action researchers.* Boston: Boston University, Sargent College of Health and Rehabilitation.

De Finney, S., & Ball, J. (2015). Traditions, tensions, and trends in participatory action research. In A. Devault, G. Forget, & D. Dubeau (Eds.), Fathering: Promoting positive father involvement (pp. 13∼46). Toronto, Canada: University of Toronto Press.

Gonzalez, E. R., Lejano, R. P., Vidales, G., Conner, R. F., Kidokoro, Y., & Cabrales, R. (2007). Participatory action research for environmental health: encountering Freire in the urban barrio. *Journal of Urban Affairs, 29*(1), 77∼100.

Hall, B. L. (1992). From margins to center? The development and purpose of participatory research. *The American Sociologist, 23*(4), 15∼28.

Hall, B. L. (2005). In from the cold? Reflections on participatory research from 1970–2005. *Convergence, 38*(1), 5∼24.

Hall, B. L., Gillette, A., & Tandon, R. (Eds.). (1982). *Creating knowledge: A monopoly? Participatory research in development. Participatory Research Network Series No. 1*. New Delhi: Society for Participatory Research in Asia.

Danley, K., Langer-Ellison, M. 1999. A handbook for participatory action researchers. Boston

Kindon, S., Pain, R., & Kesby, M. (2007). *Participatory action research origin, approaches and methods: Connecting peo*ple, participation and place. London: Routledge.

Laurell, A. C., Noriega, M., Martinez, S., & Villegas, J. (1992). Participatory research on worker's health. *Social Scienc*e & Medicine, 34(6), 603～613.

Lomeli, R., Jafte, D., & Rappaport, J. (2018). Imagining Latin American social science from the global south: Orlando Fals Borda and participatory action research. *Latin American Research Review, 53*(3), 597～612.

Loewenson, R., Laurell, C., & Hogstedt, C. (1994). *Participatory approaches in occupational health research.* Sweden: Swedish Institute for Occupational Health Arbette Och Halsa; Report No.38.

Loewenson, R., Laurell, A. C., Hogstedt, C., D'Ambruoso, L., & Shroff, Z. R. (2014). Participatory action research in health systems: A methods reader. TARSC, AHPSR, WHO, IDRC Canada, Equinet.

MacDonald, C. (2012). Understanding participatory action research: A qualitative research methodology option. *Canadian Journal of Action Research, 13*(2), 34～50.

Martinez, M. A. (2008). Participatory-action-research. https://citeseerx.ist.psu.edu/document?repid=rep1&type=pdf&doi=6da8443d28f252257d555a1dd2333f267b7156ef

McTaggart, R. (Ed.). (1997). *Participatory action research: Internati*onal contexts and consequences. Albany: State University of New York Press.

Swantz, M. L. (2016). *In search of living knowledge.* Tanzania: Mkuki Na Nyota Publishers.

Urban Justice Center Community Development Project Research and

Organizing Initiative. (n.d.). *Research for organizing toolkit: Facilitator's guide and toolkit.* https://www.researchfororganizing.org/about-this-toolkit/.

## 더 읽을거리

Greenwood, D. & Levin, M.(2007). *Introduction to action research: Social research for social change*(2nd Edition). SAGE Publications, Inc. 변기용 옮김(2020). 『사회개혁과 교육실천을 위한 실행연구 입문』. 학지사.

참여실천연구 입문서다.

Bradbury, H. (Ed.). (2015). *The SAGE handbook of action research*(Third Edition). SAGE Publications Ltd.

실천연구, 참여실천연구, 참여적 개발과 관련한 역사와 그간의 성과, 최근의 이슈들을 포함하고 있는 핸드북이다.

Swantz, M. L. (2016). *In search of living knowledge.* Tanzania: Mkuki Na Nyota Publishers.

'살아있는 지식을 찾아서'라는 제목으로 번역되는 이 책은 인류학자 스완츠가 아프리카 탄자니아에서 1960년대 이후 진행한 참여연구 과정과 사례를 자세히 보여 준다.

## 참고 웹사이트

### 참여실천연구: 연구자, 실천가, 조직가, 지역사회를 위한 자료들

https://participatoryactionresearch.sites.carleton.edu/

미국 칼턴칼리지(Carleton College)와 미네소타주의 도시 페어보(Faribault)가 지역사회 구성원 및 기관 간 대학-지역사회 참여실천연구 협력의 일환으로 만든 웹사이트. 참여실천연구와 관련한 다양한 안내가 잘 되어 있다.

### 청소년 참여실천연구

http://yparhub.berkeley.edu/

미국 버클리대학의 참여실천연구 허브 웹사이트. 청소년 참여실천연구에 대한 소개와 각 단계별 진행 방법들이 잘 안내되어 있고, 미국과 남미에서 진행한 사례자료와 활동 동영상도 볼 수 있다.

### 교사실천연구방법론

http://www.edchange.org/multicultural/tar.html

교사실천연구(TAR)는 교사 또는 활동가가 자신의 활동을 평가하고 개선하기 위한 방법이다. 교수-학습 방법, 평가 방식, 교육 환경 개선 등 학교나 지역사회에서 일어나는 다양한 교육적 작업들을 성찰하고 평가, 변화를 위한 계획을 세우는 활동이다. 이 사이트는 특히 다문화 교육과 평등한 교육을 위한 교사실천연구의 정의와 방법, 트레이닝 자료와 수업 자료들까지 망라한다.

### 참여실천연구, 계획, 평가

https://www.participatoryactionresearch.net/

참여실천연구를 국제 개발에 적용하고 지역 계획과 평가를 더해 구체적 지역사회 개발을 수립하는 방법론 사이트다. 이 사이트에서는 SAS2라는 사회분석 시스템을 사용하는데, 방법론 이름에서 '2'는 사회적으로 수행되는 사회 분석의 이중적 필요성(사회과학을 나타내는 표준 방식과 주민들의 참여 방식)을 나타낸다. 제3세계에서 참여실천연구가 지역개발과 어떻게 맞물릴 수 있는지를 볼 수 있는 사이트이기도 하다.

# 2장
# 억압받는 자들의 연구: 팔스 보르다 참여실천연구 사례

■ 요약

우리 사회에서 소외되고 배우지 못한 사람들은, 자신의 문제와 질문에 답을 찾기 위해 스스로 연구를 진행할 수 있을까? 이번 장은 민중교육가 프레이리의 '억압받는 자들의 교육'에 비견되는 '억압받는 자들의 연구'가 어떻게 가능한지 참여실천연구방법론을 통해 다룬다. 콜롬비아 사회학자이자 사회운동가 팔스 보르다는 콜롬비아 농민운동 집단과의 참여실천연구를 통해 민중지식, 인민과학을 창조해 낸다. 기득권 집단과 서구 중심 과학의 이데올로기성을 비판하면서, 대항적이고 집합적인 지식 창조와 행동, 실천을 결합시키는 '전투적 연구'를 만들어 냈다. 이를 위해 농민들의 구술과 농민운동의 역사를 결합시키고, 생생한 감각과 경험(비반시아)을 일깨우는 워크숍과 소시오드라마(socio-dramas) 등을 통해 역사적 증언들을 수집, 이미지화하고 참가자들과 함께 생생한 육성이나 연극으로 재현한다. 과거의 경험과 현실의 문제들을 연결해 새로운 대안을 실천으로 옮기는 과정은 느낌, 감각적인 경험과 새로운 지식, 실천이 결합되는 완전한 실행을 지향한다.

역사적이고 정치적인 팔스 보르다의 참여실천연구 과정은 집합적 조사, 역사에 대한 비판적 회복, 민속문화에 대한 적용과 가치 부여, 새로운 지식의 생산과 보급이라는 네 가지 방법과 과정으로 진행된다. 서구에서 시작된 액션리서치와 제3세계 프레이리에서 시작되어 스완츠로 연결되는 참여연구는 팔스 보르다를 통해 참여실천연구로 통합되고, 북미의 민중교육과 남미의 '경험의 체계화' 등으로 변화 발전하면서 전 세계적으로 확장된다. 팔스 보르다의 시도는 참여실천연구가 현장 연구, 질적연구방법의 한 종류가 아니라 억압받는 시민들이 말하지 못했던 것을 표현하게 하고, 해석되지 않았던 것을 다시 역사적으로 해석하게 하고, 잃어버린 것들을 되-찾는(re-search) 과정임을 실천적으로 보여 준다.

■ 주요 이론가 및 교육 이론/방법론

파울로 프레이리의 생성적 조사, 해방적 문해교육론, 팔스 보르다의 참여실천연구, 북미의 민중교육, 남미의 '경험의 체계화'

■ 누가, 어디에, 어떻게 활용할 수 있나요

억압받는 다양한 시민: 일상의 다양한 경험, 목소리, 생각들을 다양한 형태로 표현하고, 자신들의 활동에 대한 자료 수집(구술, 현장 자료)과 재해석 과정을 통해 경향성과 방향성을 가진 '힘 있는 지식'으로 정리해 낼 수 있다.

풀뿌리운동가: 다양한 시민들의 현장지식, 객관적 통계 자료, 풀뿌리운동의 역사들을 통합해 성인교육과 정치적 조직화를 결합하는 시도를 할 수 있다.

연구자: 억압받는 자들의 증언과 경험을 토대로 사회, 역사적 연구를 진행하고, 이를 토대로 시민교육 프로그램을 기획할 수 있다.

서발턴은 말할 수 있는가?
- 가야트리 스피박

## 들어가며

모든 시민은 한 명의 연구자다. '질문을 가진 시민'이라면 누구나 그 답을 구하기 위해 연구에 참여해 과정을 계획, 디자인하고, 자료 수집과 해석 등 연구 과정을 통해 나온 답이 진실인지 실천을 통해 확인하는 과정을 거칠 수 있다. 학문적 틀이 아닌 일상의 틀에서도 체계적인 연구 과정을 통해 신중하게 고려하고 문제 해결 방법을 찾아갈 수 있다. 하지만 이 과정을 시민 스스로, 독자적으로 진행하기 쉽지만은 않다. 시민에게 그런 능력이 부족해서일 수도 있지만 기존의 연구를 둘러싼 논리와 방법, 담론, 언어, 전제 등이 어렵거나 달라서 그렇기도 하다. 객관성, 중립성, 체계성, 윤리성, 논리성 등 연구를 둘러싼 담론과 형식, 언어들은 알게 모르게 이미 전제된 경우가 많다. 그래서 프레이리가 말하는 침묵의 문화 속에 있는 민중, 스피박이 말하는 서발턴, 다양한 억압 속에 있는 시민들은 기존의 인식틀, 연구 방식, 언어들로 말하거나 주장하기 쉽지 않다. 억압받는 자들을 위한 연구는 단순히 기존의 연구틀과 방법에 자기 현실과 문제, 자료를 집어넣어 논리적 결론을 도출하는 것을 넘어서야 한다.

이번 장에서 다루고자 하는 콜롬비아 사회학자 팔스 보르다의 참여실천연구는 프레이리의 '억압받는 자들의 교육'에 비견되는 '억압받는 자들의 연구'라 부를 수 있다. 잘 알려지지 않았지만, 팔스 보르다는 프레이리와 함께 중남미 민중교육과 민중문화운동의 중심축이었고, 그가 시도한 참여실천연구는 여전히 라틴아메리카 사회운동의 중심적 개념과 방법이다. 아직도 참여실천연구가 '현장 연구(field study)'나 질적연구방법의 한 종류 정도로 이해되는 현실에서(강지영 외, 2011:201), 팔스 보르다의 참여실천연구는 억압받은 자들이 말하지 못했던 것을 표현하게 하고, 해석되지 않았던 것을 다시 역사적으로 주의 깊게 해석하게 하고, 숨겨졌거나 잃어버린 지식들을 정치적 행동과 성찰을 통해 되-찾는(re-search) 과정임을 실천적으로 보여 준다. 기존의 연구들이 그동안 축적되어 온 이론과 개념들을 토대로 새로운 원리들을 찾는다면, 참여실천연구는 민중에게 축적된 산 경험과 산 역사들을 불러내고 재해석하며, 사고와 감정을 정치적 행동과 연결해 새로운 과학을 창조한다. 팔스 보르다를 거치며 액션리서치와 참여연구가 참여-실천-연구로 통합되어, 지식인에 의해서 주도되는 관념적인 연구가 아닌 억압받는 자들이 중심이 되는 역사적이고 실천적인 연구, 새로운 언어와 힘 있는 지식을 창출해 내는 연구, 학습 과정으로 거듭난다. 그래서 참여실천연구의 역사에 있어 기존의 지식과 학습에 대한 본질적 질문을 던지며, 지식 생산의 주체와 경계를 확장해 가는 액션리서치와 참여연구를 통합하는 시도라고 할 수 있다. 또한 소수 전문가의 전유물처럼 여겨졌던 지식 생산을 실행자, 이해당사자, 민중, 실천가로 확장했고 관념적 논리의 집합으로 이해된 지식의 경계를 실행, 실천, 행위, 감각 등이 통합된 실용적이고 힘 있는 지식으로 발전시켜 나간 역사라 할 수 있다.

## 초기 참여실천연구의 흐름: 프레이리의 생성적 조사와 연구

참여실천연구의 이론적, 실천적 뿌리는 프레이리에게 있다고 해도 과언이 아니다. 특히 프레이리가 남미에서 시작해 전 세계적으로 시도하고 발전시킨 생성적 조사(generative investigation)를 통한 문해 학습 방법론은 참여실천연구의 모델이 되었다. 프레이리의 '억압받는 자들의 교육(학)'은 민중의 의식을 조종하고 왜곡하는 은행저금식 교육을 비판하고, 지식의 중립성이 기만적임을 폭로하고 지식의 독점성에 도전했다. 기존 질서의 비판에만 머무르지 않고 인간과 사회의 기계론적 · 결정론적 변화 과정을 비판하면서 이론과 실천의 통합, 그 과정으로서 대화, 정치적 과정으로서 교육, 자유와 인간화를 위한 영속적 투쟁과 같은 이론들을 통해서 '희망의 교육학'을 만들어 내고자 했다. 희망의 교육학은 수많은 지역과 영역에 영향을 주었고 직접적인 실천으로 재창안되었다. 프레이리가 제시한 문제 제기식 교육(problem-posing education)은 이미 누군가에 의해 정해진 지식(독본)을 거부하고 민중의 경험, 언어, 지식에서 출발해 대화라는 매개를 통해 경험-지식-행동-성찰로 이어지는 순환 과정을 창조해 낸다. 그는 일방적 주입을 통한 교육은 '문화적 침략'을 가져온다고 비판하면서, 지식인이 민중과 함께 대화하고 행동해야 하고, 학습자가 자신의 상황에 대한 비판적인 성찰을 통해 '세계 속에 있는 인간'을 발견해 가야 한다고 강조했다. 구체적 교육 실천으로 그의 해방적 문해교육 방법론을 들 수 있다. 프레이리의 문해교육은 연구와 행동주의를 결합하는데, 침묵의 문화 속에 있는 민중의 산 경험을 통해 생성주제와 생성어(학습 내용)[10]를 도출해 내는 생성적 조사에서 시작되었다.

---

10) 프레이리의 문해교육 과정은 교사, 전문가에 의해서 이미 정돈된 지식을 제공하는 방식이 아닌 민중의 경험과 언어 속에서 생성어와 생성주제를 조사하는 것으로부터 시작한다. 문해교육 촉진가는 민중들과의 만남과 인터뷰를 먼저 진행하고, 그 속에서 함께 토론할 내용을 담고 있으면서 문자 학습으로도 유의미한 단어들을 추려내는데 이 단어들을 생성어라 하고, 그 단어로 진행하는 토론주제는 생성주제가 된다. 생성어는 그 지역과 민중들의 현실로부터 채택하기 때문에 지역별로도, 학습자별로도 다를

그리고 상황토론과 이미지를 활용해 낯설게하기, 거리 두기 등 자신을 둘러싼 구체적 현실들을 읽을 수 있게 하는 대화적 방식을 통해 진행하였다. 지식 생산에만 머무르지 않고 참지식-참말을 위해 행동-성찰이라는 순환 과정으로 억압된 상황에 있는 학습자의 해방을 꾀하는 일종의 변증법적이고 연합적인 (의식화) 대안 프로젝트였다. 그래서 용어 사용에서도 학교 대신 문화서클(cultural circle), 교수자 대신 촉진자(facilitator), 수업 대신 프로그램, 학생 대신 참가자(participant) 등의 표현을 사용했다. 프레이리는 모든 연구는 학습, 지식이 행동과 통합되고 비판적 반성으로 연결되는 참여실천연구여야 한다고 주장했다.

하지만 프레이리의 생성적 연구는 몇몇 부분에서 한계를 드러내기도 했다. 먼저 그의 생성적 연구에 기반한 교육은 비문해율이 높아 문해교육을 절실히 필요로 하는 곳을 중심으로 진행되었고, 프레이리는 해방교육이 끊임없이 민중의 현장에서 재창안되기를 바랐지만 다른 교육 영역과 지역에서는 재창안되기가 쉽지 않았다. 브라질, 상투메 프린시페, 니카라과, 탄자니아 등에서는 민중 대부분이 비문해 상태였고, 정치적 격변을 통해 사회주의 정권이 들어서기도 했다. 민중이 새로운 정치와 경제 질서 속에서 국가, 공동체, 경제를 읽어 내고 실천하는 과정에서 문해교육은 세계, 현장과 굉장히 밀접하게 연관된 상태에서 진행될 수 있었을 것이다. 이와 달리 문해율이 높고 이미 정치적 민주화가 진행된 곳이나 반대로 정치 상황이 매우 억압적인 곳에서는 생성적 조사나 세계읽기-쓰기에서 민중의 지식을 통해 어떻게 기존 지식에 도전할 수 있는지 보여 주기가 힘들었을 것이다.

---

수밖에 없다. 프레이리가 처음 문해교육 방법론을 시도한 브라질의 안기코스 마을에서는 17개의 생성어로 주제학습과 문자 학습을 진행했다(김한수, 2018).

그리고 프레이리의 생성적 방법론은 민중의 역사, 산 경험, 언어, 인식을 존중하고 출발점으로 삼고자 했지만 다분히 교수자, 지식인 중심의 내용과 경향성을 띤다. 생성적 조사를 진행하기는 하지만, 상황토론과 생성주제의 내용들이 노동, 세계, 문화, 주체 등 다분히 지식인들이 선호하는 주제들로 선정되는 것이다. 리플렉트(Regenerated Freirian Literacy through Empowering Community Techniques, REFLECT)라는 참여적 문해교육 방법론을 개발한 아처(David Archer)는 개발학자 로버트 챔버스의 말을 인용하면서 프레이리가 문화를 소중한 주제로 다루지만 상황적으로 다루기보다는 근본적인 문제로 다루어, 학습자들의 지식과 신념보다 합리적 지식을 더 중요시해 로컬 학습자들의 토착지식 및 합리성을 신뢰하지 않는다고 비판했다(Archer & Cottingham, 2012:11). 중남미 민중교육자인 라벨(Thomas La Belle) 역시 민중의 현실 · 삶 · 언어를 조사하고 생성어와 생성주제를 도출하는 사람이나 집단은 지식인이고, 교육 내용을 구성하고 현상을 파악하고 추상화하는 과정에서 민중의 참여가 배제된다고 비판했다(La Belle, 1987:209~210). 이는 교육 활동에서 교수자의 당연한 역할이라고 볼 수 있지만 거기에는 교수자, 지식인의 조사와 체계화에 객관성과 진리성이 있다는 전제가 숨어 있다.

프레이리의 생성적 조사와 교육 방법론은 학습자들이 자기 삶과 언어, 사고를 통해서 일정 정도 객관화된 비판 능력을 갖추고 행동하는 것에 초점을 맞췄다고 할 수 있다. 이와는 다른 시각에서 민중 스스로에 의해서 지식을 모으고 분석을 하는, 토착적 문화와 삶의 방식이 기존의 객관성을 무너뜨리는 대항-지식이 되는, 좀 더 현장 상황과 밀착하는 학습자 중심 가능성에 대한 모색이 필요하다고 할 수 있다. 프레이리가 말한 것처럼 이러한 문제의 한계들은 새로운 이론과 실천의 통합으로 재창안되어야 할 것이다. 팔스 보르다의 참여실천연구는 프레이리 교육 방법론의 한계 상황들과 맞닿아 있다. 문해교육에만 한정되지 않는 참여적이고 생성적 조사와 연구, 그리고 지식인들 중심의 연구방법을 넘어서는 민중의 지식 생산과 연구방법의 가능성을 팔스 보르다의 참여실천연구에서 찾아보고자 한다.

## 팔스 보르다의 참여실천연구

1970년대부터 제3세계를 중심으로 진행된 참여적, 해방적, 실천적 연구 전통은 팔스 보르다에서 참여실천연구로 더욱 심화되고 통합된다(Hall, 1992). 1장에서 살펴본 레빈의 액션리서치가 현장 참여적이고 실천적인 연구자의 관점을 강조한 것이라면, 스완츠의 참여연구는 외부에서 주어지는 지식과 변화가 아니라 민중 스스로의 참여를 통한 지식과 관점으로 현실을 변화시켜 나가는 연구방법이다. 팔스 보르다는 세계와 현실을 변화시켜 가는 현장성과 생동감 있는 실천, 정치 역사적 권력과의 관계성을 강조하는 참여적 지식 생산의 관점도 함께 가져간다. 그래서 억압받는 집단이 특정 목적, 행위, 투쟁에서 역사적으로 표현된 지식들을 통해 창조적 지렛대를 만들어 내고, 민중 스스로의 정체성을 강화하는 사회정치적 사고 과정을 통해, 역사적이고 '힘 있는 지식'을 창조하는 과정으로 참여실천연구를 활용한다(Fals-Borda, 1987:330).

팔스 보르다는 남미 최초로 콜롬비아에서 사회학파를 창시한 학자로, 1950년대까지는 콜롬비아의 안데스의 고지대 농민 경제에 대한 연구를 진행한 개량적 자유주의 학자였다. 이후 1948년 자유당 지도자의 암살과 민중 20만 명이 희생당한 보고타 사태[11]와 같은 역사 연구를 가장 먼저 진행하고, 해방신학의 선구자이자 게릴라 민족 해방군 토레스

(Jorge Camilo Torres Restrepo)와 같은 해방운동 그룹과 접촉하면서 급진화되기 시작했다. 보르다는 기존의 사회과학으로는 가난한 제3세계 사람들의 삶의 조건을 이야기할 수 없음을 인식하고 대안적이고 해방적인 연구, 실천 방법을 찾기 시작한다(Fals-Borda, 1999:1). 1970년대에 작가 가브리엘 가르시아 마르케스(Gabriel Garcia Marquez), 저널리스트 엔리케 산토스 칼데론(Enrique Santos Calderon)과 함께 1970년대에 유명한 급진적 잡지 ≪알터나티바(Alternativa)≫를 창간해 사회적 실천에서 방법론적 혁신을 가져왔으며 서구의 근대성과 식민주의에 지속적인 문제 제기를 통해 사회과학을 탈식민화하고자 했다. 농민운동과 피억압자에 대한 연구를 지속하면서, 직접적 실천을 위해 대학을 떠나 카리브해 연안의 시골 마을로 이주했다. 국가가 지원하는 전국농민사용자협회(National Association of Peasant Users, ANUC)등의 농민조직과 함께 과거 토지 투쟁운동에 대한 사실적 역사 수집을 통해 해방 지향적 참여실천연구를 시도했다. 1970년대 초반 카리브해 연안은 정부의 토지 재분배 정책에 환멸을 느낀 사람들이 농민 협회를 통해 스스로 토지를 점거하고 농업개혁을 진행하려 했고 게릴라 집단, 노동조합운동, 학생운동으로 가득 찬 혁명적이고 전복적인 상황이 발생하는 지역이었다.

보르다는 1972년부터 장로교의 지원을 받아 사회적 행동과 연구를 위한 학습 · 연구 서클인 '라 로스카(La Rosca, 나선형을 의미)'를 콜롬비아

---

11) 1948년 미국계 기업 및 기득권이 독점한 농경지를 회수하자는 공약을 내건 급진적인 자유당 지도자 가이탄(Jorge Eliécer Gaitán)이 암살당하는 사건이 일어났다. 이 사건에 분노한 민중의 분노가 폭발했고 농민 시위가 연일 계속되었다. 보수당 정권은 폭력을 동원해 무자비하게 이를 탄압하기 시작했고, '라 비올렌시아(La Violencia, 스페인어로 폭력)'라 부르는 10여 년간의 내전과 고문, 성범죄, 잔혹한 살해 등으로 약 20만 명이 사망했다.

전역에 설립했다. 이 학습서클의 연구 작업과 철학에 기반해 참여실천연구를 이끈 몬테리아(Montería)[12]의 카리브재단(Caribbean Foundation)을 설립한다. 당시 라틴아메리카 사회학계에는 이론적이고 방법론적인 실험을 꾀하는 그룹들이 많았는데, 프레이리의 정치적 행동과 교육 · 연구를 결합한 이론, 실천들, 민중의 투쟁, 공동체적 실험을 추구한 해방신학이 큰 영향을 주었다. 콜롬비아에서는 예수회 연구 기관(Center for Research and Popular Education, CINEP)도 참여적 조사에 해당하는 실험을 하고 있었다. 보르다는 서구의 실증주의적, 기능주의적 사회과학이 제3세계 식민화를 정당화하는 기능을 하는 것을 비판하며 라틴아메리카의 역사와 경험, 인식에 기반한 사회과학을 창조해야 함을 강조했다. 보르다는 프레이리가 했던 것처럼 연구자와 풀뿌리 민중, 집단과 수평적 관계에서 급진적이고 정치적인 행동과 함께하는 대중지식을 창조하는 새로운 방법론을 개발하려 했다.

## 참여실천연구의 출발: 만화 다큐멘터리를 통한 액션리서치

먼저 팔스 보르다와 라 로스카는 ANUC의 농민들과 함께 카리브해 연안의 코르도바와 수크레의 다양한 공동체에서 일어난 농민 투쟁의 다큐멘터리 역사들을 수집, 정리해 4권의 역사 만화책을 내는다. 내러티브 형식으로 편집된 만화집은 성인교육과 의식 고양, 정치적 행동의 핵심 시나리오 역할을 하고, 참여실천연구방법론을 창조해 나가는 계기가 된다. 1972년부터 1974년에 걸쳐 출간된 이 만화 시리즈는 1920~1950년

12) 콜롬비아 코르도바주의 주도다.

표 2-1 팔스 보르다와 라 로스카가 제작한 만화다큐멘터리 시리즈

| 제목 | 발행년도 | 주요 내용 |
|---|---|---|
| Lomagrande (로마그란데 - 일종의 농민 공동체) | 1972 | 20세기 중반 콜롬비아의 역사로, 특히 코르도바 지역의 학살(La Violencia) 경험을 다루고 있다. 이 과정에서 지주들은 정치 세력 간 투쟁을 이용해 소작농들을 몰아낸다(구즈만의 회상 내용이 핵심을 차지함). |
| El Boche (엘 보체 - 농민 주인공의 별명) | 1973 | 20세기 초반 농민들에게 자행된 것으로 추정되는 대량 학살에 대한 설명으로 부채-노예 체계에 대한 설명과 부채에 맞서는 농민의 초기 투쟁. 20세기 초부터 코르도바에서 유포되었던 전설을 재구성했다. 엘보체는 한 농장에서 대량 학살에 저항해 소유주와 수십 명의 관리자들을 살해한 것으로 알려졌다. |
| Tinajones (티나호네스-몬테리아 지역의 시누강이 바다와 만나는 지역이름) | 1973 | 시누(Sinu)강 어귀에서 대지주와 소작농 사이에서 진행된 40년간의 투쟁 이야기 |
| Felicita Campos (펠리시타 캄포스-여성 농민 지도자) | 1974 | 농민의 토지 소유 권리를 위해 싸운 콜롬비아-아프리카계 여성 지도자 이야기. 1920년대 대농장주에 맞서 반란을 일으키고, 목숨의 위협을 받으면서도 토지 소유권 획득을 위해 투쟁함. |

출처: https://babel.banrepcultural.org/digital/collection/p17054coll2/id/71/

대 지역기록보관소를 조사하고 당시 활동했던 장로들을 초청해 이야기를 들으면서 현장에서 그 내용을 노동자 계급 출신의 풍자 만화가 울리아노프 찰라르카(Ulianov Chalarka)가 그림으로 그린 것이다. 만화책은 과거 콜롬비아 농민들이 땅을 쟁취하기 위해 그것을 일구고 자본주의에 저항하면서 공동체를 형성하는 내용과 콜롬비아의 역사들로 구성되어 있는데, 제대로 기록되지 못하고 기존 과학이나 역사와도 간극이 있는 역사적 메타 서사들을 시각적 이미지로 포착하고 상상해 낸다. 당시 콜

롬비아의 정치와 농민들의 현실에서 가장 중요한 문제는 '토지'였다. 카리브해에서는 지역 농민들이 지역을 개척해 놓으면 부유한 농민들이 그 땅을 구매하고, 더 부유한 지주나 외국 기업이 대농장으로 통합하는 과정을 거쳤는데, 이 과정에서 소작농들이 계약서를 읽지 못하는 비문해 상태여서 불평등한 계약으로 장기 부채를 떠안을 수밖에 없었다. 이러한 토지 수탈의 역사 속에서 농민들과 진보적 세력은 농업개혁법 제정을 위한 운동을 해 왔고, 1967년 농업개혁 전략의 일환으로 ANUC가 만들어졌지만 실제 정책은 농지 자본가만 늘어나게 되었다. 농민들은 이에 반발하며 농지 점거, 농업 개혁과 같은 압력을 가하기 시작했고, 1971년 카리브해에서 농민이 수백 개의 농가를 점거하면서 토지점유운동이 활성화되었다. 팔스 보르다와 학습서클, 카리브재단은 이러한 토지를 둘러싼 현재 상황들과 과거의 토지와 관련된 역사들을 분석하여, 계급적 의식을 형성하고 새로운 대안을 실천해 나가는 것에 중점을 두었다.

카리브재단은 이 만화 팸플릿을 농민 조직과 교육의 주요 교재로 활용했으며, 농민이 운영하는 연구 조직인 민중연구센터[Centro Popular de Estudios(People's Studies Center)]와 함께 단기 훈련 과정(cursillos)을 통해 글 모르는 농민들에 대한 문해교육, 역사와 농민운동에 대한 교육을 진행했다. 이 역사 만화책은 현장에서 직접 들은 농민들의 생생한 육성을 이미지로 기록하는 것에서 끝나지 않고 참여자, 독자와의 토론과 참여적 대화 활동을 포함하는 수평적 공간이자 도우미가 되었다. 책 내용에 대해 증언할 활동가가 교육 현장으로 와서 연설을 하면서 자기 몸에 덧입혀졌던 과거 현실을 풀어낸다. 참여자와 상호작용을 하거나 인형극, 소시오드라마 등과 같은 형태로 당시의 상황들을 재현하는 등 그래픽과 인터뷰를 참여적 경험으로 만들며, 반성적 행동 과정과 연결한다. 이 과정에서의 '액션(실천)'은 개념과 행위 사이의 교환을 촉진하고,

관찰된 것이 타당한지 분석하고, 구체적인 행동으로 옮기며, 다시 성찰과 조정을 통해 실천을 변화시키는 변증법적이고 반성적인 활동으로 발전된다(Fals Borda, 1978:35).

보르다는 이 과정을 '비판적 복원(critical recovery)'과 '체계적 이양(systematic devolution)이라는 과정으로 설명했다. 역사 만화책 시리즈는 잊혀진 대중 투쟁의 역사를 발굴하여 사회운동을 위한 조직 도구로 만들기 위해 과거 농민운동에 대한 증언과 비판적 역사 복원(critical recovery of history)을 시도한다. 특히 가장 큰 이슈인 토지와 농민 부채 문제와 관련해 1920년대 사회주의 운동에 앞장섰던 수크레 코로잘 출신의, 여성 노동자 조직의 리더였던 구즈만(Juana Julia Guzman)을 초대하고, 1920년대 대규모 지주에 의한 침해에 직면해 토지에 대한 법적 소유권을 요구하고 부채 제도(matricula) 전복을 위해 도입한 바루아테스(baluartes, 자주적 토지 소유 공동체)를 소환해 낸다. 이 과정에서 과거 농민운동의 노력과 해방신학에서 생겨난 기독교 기반 공동체의 수행에 대한 증언을 통해 현재 농민 조직과 토지를 둘러싼 정치적 현상들의 연관성을 추적해 낸다. 찰라르카의 그림은 구즈만의 몸으로 쓴 증언과 당시의 상황들을 감각적인 1인칭으로 재현해 청자와 참가자들이 마치 목격자처럼 공감하고 상상하는 것을 도우며, 구즈만의 생생한 증언은 아래로부터의 비판적 분석과 과거와 현재의 세대 간 대화를 연결하는 살아있는 매개가 된다. 그리고 이후 지역 활동가들이 그것을 읽고 토론하는 집회나 대화모임을 조직해 지식 기반들을 확장해 나가고, 농민 조직을 확장하고 농원(토지)을 점령하는 정치적 행동도 효과적으로 제공하는 '체계적 이양' 과정으로 진행되었다. '전투적 연구(pesquisa militante)'라고도 불린 액션리서치는 역사적 지식에 대한 조사 과정과 집합적 해석, 성인교육과 정치적 행동과 조직화를 결합하는 증언 문학이자 연구방법이었다(Lomeli, Jafte & Rappapor, 2018). 그리고 그람시의 용어를 빌리자만 "상식"을 경험적 지식과 이론적 지식의 합계인 "좋은 의미(양식)“ 또는 비판적 지식으로 변형시키는 과정이다.

1973년에 출간된 『엘 보흐』에서는 20세기 초반 부채에 맞서는 농민 투쟁의 시작을 묘사하기 위해 코르도바에서 유포되었던 전설, 신화를 재구성한다. 그것을 부채와 노예 제도 남용에 대한 정보를 전달하는 수단으로 변형하고, 과거를 그린 장면들을 읽으면서 연관된 경험을 함께 이야기하는 방식으로 만화 읽기를 독자 간 대화로 변형하고, 마주 보는 페이지에 1918년과 1970년대를 비교할 수 있게 하면서 급진적 정치에 대한 사고-감정(sentipensante)들을 창조해 내고, 농민 활동가들의 몸에 생생한 감각 경험인 비반시아로 쓰여지도록(변형될 수 있도록) 기능한다. 농민 지도자인 구즈만으로 대표되는 인민의 지식과 팔스 보르다로 대표되는 도시의 지식인, 함께 이야기를 듣고 정치적으로 행동하는 농민 독자가 결합된 과학적 탐구의 전형이라고도 할 수 있다.

## 보편과학과 인민과학의 통합: 해안의 두 역사

팔스 보르다는 기존 과학과 지식에 대항하는 콜롬비아 민중의 역사를 농민의 관점에서, 참여실천연구방법론을 통해 『해안의 두 역사(Historia doble de la Costa)』(Fals Borda, 1979b; 1981; 1984; 1986)라는 4권의 책으로 집대성했다. 이는 민중의 구술, 인터뷰, 토론, 그림, 워크숍 등 집합적이고 실험적인 형식으로 구성된 역사 내러티브의 결정체라 할 수 있다(Gutierrez, 2016). 이중 역사는 La Rosca-ANUC 파트너십과 보르다가 이후에 구축한 관계에 의해 생성된 수많은 인터뷰, 어셈블리, 워크숍, 교육 자료 및 정치적 협력으로 구성된 일종의 타임랩스(Time Lapse) 대화다. 이 책은 1974년부터 팔스 보르다가 재단의 기록보관소[13]의 자료를 토대로 ≪알터나티바≫라는 좌파 성향 잡지에 격주 칼럼으로 농민(캄페시노) 및 프롤레타리아들에게 식민지 상황에서 대농장 시스템이 어떻게 확장되어 왔는지에 대한 일련의 역사를 설명하는 것에서 시작되었다. 그래서 과거로부터 전해진 전통적인 역사 내용과도, 또 최근에 서술된 역사 내용과도 큰 차이나 날 수 밖에 없는 민중 중심의 참여-행동 서사라고 할 수 있다. 주요 내용은 표 2-2와 같다.

이 책은 특이하게 A, B라는 두 개의 채널로 읽게 구성되어 있다. 왼쪽 페이지의 A 채널은 해안의 역사를 설명하고 오른쪽 페이지의 B 채널은 이야기의 맥락을 설명하게 구성되어 있어, 밀접하게 연관되면서도 별도로도 읽을 수 있다. A 채널은 광범위한 대중을 대상으로 한 문학적 논픽션 성격을 띠면서 역사적 주인공으로서 농민 주체와 이야기꾼들의 내러티브, 증언, 일화, 구술, 사진 등으로 구성된 일종의 다큐멘터리다. 이에 반해 B 채널은 지적인 독자층을 대상으로 하되 알아보기 쉬운 학술적 형식으로 역사, 방법론 및 이론적 컨텍스트를 주로 집중적인 이론, 지침, 개념, 광범위한 지역과 국가 역사적 맥락 등으로 구성하여 제공한다.

두 채널은 농민과 지식인 모두가 접근하고 이해할 수 있도록 하려는

---

13) 팔스 보르다의 참여실천연구는 지역과 농민운동 현장에서의 역사적 기념물, 증서, 편지, 팜플렛, 책자, 고서, 예술, 비망록, 제안서, 팜플렛, 통신문, 법률 문서, 회의 메모와 같은 자료들과 연구원과 농민들이 생산한 인터뷰, 워크숍, 연극 등 기록들이 집적된 기록보관소를 통해 가능했다고 할 수 있다. 팔스 보르다는 기록보관소를 단순히 정보와 증거들을 모아 놓은 것 이상의 "인식론적 실험"로 구성되었다고 설명하면서, 직접적인 행동에 대한 농민의 노력에 대한 기록이자 Fundacion이 생산한 농민 투쟁의 역사에 대한 성인 교육 자료에 대한 증거 자료 역할을 한다고 설명했다.

표 2-2 해안의 두 역사 시리즈의 내용

| 제목 | 년도 | A 채널 | B 채널 |
| --- | --- | --- | --- |
| Mompox y Loba (몸폭스와 로바) | 1979 | 식민지 시기 시골 마을 농장 설립자에 대한 내용을 이야기꾼을 빌어 서사 대위법으로 풀어내는 내용 | 식민지 농업 질서의 창출에 관한 것. 16~18세기 카리브해 연안 지역 몸폭스와 로바의 변화를 다룸 |
| El presidente Nieto (대통령의 손자) | 1981 | 대통령(Juan Jose Nieto)의 글과 농민 구술 내러티브를 나란히 배치 | 19세기 콜롬비아 엘리트들이 독립 이후 통치 공고화를 위해 분투한 내전과 농민에 미친 영향 이야기. 대통령의 글 |
| Resistencia en el San Jorge (산 조지의 저항) | 1984 | 농원 확장에 대한 저항의 시작을 강조. 동시에 강가의 삶에 대한 생생한 민족지학적 초상화를 그림 | 농업 자본주의와 채광 산업이 대서양 연안에 도입된 것을 조사 |
| Retorno a la tierra (지구로의 귀환) | 1984 | 노래, 춤, 대중적 전통 | 코르도바의 20세기 농민 투쟁의 역사를 서술하고 평가 |

의도로 구성되었으며 어느 한쪽이 의인화, 대상화, 이상화되지 않으면서 양방향의 역동적인 대화를 통해 평행 서사, 침투, 교환, 상호 논평과 번역의 가능성을 보여 준다. 어떤 부분에서 A 채널은 B 채널을 설명해 주기도 하고, 질문을 제기하기도 한다. 어떤 부분에서는 양쪽에 다른 입장을 제시하거나 이론적 주장의 모순을 드러내면서 역사적 해석과 재구성을 시도하거나 창조적 상상력을 불러일으킨다. 그래서 이 시도는 (아카데믹한) 과학적 엄밀함을 버리지 않으면서, 대안과학적 방식으로 주체인 농민이 지식과 감정, 느낌, 실천, 상상력으로 자신의 삶을 이야기하

고 농민의 목소리로 의미 있는 풀뿌리 지식을 생산하는 새로운 과학(인민과학)을 시도했다고 할 수 있다. 또한 기존의 전통적 메타 서사에 따른 단일 저자의 목소리로 진행되는 역사 방식과 기록의 한계들에 대안을 제시했다.

## 억압받는 자들의 대항적 삶의 철학: 참여실천연구

지금까지 팔스 보르다가 콜롬비아에서 실행한 실천들을 살펴보았다. 지금부터는 팔스 보르다 참여실천연구의 이론과 방법들을 세부적으로 살펴보고자 한다. 팔스 보르다는 프레이리의 생성적 조사를 더욱 발전시켜, 삶의 모든 영역에서 배우고 정치적으로 행동하는 참여실천연구의 특징을 다음과 같이 정리했다(Carrillo, 2010; 203).

1. 민중운동에 대한 사회적 연구자의 진정성과 헌신
2. 방법적 전략 적용에서 경직성 없애기(Antidogmatism)
3. 피교육자에 대한 체계적 피드백. 사회 인식과 언어 개발을 위한 비판적 지식 발전과 적용
4. 피교육자의 언어, 대화 방식으로 소통하기 위해서 그들의 정치적, 교육적 단계를 존중
5. 직접적 연구와 과정에 대한 집합적 통제
6. 정보 분석과 재취합에 익숙한 방법을 사용
7. 지속적 행동과 성찰
8. 대화와 대칭적 소통
9. 민중 영역에서 과거에 가졌던 감각을 표현하고, 정체성을 부여하

는 역사적 재발견(Historical recovery)

10. 경험을 통한 지혜와 적절한 판단

먼저 팔스 보르다는 앞서 보았듯이 기존 실존주의와 기능주의 중심의 과학관, 지식관에 대한 문제 제기에서 시작한다. 프레이리가 교육의 중립성을 비판했듯이 팔스 보르다도 지식의 중립성을 비판하면서, 과학과 지식은 절대적이고 순수한 가치를 가진 것이 아니라 사회적으로 구성되며 (연관된) 상대적 진리에 기반한 특정 목적에 유용한 것이라고 주장한다. 좀 더 구체적으로, 지식은 계급적 편견에 암묵적인 이데올로기로 이용되며, 현실 세계의 변화를 위해서는 긍정적 파괴(the positive role of subversion)가 필요함을 강조한다. 그래서 그는 서구와 근대 중심의 과학관(normal science)에 대항적(countervailing) 헤게모니 역할을 하는 새로운 인민과학(people's science), 민중지식(people's Knowledge), 로컬 리얼리즘을 요구한다. 참여실천연구를 통해서 진행되는 이러한 작업은 크게 두 축으로 진행된다. 한 축은 그동안 이분화되어 왔던 것들을 통합하는 작업이고, 다른 한 축은 비주류와 비공식으로 취급되어 왔던 것들을 창조해 내는 작업이다(Fals-Borda & Rahman, 1991).

기존의 실증주의적 과학관을 극복하기 위해 과학 · 지식 · 이성의 관계성, 이론과 실천의 변증법, 주관과 객관의 긴장 관계를 고찰한다. 먼저 이데아적인 과학과 지식에 대한 집착에 의문을 제기하며, 사회적으로 구성되는 과학과 재해석 · 재비전화 등의 작업을 통해, 풍부하고 정말로(real) 유용한 지식을 획득하는 것이 중요함을 역설한다. 그래서 아카데믹한 과학과 함께 인민, 민중의 과학과 지식의 결합을 통해 좀 더 완전하고 적용 가능한 지식의 획득을 추구한다. 이러한 작업을 위해 레빈의 액션리서치, 마일스 호튼(Myles Horton)의 하이랜더센터(Highlander

Research and Education Center) 작업들, 찰스 라이트 밀즈(Charles Wright Mills)의 사회학적 상상력, 앨빈 굴드너(Alvin Gouldner)의 성찰적 사회학, 배링턴 무어(Barrington Moore Jr.)의 사회학의 변화 등 과학과 지식의 관계성과 합리성을 검토한다(Fals-Borda, 1991:7).

이러한 과정은 추상적 지식 이외에도 구체적 경험, 실천적 지혜, 윤리양심 (conscience), 감정(sentiment) , 민중문화와 같은 요소들도 고려한 총체적 인식론의 검토를 요구한다. 자연스레 이론과 실천에 대한 통합과 상호작용이 요구된다. 이론은 스스로 완결성을 가질 수 없으며 실행, 실천을 통해 검증, 확인, 수정, 보완되는 순환적 과정을 거친다. 이론은 추상적이고 논리적인 구조만으로 생성되지 않으며 실천에 영감을 받은 실행(praxis-inspired commitment)과 행동의 증언을 통해 창조된다. 또한 연구와 조사의 주체에서도 연구자와 피연구자, 주체와 객체로 분리되는 것이 아니라 보르다의 역사 연구처럼 이 주체와 저 주체가 함께 참여를 통해 수평적이고 대칭적인 관계(symmetric reciprocity, 대칭적 상호성)가 되며, 서로 다른 주체들과 지식의 만남, 공동 작업(co-labor)을 형성한다. 그람시의 표현으로 다양한 상식들(common folks)이 민중과 유기적 지식인의 만남을 통해 양식(good sense)으로 변화, 발전하면서 참여실천연구는 단순한 연구방법론이 아닌 일종의 삶의 철학이 된다.

팔스 보르다의 참여실천연구에서 보편과학과 인민과학,[14] 이론과 실천, 주관과 객관, 마이크로와 매크로, 시간과 공간은 통합된다. (그런

---

14) 노동자들의 질병 경험을 중심으로 한 노동보건운동은 노동 현장과 몸, 건강의 관계를 밝히기 위해 현장 중심의 과학과 지역적 지식을 추구한다. 김종영(2017)에 의하면 지역적 지식은 대중역학, 거리과학, 상황지어진 지식 등 다양한 형태로 개념화되고, 현장 중심의 과학은 노동자-환자들의 절박한(desperate) 과학, 사려 깊은(thoughtful) 과학, 겸손한 과학이라는 새로운 지식운동을 만들어 낸다(김종영, 2017:148).

의미에서 정치적 행동과 조사의 엄격함 사이에 있는 연구원이라는 의미에서 '수륙양용 연구원'이라는 표현을 씀) 현실에서 민중의 과학과 지식(Peoples' Knowledge), 대중과학, 민속, 지혜 등), 역사는 숨겨져 있거나 제대로 인정받지 못하고 코드화되지 않은 상태로 있다. 이 과학과 지식을 꺼내어 보편적 지식으로 발전시키기 위해서는 민중의 직접적인 참여와 함께 자신들의 지식을 생산하고 입증하는 시스템을 창안하는 것이 필요하다. 참여실천연구에서 민중의 의식은 외부의 강제로 변화되거나 누가 누구의 의식을 대신할 수 없으며(해방은 톱다운이 아니다), 더 나은 선진적 의식이 있는 것이 아니라 여러 가지 지식과 의식들이 상대적으로 존재한다는 것을 강조한다. 보르다는 특정한 목적에 유용한 민중의 지식이 비형식적, 상황맥락적, 내생적이며 이러한 과정의 권한 강화는 자율적이고 조직적인 민중조직(se1f reliance-promoting organizations, SPO)과 주체로서의 민중 지식을 복원하는 작업을 필요로 함을 주장한다. 여기에는 상대적 지식의 발견과 함께 기존의 논리와 방법으로 파악되지 않는 지식들을 규명하고 가치를 부여하는 작업이 뒤따른다. 이 과정 역시 톱다운으로 되는 것이 아니라 민중 스스로의 능동적 참여와 집단적 조사, 역사에 대한 비판적 회복, 원주민 지식에 대한 복원 과정 등 연구적, 이데올로기적, 정치적 실천이라는 세 가지 과정의 통합을 통해 실행된다(Fals-Borda & Rahman, 1991:7).[15]

15) 팔스 보르다는 전문적 지식인이 잘 아는 것은 노동자나 농민이 알기 어렵고, 반대로 노동자, 농민이 잘 아는 것은 지식인이 알기 어렵다고 주장하면서 지식의 상대성을 강조한다. 대신 거시적인 사회변화가 전문적 지식 전통을 가진 지식인들에 의해서 진행되는 것에 대해서는, 그들이 지식적 우위라기보다는 사회경제적 권리를 가지기가 더 용이하기 때문에 리더십을 가지는 데 유리하며, 노동자들은 일상에서 투쟁하기에 거시적인 변화에서 리더십을 가지기가 쉽지 않다고 주장한다(Fals-Borda & Rahman,

팔스 보르다는 민중의 지식, 실천을 비반시아라는 개념을 통해 좀 더 풍부하게 만든다. 비반시아는 스페인 철학자 가세트(Jose Ortega y Gasset)의 아이디어로, 본질을 직관적으로 감지하는 직접적 실천을 통한 완전한 (실행) 경험(authentic commitment), 산 경험으로 이야기할 수 있다. 주변 환경과 인간의 상호작용에 의해 함축적 지식과 전통적 학습이 특별한 비반시아 안에서 결합된다고 할 수 있다. 앞서 소개한 만화 역사책을 위해 역사적 증언을 수집, 이미지화하고 참가자들과 함께 생생한 육성이나 연극으로 재현하며, 과거의 경험과 현실의 문제들을 연결해 새로운 대안을 실천으로 옮기는 과정은 느낌, 감각적 경험과 새로운 지식, 실천이 결합되는 완전한 실행이다. 그리고 프레이리가 실질적인 문제 해결 과정에서 산 경험을 이해하는 연구와 성찰을 의식화로 정리한 것처럼, 팔스 보르다도 참여실천연구를 비반시아, 프락시스, 의식화가 함께 가는 과정이라고 보았다. 여기에 1980년대 서구에서 톰슨(Edward Thompson), 홉스봄(Eric Hobsbawm), 사무엘(Samuel Huntington) 등과 같은 학자들이 주장한 민중 역사의 회복과 아래로부터의 역사의 재발견(recuperate popular history)이라는 흐름을 수용하면서 민중 세계의 사실성을 재인식했다(Carrillo, 2010).

## 팔스 보르다의 참여실천연구 세부 방법과 무토지농민운동

앞서 말했듯이, 참여실천연구를 통한 지식 생산과정은 각자의 기술, 경험, 지식(전문지식과 민중지식)을 변증법적 생성을 통해 통합해 나가는

1991:21).

과정이다. 이러한 과정은 현실, 지역에 대한 맥락을 중심으로 하며 지식과 경험, 그리고 이후 실천과 성찰의 통합을 통해 시공간을 나선형적으로 확장시켜 나간다. 이 과정은 크게 집합적 조사, 역사에 대한 비판적 회복, 민속문화에 대한 적용과 가치 부여, 새로운 지식의 생산과 보급이라는 네 가지 방법과 과정으로 진행된다. 이 과정들은 앞서 보르다가 진행한 만화 다큐멘터리 과정을 떠올리면 쉽게 이해할 수 있다.

먼저 집합적 조사(collective research)는 다양한 방법을 통해 객관적 지식과 데이터를 모으는 과정으로 주로 비형식적, 구술적 콘텐츠들을 미팅(meetings), 소시오드라마, 대중집회(public assemblies), 위원회(committees), 사실조사 여정(fact-finding trips), 의견 합의(consensus) 등의 집합적 과정을 통해 진행된다. 주로 스스로와 자신들의 역사에 대한 자료 수집을 통해 사고하고 행동하는 개인, 현재와 관련 있는 과거 계급 투쟁의 정당성, 착취의 원인, 변화와 행동에 대한 역량을 확인하는 과정이다. 이 과정은 비형식적인 집단 학습 과정이는데, 자존감과 학습 능력, 스스로 가르치기, 체계화 등의 역량을 강화하는 계기가 된다. 두 번째 역사의 비판적 복원(critical recovery of history) 과정은 모인 자료와 기억에 대한 집단 대화와 토론을 통해 선택적인 발견을 하는 과정으로 주로 구술과 각종 투쟁의 기억이나 과거의 민중 영웅, 지역의 변화 과정들을 비판적으로 분석하는 과정이다. 이 과정은 과거부터의 계급 갈등 분석, 대항적 메커니즘, 민중의 힘의 건설 등 운동의 역사를 확인하고 재발견하는 과정이다. 세 번째로 민속문화의 적용과 가치화(valuing and applying folk culture)는 지역 고유의 핵심 가치, 그리고 생활적 기술과 지혜, 문화적 민속성들을 발견하는 과정으로 다양한 음악, 미술, 드라마, 스포츠, 신앙, 미신, 스토리텔링 등의 영역들을 확인한다. 또한 스토리텔링, 이야기, 전설, 우화, 우화, 일화, 수수께끼 및 말장난(story-telling:

tales, legends, parables, fables, anecdotes, riddles and puns) 등 다양한 감정, 이미지, 놀이, 구술문화의 요소들을 발견하는 과정이다. 마지막으로 새로운 지식의 생산과 보급 과정(Production and diffusion of new knowledge)은 참여실천연구의 피드백 및 평가에 해당하는 부분으로 앞서 진행된 과정들을 정치적, 주체적인 수준에 맞게 문어, 구두, 시각적인 방식(이미지, 소리, 그림, 제스처, 사진. 라디오, 연극, 비디오)으로 데이터와 지식을 체계화해 관련 그룹과 일반 대중에게 보급하는 작업이다. 그람시의 표현을 빌리자면 상식을 양식으로 옮기는 과정이다(Fals-Borda & Rahman, 1991:8).

보르다의 참여실천연구는 콜롬비아의 현실적 문제, 특히 농민들이 토지문제를 조사하고 변화시켜 가는 방법으로 쓰였다. 콜롬비아는 인구의 0.4%가 땅의 41%를 소유하는 반면 인구 70%가 소유한 땅은 5%에 지나지 않을 정도로 토지 소유 구조가 불평등하다. 콜롬비아 출신의 구티에레스(Diego Gutiérrez)는 농민보호지대(Zonas de Reserva Campesina, ZRC) 사례를 들며, 콜롬비아 농민들의 참여실천연구가 계속해서 이어지고 있음을 보여 준다. 콜롬비아에는 소수 인구의 대규모 토지 소유를 방지하기 위해 국제적 지원(세계은행)을 받는 일종의 공공부지인 농민 보호 지대가 수십 군데 있었다. 하지만 신자유주의 확산을 거치면서 국가의 역할이 축소하고, 1994년에는 개인 투자자에게 유리한 법령이 통과되자 농민운동 단체에서는 변화를 위한 연구를 진행했다. 여전히 소농, 빈농들은 농민 보호 지대와 잠재적 이득을 거의 모르고 있고, 토지문제와 관련한 준군사적 폭력에 대한 두려움도 있는 상황이었다. 그래서 농민운동 단체에서는 참여실천연구와 농민들에 대한 직접 교육을 통해 조사와 연구, 실천을 진행할 수 있도록 지원했다. 각종 모임이나 워크숍을 조직하고, 사회지도(social cartography) 제작법을 통해 현재 영토의 쓰임새들과 원하는 상황들을 묘사하고, 영토를 둘러싼 사회경제적 · 환경적 상황들을 집단적으로 토론하면서 농민들의 이해를 동기화했다. 또한 연구 이후 다양한 조직 전략을 통해 농민들이 이곳을 차지하고 이용하면서 서로 연대할 수 있도록 하는 작업을 매해 여러 지역에서 계속 진행하고 있다(Gutierrez, 2016).

보르다의 참여실천연구는 프레이리의 의식화 운동과 함께 40년 동안 라틴아메리카 사회운동에서 활동과 연구를 결합하는 데서 개념적 · 방법론적 · 정치적 기초를 놓은 아이콘이 되었다. 환경정의 및 토지 권리를 위한 캠페인에서 폭력 피해자와 함께 역사 기억 작업을 하고, 지역 커뮤니티에서 생생한 문화 간 교과 과정을 개발하고, 도시 지역 불평등에 맞서고, 콜롬비아의 분쟁 · 학살 · 전쟁 · 강제 이주 · 인권 침해 등에 피해를 입은 수백만 명을 위해 인권 활동[16] 등을 해서다.

보르다의 참여실천연구는 현실에서 살아가는 민중의 학습과 행동을 연결하고 권력과 지식에 대한 비판적 이해와 분석을 통해 과정을 통한 변화와 집단의 잠재력을 이끌어 내는 방법이었다.

## 참여실천연구의 성장과 확산

프레이리, 스완츠, 팔스 보르다로 이어진 참여실천연구 흐름은 1970년대 후반부터 서로 만나고 각자 만들어 온 참여연구법들을 결합하면서 성

---

16) 1985년부터 30년간 진행된 콜롬비아 국내 분쟁으로 인해 770만 명 이상의 실향민, 피해자가 발생했다. 이후 진상 파악을 위한 진실위원회에서는 5년의 조사를 통해 학살, 위협, 성범죄, 강제 실종, 대인지뢰, 강제 이주 등의 피해자 850만여 명을 찾아냈다. 무장투쟁 사망자와 민간인 사망자만도 4만787명에 달했다(Rappaport, 2020:202).

인교육의 주요한 흐름으로 자리 잡기 시작한다. 1975년 국제성인교육협회(ICAE) 사무총장 버드 홀(Budd Hall)이 "참여연구법: 변화를 위한 접근(Participatory research: An approach for change)"라는 논문을 통해 참여연구를 공식적으로 소개했고, 탄자니아에서 주민을 연구의 주체자로 참여시킨 스완츠의 사례를 소개했다. 그다음 해인 1976년 참여연구의 국제 네트워크가 형성되었고, 1977년 콜롬비아 카르타헤나에서 열린 국제 콘퍼런스에서 그간의 경험들을 본격적으로 나누고, 여기서 팔스 보르다와 칠레의 민중교육가 비오 그로시를 중심으로 제3세계에서 진행된 참여연구와 액션리서치를 결합해 참여실천연구로 공식화했다. 이후 1978년 캐나다 토론토에 본부를 둔 국제성인교육협회가 정기학술지에서 사회 변화에 강조점을 둔 새로운 연구방법으로 참여연구를 소개했고, 1982년 멕시코에서 열린 10번째 국제사회학회(ISA) 세계대회에서 집중적으로 논의되면서 이후 아카데믹한 연구 부분까지 포함한 전 분야로 확산된다(Hall, 1992; Rappaport, 2020; Swantz, 2016). 여기에서는 진실과 지식이 상대적이기만 하고 조사자와 활동가의 진실이 우위에 서 있다는 것을 주장하기보다는 서로 대화 가능하며 공동의 실천으로 민중이 환경을 변화시킬 수 있다는 것에 방점을 두었고, 연구와 행동의 주기를 연결하는 지식 생성에 대한 잠재적으로 변혁적인 접근 방식으로 논의되었다.

북미에는 1930년대부터 하이랜더센터로 대표되는 참여연구의 역사가 있었다. 하이랜더센터는 스칸디나비아의 민중학교(포크스쿨) 모델에 기반해 노동자교육과 시민권, 환경, 정의 등에 대한 운동과 교육, 그리고 참여 연구 활동을 진행했다. 또한 미국에는 인간의 경험과 실용성을 강조하는 교육학자 존 듀이의 사회철학에 영향을 받은 린드만(Eduard Lindeman), 헐(Cyril Houle), 하트(Mechthild U. Hart) 등 교육가들의 실천과, 알린스키의 빈민 지역을 중심으로 한 지역사회 조직 운동, 마일스 호튼이 이끈 하이랜더센터의 노동교육 인권운동과 참여연구 등 다양한 민중교육 실험을 진행해 왔다. 캐나다 역시 20세기 초부터 노동교육협회, 프론티어칼리지운동,[17] 농촌협동주의가 중심이 된 앤티고니시운동(Antigonish Movement)[18] 등을 통해 꾸준히 진보적 성인교육, 풀뿌리 운동을 전개해 왔다(한숭희, 2001). 이러한 전통과 실천은 1992년 북미민중성인교육협회(North American Popular Educators)를 만들었고, 1993년 북미민중성인교육동맹(North American Alliance of Popular and Adult Education)으로 발전하면서 세계성인교육협회(International Council for Adult Education)의 북미 대표 기구가 되고, 성인교육협회가 토론토에 본부를 두면서 제3세계 진보적 성인교육 활동의 구심점 역할을 하고 있다. 1990년대에는 북미와 남미가 함께 참여연구그룹(Participatory Research Group, PRG)을 만들어 다양한 사회운동

---

17) 프론티어칼리지는 1919년에 설립된, 캐나다에서 가장 오래된 문해교육 기관이다. 19세기 후반 북아메리카 지역으로 이민자가 증가하면서 장로교를 중심으로 독서캠프협회를 만들어 영어, 프랑스어를 할 수 없는 이민자들의 문해교육을 실시했다. 벌목, 광산, 철도개발 지역을 중심으로 진행된 문해교육은 이후 개척자들이 많아지고 개척 지역의 넓어지면서 1919년 프론티어칼리지로 자리 잡는다. 시간이 지날수록 문해교육의 지역과 대상이 확대되었고, 현재까지도 대학생 자원봉사자들을 중심으로 아동에서 성인까지 다양한 이민자들에게 기초 문해교육을 실시하고 있다.
https://www.thecanadianencyclopedia.ca/en/article/frontier-college

18) 앤티고니시운동은 1920년대 캐나다에서 지방대학에서 시도한 농어촌개발과 지역사회교육을 결합시켜 지역사회를 변화시킨 사례다. 당시 캐나다도 대공황을 거치면서 농촌지역이 황폐화되고 있었는데, 북동부 노바스코샤의 앤티고니시 지역 대학에서 지역주민들을 대상으로 민중학교와 학습모임을 조직하면서 지역사회의 문제를 해결해 나간 사례라고 할 수 있다. 대학에서 성인교육과 주민조직을 통해 마을의 농업 개혁, 협동조합 조직, 사회사업, 직업훈련 등의 사회개혁 활동을 펼쳐나간 대표적인 사례로 꼽힌다.
https://www.thecanadianencyclopedia.ca/en/article/antigonish-movement

과 성인교육을 결합했다.

1990년대 이후에는 소련의 해체, 베를린 장벽의 붕괴, 니카라과에서 선거를 통한 우파 정권으로의 교체 같은 정치질서의 변화가 발생했다. 여기에 신자유주의가 몰아닥쳤고, 라틴아메리카에서도 정치를 기반으로 한 조직화가 감소하고, 원주민 · 젠더 · 청년 · 인권 활동 · 환경 · 소농 · 시민권 등을 중심으로 한 신사회운동이 등장하기 시작했다. 1991년 진행된 남미성인교육협회(Consejo de educacion popular de America Latina y el Caribe, CEAAL) 모임에서는 '민중교육에 교육적 담론이 부족하다'라는 비판과 함께 공동체 조직화 활동이 감소했고 기존에 진행해 왔던 정치운동, 사회운동 등에 대한 변화의 요구들이 일어났다. 그래서 시민사회와 교육 분야에서 정당과 정치를 통한 혁명적 변화보다는 사람들의 일상 변화를 통해 점진적이고 실질적인 민주화를 위한 풀뿌리 조직과 시민사회를 강화하는 전략(원주민, 여성, 청년, 인권 활동, 환경 등의 신사회운동도 포함하는)으로 변화되기 시작했다(Torres, 2010:208). 이러한 배경에서 프레이리와 팔스 보르다에서 시작되는 민중교육의 전통과 아래로부터의 역사를 추구하는 민중역사 회복(recuperate popular history)의 전통을 이어받으면서, 일상의 경험들과 실천들을 조직적이고 체계적으로 분석하고 성찰함으로써 사회변화를 모색하는 '경험의 체계화(systematization of experiences)'라는 방법론이 등장한다. 경험의 체계화는 우리 자신의 관행, 경험들을 이해하고 해석하고 배우기 위해, 일어난 일을 총체적으로 재구성, 재조직하여 새로운 실천을 조직하는 변증법적 과정이다(Luger & Massing, 2013; Hargreaves & Morgan, 2010). 경험의 체계화는 초기의 지식과 실제 일어난 일과 경험을 비교, 분석하는 성찰 과정이며 행동이나 실천에 정체성을 부여하고 지식을 생산, 공유해 다시 실천을 강화하는 일련의 순환 과정이다(Jara, 2018:209). 그래서 과정의 기록을 추구하며 사회적 중재와 실천의 동학과 관계성을 중요시한다. 이 과정을 기록하여 삶에 대한 비판적 시각을 구축하고, 변화하는 관점에서 미래의 실천(practices)을 개선하는 것을 중요한 목적으로 삼는다(Hargreaves & Morgan, 2010:15). 체계화 방법론에서 주체들은 스스로가 실행한 것들을 둘러싼 의미, 관계, 행동 분석하여 성찰하고 재구성하는 과정을 통해, 사회의 다른 영역에서 일어나는 일에 대한 비판적 능력과 변혁적 행동을 위한 인식을 확장시킨다(Jara, 2018:73). 이와 같이 경험의 체계화라는 방법론은 우리가 경험한 것을 이해하고 그 과정에서 배운 것을 커뮤니케이션을 통해 명시적으로 설명할 수 있게 하며, 경험 과정에서 잘 알지 못하거나 확신하지 못했던 것들을 재개념화하고 개입 과정들도 이해함으로써 새로운 지식을 생산하게 해 준다. 또한 경험을 교환하면서 배운 교훈들을 다른 사람들, 기관과 가시적이고 명시적으로 공유하면서 함께 학습하고 정체성을 강화하며, 잠재력과 공통의 비전을 얻을 수 있도록 촉진하는 방법이다.

제3세계를 중심으로(남부만이 아닌 북부 속의 남부에서도) 형성된 참여적인 연구 흐름들은 현실을 변화시키는 연구, 이해당사자가 참여하는 연구를 통해 물리적 지배를 전복시키고자 했고, 사상과 의식적인 식민 지배로부터도 해방되고자 했다. 억압자뿐만 아니라 서구, 그리고 더 나아가 근대라는 범주와 내용에 대해서도 질문을 제기하며 주체, 지식생산, 연구(조사) 과정, 실천에서 탈중심화를 지향한다고 할 수 있다.

## 참고문헌

강지영·소경희(2011). 국내 교육관련 실행연구 동향 분석. ≪아시아교육연구≫, 12권 3호, 197～224.

김종영(2017). 『지민의 탄생: 지식민주주의를 향한 시민지성의 도전』. 휴머니스트.

김직수·이영희(2015). 한국 노동안전보건운동의 전개: 노동안전 시민권의 형성과 전환을 중심으로. 한국산업노동학회 봄 정기학술대회 자료집.

김한수(2018). 『프레이리 선생님, 어떻게 수업할까요?』. 학이시습.

이흔정(2011). 프레이리의 생성적 교육과정 연구. ≪한국교육학연구≫, 17권 1호, 82～97.

정지웅(2012). 평생교육에서의 참여연구의 기원과 발전. ≪평생교육학연구≫, 18권 4호, 87～102.

조용환(2015). 현장연구와 실행연구. ≪교육인류학연구≫, 18권 4호, 1～49.

한숭희(2001). 『민중교육의 형성과 전개』. 교육과학사.

Archer, D. & Cottingham, S. (2012). *Reflect mother manual.* ActionAi: London.

Greenwood, D. & Levin, M.(2007). *Introduction to action research: Social research for social change*(2nd Edition). SAGE Publications, Inc. 변기용 옮김(2020). 『사회개혁과 교육실천을 위한 실행연구 입문』. 학지사.

Fals-Borda, O. (1987). The application of participatory action-research in Latin America. *International Sociology, 2*(4), 329～347.

Fals-Borda, O. (1988). *Knowledge and people's power: Lessons with peasants in Nicaragua, Mexico, and Colombia.* International Labour Organisation, New Delhi: Indian Social Institute.

Fals-Borda, O. (1999). *Kinsey Dialogue Series #1: The origins and challenges of participatory action research.* Center for International Education.

Fals-Borda, O. & Rahman, M. (1991). *Action and knowledge: Breaking the monopoly with participatory action-research.* Apex Press New York.

Gottlieb, E. & La Belle, T. J. (1990). Ethnographic contextualization of Freire's discourse. *Anthropology* & Education Quarterly, 21(1), 3~18.

Gutierrez, J. (2016). Participatory action research(PAR) and the Colombian peasant reserve zones: The legacy of Orlando Fals Borda. *Policy and Practice: A Development Education Review, 22*(Spring), 59~76.

Hall, B. (1992). From margins to center? The development and purpose of participatory research. *The American Sociologist, 23*(4), 15~28.

Hall, B. (2005). In from the cold? Reflections on participatory research from 1970-2005. *Convergence, 38*(1), 5~24.

Hall, B. L., Gillette, A., & Tandon, R. (Eds.). (1982). *Creating knowledge: A monopoly? Participatory research in development. Participatory Research Network Series No. 1.* New Delhi: Society for Participatory Research in Asia.

Hargreave, S. & Morgan, M. (2010). *Resource pack on systematization of experiences.* ActionAid International.

Jara. O. H. (2015). La sistematización de experiencias: práctica y teoría para otros mundos posible. Bogota, Colombia: Fundación Centro Internacional de Educación y Desarrollo Humano.

La Belle, T. J. (1987). From consciousness raising to popular education in Latin America and the Caribbean. *Comparative Education Review, 31*(2), 201 ~217.

Lomeli, R., Jafte, D., & Rappaport, J. (2018). Imagining Latin American social science from the global south: Orlando Fals Borda and participatory action research. *Latin American Research Re*view, 53(3), 597~612.

Luger, A. & Massing, L. (2013). *Learning from our experience: A guide to participative systematization.* HORIZONT3000.

McTaggart, R. (Ed.). (1997). *Participatory action research: International contexts and consequences.* State University of New York Press, Albany.

Rappaport, J. (2020). *Cowards don't make history: Orlando Fals Borda and the origins of participatory action research.* Durham: Duke University Press.

Swantz, M. L. (2016). *In search of living knowledge.* Tanzania: Mkuki Na Nyota

Publishers.

Torres Carrillo, A. (2010). Generating knowledge in popular education: From participatory research to the systematization of experiences. *International Journal of Action Research, 6*(2-3), 196~222.

# 참고 웹사이트

**국립콜롬비아대학교의 중앙 및 역사 기록보관소**

https://archistoricoun.wixsite.com/senderos-digitales/fondo-fals-borda-1

**콜롬비아 도서관 네트워크의 팔스 보르다 아카이브**

https://www.banrepcultural.org/noticias/el-archivo-orlando-fals-borda-en-la-red-de-bibliotecas-del-banco-de-la-republica

**CEAAL 경험의 체계화를 위한 라틴아메리카 프로그램**

https://cepalforja.org/sistematizacion/bvirtual/

# 3장
# 젠더, 차이와 잠재력을 위한 학습과 실천


■ 요약

참여실천연구와 참여적 개발은 지식과 권력의 관계에 질문을 던지고 주체와 목소리를 다양화하고 민주화하려 한다. 이 다양화에 젠더 요소가 빠져 있다는 것을 발견한 페미니스트 교육가들은 참여적 학습 방법론이 젠더 편향적이라고 비판했다. 페미니스트 참여실천연구는 개별성과 주관성을 중요시하는 페미니즘의 성장과 함께 참여적 학습 방법론을 젠더를 중심으로 재디자인한다. 페미니스트 참여실천연구는 참여, 행동, 비판적 의식을 유지하면서 목소리와 침묵에 대한 여성주의적 개념, 다중 정체성과 젠더 메커니즘, 지식의 원천으로서 일상적 경험, 권력에 대한 재개념화와 도전 등을 더욱 강조한다. 그래서 젠더뿐만 아니라 인종, 계급, 성적 지향과 같은 여러 억압이 어떻게 교차하는지를 드러내고, 완성되지 않은 채로 차이를 나타내고, 다면적으로 형성되는 열린 개념으로서 주관성을 제시한다.

또 하나의 젠더 학습 방법론으로 젠더행동학습시스템을 소개한다. GALS는 제3세계의 참여적 개발이 대부분 여성을 대상으로 하고 있음에도 경제적 자기계발이나 관리의 주체로 다룰 뿐, 젠더적 관점이 없고 여성들의 억압적 상황에도 침묵하는 것에 비판을 제기한다. 그래서 젠더 정의를 위한 구조와 관계를 형성하고 지속가능한 운동을 촉진하는 학습 방법으로 GALS를 창안했다. GALS는 참여적 개발의 시각 이미지와 다이어그램, 드로잉을 활용하며 과거와 문제를 분석하는 방법보다는 미래 지향적 비전을 달성해 나가기 위한 목표, 기회, 제약 요소, 강점, 젠더 균형, 변화 계획들을 분석하고 학습한다. 그리고 제3세계의 다양한 억압 요소들을 함께 고려하기 위해 젠더의 개념적 명료성, 정치적 올바름을 추구하기보다는 여성과 남성이 미래 비전을 위해 자기 잠재력을 발휘할 수 있도록 젠더를 개념적 명료성이 아닌 재미있는 과정으로 바라보고, 최대한 가족 구성원들을 참여시켜 젠더 정의를 지속적으로 만들어 가고, 장기적으로 문화적 인식을 변화시켜 나가는 것을 목표로 한다.

■ 주요 이론가 및 교육 이론/방법론

매과이어(Patricia Maguire)의 페미니스트 참여실천연구, 왕(Caroline Wang)과 버리스(Mary Ann Burris)의 포토보이스, 벨 훅스(bell hooks)의 페미니스트 페다고지, 린다 메이유(Linda Mayoux)의 젠더행동학습시스템, 로버트 챔버스의 참여적 개발

■ 누가, 어디에, 어떻게 활용할 수 있나요

페미니스트 활동가: 두 방법론을 통해 젠더 이슈를 분석하고 주관성, 차이들을 학습할 수 있다.

초 · 중 · 고 교사: 여성, 남성 학생들과 젠더행동학습시스템을 활용해 가정, 학교, 사회에서의 젠더 평등, 젠더 정의에 대해 토론, 학습하고 실천 계획을 수립할 수 있다.

시민사회 활동가: 여성, 노인, 이주민 가정, 비문해자들 젠더학습행동시스템을 활용해 상황 변화를 위한 실천 계획을 수립할 수 있다.

대학: 젠더 이슈를 중심으로 페미니스트 페다고지 교실을 운영할 수 있다.

개인적인 것이 정치적인 것이다.

- 캐럴 해니시(Carol Hanisch)

## 들어가며

젠더는 한국 사회의 가장 큰 이슈 중 하나다. 가장 최근의 대통령 선거에서 세대와 젠더가 중요 요소였고, 입장의 차이가 정책적으로 드러나기보다는 특정 정당이나 후보를 지지하고 서로 비판하는 양상으로 드러나면서 갈등이 심화했다. 수년 전 사회 각계에서 일어난 '미투(me too)운동'은 그동안 성에 따른 비정상적 차별과 폭력적 상황들이 정상적으로 받아들여졌던 현실에 근본적인 문제를 제기하고, 피해자들의 연대만이 아닌 변화를 위해 함께 연대(with you)해야 한다는 전환을 제시하는 사회운동으로까지 발전했다. 1990년대 뿌리를 내리기 시작한 페미니즘운동은 성장기와 침체기를 거듭하다 2010년대 이후 강남역 여성 살해 사건, 디시인사이드 메르스갤러리 미러링 게시물 논쟁, 미투운동 등으로 다시 활성화되기 시작했다. 하지만 2022년 대통령 선거에서 드러나듯이 젠더 이슈가 제기하는 '다양성, 차이'보다는 '차별'이 중심이 되어 '갈라치기'라는 말로 대변되는 갈등의 측면이 더욱 부각되면서, "이미 성평등한 상황에서 여성들이 남성들의 자리와 권리들을 빼앗아 가고 있다"는 백래시(반발) 현상까지 일어나고 있다(이예슬, 2020). 여성가족부 폐지, 성폭력 무고죄 처벌 강화 등의 정책으로 갈등은 계속 심화되고 있고, 성소수자 이슈를 여전히 터부시하는 종교의 편향적 입장과 사회적 인식 부족으로 인해 논의가 확산되지 못하고 있다. 인간이라면 정치적 · 경제적 · 사회적 · 문화적 생활의 모든 영역에서 합리적인 이유 없는 차별을 받아서는 안 된다는 '차별금지법'은 십수 년 넘게 국회의 문턱조차 넘지 못하는 상황이다.

이런 젠더 갈등, 젠더 불평등 상황에 대해 우리 교육은 어떤 답을 제시하고, 어떤 역할을 할 수 있을까? 학령기 청소년에 대한 성교육을 넘어서는 젠더 평등, 젠더 정의, 소수자 인권 교육으로 나아가고 있을까? 개인이 경험하는 젠더 문제를 참여적 활동을 통해 사회구조적 문제들로 인식하게 하고 변화를 만들어 나갈 수 있을까? 드러난 갈등에서 시작해, 다양한 차이들과 주체성들을 인식하는 학습들이 이루어지고 있을까?

2017년 온라인을 중심으로 '#우리에겐_페미니스트_선생님이_필요합니다'라는 해시태그 운동이 일어났다. 이 운동은 2018년 청와대 청원 게시판에 초 · 중 · 고 페미니즘 교육 의무화 청원으로 이어졌고, 21만 명이 동의하면서 페미니스트 페다고지의 필요성이 부각되었다. 페미니즘운동은 개인의 경험을 중요시하면서, 소그룹 형태로 모여 서로의 인지적 · 정서적 경험을 나누며 정치적 비판과 재해석하는 활동을 통해 페미니스트 페다고지를 시도해 왔다. 페미니스트 페다고지는 페미니즘을 어떻게 교육할 것인가 하는 과제와 페미니즘이 추구하는 젠더에 기반한 새로운 비판적 앎의 방식, 개별적 경험과 목소리에 기반한 아래로부터의 페다고지를 어떻게 구축할 것인가를 다루는 '이중의 기획'이다(엄혜진, 2018; 최성희, 2008; 이예슬, 2020). 또한 페미니스트 페다고지는 젠더에 기반한 성적(섹슈얼리티) 차이에 대한 이해에서 출발해 구조적 불평등과 폭력을 낳는 인종, 계급 등의 다양한 범주들을 끌어들여 평등과 민주주의, 사회 · 정치적 해방을 지향하는 교육을 지향한다. 한국에서도 1990년대 여성학 연구와 이에 참여한 지식인들을 중심으로 페미니스트 페다고지가 시작되었다고 할 수 있다. 페미니즘운동의 성장으로 대학에서 시작해 초 · 중 · 고등학교에서도 젠더 관련 교육이 확장되고 있지만 여러 면에서 한계를 보이고 있고, 심화되는 젠더 갈등과 정치적 논쟁 속에서 편향된 교육으로 치부되는 현실이다. 학교와 직장을 비롯해 여러 현장에서 성교육, 폭력예방교육(성폭력/가정폭력), 성평등교육으로 분화되어 진행되지만, 일방적이고 폭력적인 시선과 구조적 권력에 문제를 제기하고 새로이 세상을 재구성하기보다는 성역할을 중심으로 개인, 개별적 사고의 전환 정도에 그치거나 젠더폭력 문제를 사법 판결의 문제로 축소하는 데 그친다는 비판들도 있다(김현경, 2021:139). 젠더 교육과 페미니스트 페다고지가 다양한 주체성과 차이에 기반한 해방적 앎과 실천의 방식으로 발전하기 위해서는 참여자가 학습의 주체가 되고, 비판적 인식뿐만이 아닌 경험, 행위, 감정들이 통합되는 권한 강화를 통해 사회 변화의 주체가 되어 가는 과정적 접근과 방법론 개발과 다양한 시도들이 필요하다고 할 수 있다.

이 장에서는 젠더 정의와 페미니스트 페다고지의 방법론으로 페미니스트 참여실천연구와 젠더행동학습시스템을 소개하고자 한다. 두 참여적 학습 방법론은 각각 1부에서 소개한 프레이리의 해방적 비판 교육론과 챔버스의 참여적 개발에 대한 전통 속에 있으면서 젠더에 대한 성찰로 진화했다고 할 수 있다.

## 젠더에 대한 분석을 통한 학습과 실천: 페미니스트 참여실천연구

### 페미니스트 참여실천연구의 탄생

1980년대 후반부터 등장한 페미니스트 참여실천연구는 1970년대부터 발전해 온 참여실천연구가 해방적 연구와 학습을 지향하지만 젠더에 대해 침묵할 뿐만 아니라 심지어 젠더적 편향성을 가지고 있다고 비판한다. 참여실천연구가 사회적 정의, 소수의 목소리를 담는다고 하면서 정작 페미니즘에는 무관심하고, 페미니즘과의 접점에 대해 사고하지 않음을 비판하면서, 그 대안으로 참여실천연구에 젠더적 이론, 관점, 접근 방식을 결합한다(Maguire, 1987). 참여실천연구의 당사자성에 차이, 목소리, 주관성, 권력과 같은 페미니스트적 요소를 결합해 참여실천연구의 해방성을 더욱 강화한다.

페미니스트 참여실천연구는 1980년대 구타당하는 여성과 일하면서 페미니즘과 PAR의 의미 있는 연결을 만들고자 했던 서부 뉴멕시코 갤럽 대학원연구센터(Gallup Graduate Studies Center, GGSC) 여성학자 매과이어에 의해서 시작되었다. 주로 페미니즘에 입각한 행동 연구를 위한 공간이었던 GGSC는 수년에 걸쳐 시간제 졸업생에게 지속적으로 봉사를 통해 성장할 기회를 제공했는데, 주로 문화적으로 다양한 페미니즘 기반 실행연구들을 시도했고, 학문 간 경계를 허물고 경험을 통해서 배우도록 했다. 또한 페미니스트 과학자들의 과제인 '가까운 환경을 수정하기'를 위해 자원 부족으로 침체된 지역인 뉴멕시코 북서부 어린이와 가족에게 희망의 공간이 되고자 헌신적으로 노력했다. 페미니즘에 정통한 GGSC 연구원들은 그동안 드러나지 못했던 침묵에 귀 기울이면서 다양한 정체성, 목소리를 드러내려는 노력과 과정들을 통해 여러 사회 공간을 민주적으로 변화시키는 공동 작업을 진행했다. 1980년대부터 이곳에서 참여실천연구를 배운 페미니스트 연구자 매과이어는 페미니즘의 렌즈로 참여실천연구의 1970~1980년대의 경향성을 연구하다 성 편향적 성격에 주목했다. 1987년 자신의 책 『참여적으로 연구하기: 페미니스트 접근(Doing participatory research: A feminist approach)』을 통해서 참여실천연구가 정의와 변화를 위한 해방적 이론, 방법론을 자처하면서도 페미니즘과 결합한 사례들이 거의 없고 젠더적 관점도 가지지 않았다고 문제 제기하면서, 참여실천연구 초기의 '남성 중심적 필터(andro-centric filter)'에 비판을 가한다. 이어 매과이어는 참여실천연구를 폐기하고 새로운 방법을 찾기보다는 변화 가능성에 무게를 두고 참여실천연구와 페미니즘에 어떤 공통점과 차이점이 있는지 분석하면서 대안을 모색한다. 또한 페미니즘이 참여실천연구에 어떤 긍정적 영향을 주고 새로운 가능성과 시너지 효과를 낼 수 있는지도 분석한다(Maguire, 2003; 2020).

### 젠더를 통한 차이와 주관성의 학습

먼저 매과이어는 참여실천연구와 페미니즘이 공통적으로 중요하게 생각하는 요소들을 확인한다. 두 방법론은 기본적으로 소거되거나 소외된 목소리를 위한 공간을 창출하는 것을 중요시한다. 또한 권력에 영향을 받는 평가나 의사 결정 과정, 여러 현장과 커뮤니티에 질문을 제기하고 비판적 분석과 변환, 자기-확장을 위해 목소리를 활용한다. 그래서 연구를 잠재적으로 세상을 변화시키는 행동을 위한 집합적 지식을 창출하는 정치적 과정으로 여긴다. 여기서 지식은 관계의 맥락에 의해서 사회적으로 구성되며, 복잡한 권력들의 역학이 영향을 미친다는 것을 인식한다. 또한 페미니즘과 참여실천연구는 일상의 경험이 공적 지식의 원천이며, 사람들은 다양한 정체성과 위치(문화-인종-성별-영성-성적 선호-국제질서에서 국가의 위치 등, 이 중에서도 특히 젠더)를 통해 일상을 경험하는 것에 초점을 맞춘다(Maguire, 2003). 페미니스트 참여연구 이론가인 리드(Colleen Reid)와 프리스비(Wendy Frisby)도 개인, 성별, 지역 등과 같은 다양한 맥락과 경험을 중요시하면서 교차성에 대해 설명하고 새로운 표상 형태들에 대한 탐구, 성찰, 여러 행동의 형태를 존중하는 공통점들을 가지고 있다고 정리했다(Latz, 2017), 리즌(Peter Reason)도 두 방법론이 참여, 행동, 사회적 비판과 의식의 개발이라는 측면을 공유하며, 특히 연구에서 기존 사회과학자의 개념을 무너뜨리고 당사자와 진정한 협업을 실행하는 것을 강조한다고 보았다(Gatenby & Humphries, 2000).

페미니스트 참여실천연구는 여기에 젠더적 관점과 다양한 차이들을 더욱 강조한다. 참여실천연구가 사회적 지식, 활동에 방점을 둔다면 FPAR은 개별적 선택과 가치에 좀 더 초점을 맞추면서 섹슈얼리티를 포함해 인종, 계급 등에서 타자화된 사람들의 삶들을 다룬다. 페미니즘은 1960~1970년대 '개인적인 것이 정치적인 것이다'라는 선언을 통해 사회적, 정치적 맥락에서 착취와 폭력에 대한 사적인 경험을 재해석하고 가부장제와 성차별적 서사와 구조 내에서 자신의 주관성을 재정의하면서 젠더를 정치화했다. 그래서 여성에 대한 구조적 억압에서 시작해 모든 형태의 억압을 유발하고 유지하는 권력의 그물망을 폭로하고, 배제된 경험과 지식을 포용하고자 했다. 그래서 페미니즘은 참여실천연구에 목소리와 침묵에 대한 여성주의적 개념, 다중 정체성과 젠더 메커니즘, 지식의 원천으로서 일상적 경험, 권력에 대한 재개념화와 도전 등을 더욱 강조했다고 할 수 있다(Maguire, 2003). 이러한 맥락들은 앞서 이야기한 페미니스트 페다고지운동과 흐름을 같이 한다. 선구자적 역할을 한 벨 훅스는 지식인들을 중심으로 한 관념화된 페미니즘운동을 경계하면서 개인적 일화와 증언을 강의와 수업에 활용하고 대중적 글쓰기를 적극적으로 실천하면서, 대화를 통해 경험을 공유하면서 현실을 인식하고 변화 능력을 강화하는 학습공동체를 형성하고자 했다. 1990년대 이후 페미니스트 페다고지는 개인의 일상과 생애사를 증언하고 이해하는 것을 넘어서 구조적 젠더 불평등을 변화시키고 시민권력을 형성하는 이론과 실천 방법으로 확장하고 있고 다양한 가치와 갈등, 경계를 넘나들 수 있는 대화, 참여, 경험를 촉진하고 드러내고자 한다(배유경, 2018; 최성희, 2008).

페미니스트 참여실천연구에서는 페미니즘을 '방법'보다는 지식-창조자와 과정으로서 조사의 타당성에 대해 다시-생각하기를 필요로 하는 '관점'으로서 사고한다(Frisby & Reid, 2005: 90). 연구를 신비한 무언가를 부검(autopsy)하는 것이 아니라 행동들을 일으키는 정보를 배분하고, 여성들의(더 나아가 남성들에게도) 권한을 강화함으로써 정치사회적으로도 유용함을 주는 '관계적 과정'이자 실천(프락시스)으로 여긴다. 프리스비와 리드는 젠더라는 관점이 인종, 계급, 성적 지향과 같은 다른 억압과 어떻게 교차하는지를 고려하고 이러한 역학의 사회적 구성, 유지, 경험, 저항 방식을 비판할 수 있다고 주장하면서, 페미니스트 참여실천연구는 다양한 권력들의 차이를 제거하는 것이 아니라 권력에 대해 성찰하는 계기를 제공한다고 말한다. 그래서 페미니스트 참여실천연구 연구자는 기본적으로 개인적인 이야기와 경험을 말하고, 듣고, 긍정하고, 해석, 반성하는 능력과 함께 연구자를 둘러싼 권력관계를 민감히 고려하고 언어 및 내러티브 표현의 문제에 집중하여 침묵의 문화를 깨 나가는 관계-구축 과정을 중요시한다(Frisby & Reid, 2005:382).

또한 페미니스트 참여실천연구는 관계성의 관점에서 '주관성(subjectivity)'을 더 강조하면서 개념화하려 한다. 개디스(Elena Gaddes)는 주관성을 일정하고 좁은 범위의 정체성과 구분한다. 주관성을 더 폭넓고 다면적인 인종, 계급, 성별, 성적 취향(섹슈얼리티), 종족성, 계급 등을 완성되지 않은 채로 다시 나타내고 다면적으로 형성할 수 있는 열린 개념(다중의 정체성)으로 제시한다. 정체성이 동일성을 찾아 수렴되는 것이라면 주관성은 차이를 계속 확인하면서 확산하는 것이다(Gaddes, 2018). 카힐(Caitlin Cahill) 역시 참여실천연구를 통한 새로운 주관성 개발 프로젝트를 통해 정체성을 중심으로 한 기존 내러티브를 해체하면서 자신을 바라보는 '다른 눈과 감각'을 개발하고 복잡성에 기반한 주관성들을 생산하는 것에 초점을 맞춘다(Cahill, 2007). 이렇듯 페미니스트 참여실천연구는 사회 내에서 젠더화된 주체의 위치를 구성하는 방식을 탐색하고, 페미니스트 주관성을 변화시키거나 창조하는 것을 목표로 한다.

### 페미니스트 참여실천연구방법론: 포토보이스(Photovoice)

매과이어는 페미니스트 연구가 기존 연구의 타당성에 질문을 제기하고 다시 생각하는 '관점'의 측면이 강하기 때문에 단일한 연구 지침이나 방법을 따르지 않는다고 보았다(Latz, 2017:65). 대신 우리가 사회적으로 위치한 현재의 권력관계와 지식 생성, 목소리들을 젠더적 관점에서 드러내고 분석하는 것을 더욱 중요하게 여긴다. 포토보이스도 페미니스트 참여실천연구의 주요 과정, 방법이라기보다는 페미니스트적 관점을 잘 담아낼 수 있는 방법론이기에 간략하게 소개하고자 한다.

포토보이스 방법론은 미시간 대학의 캐럴라인 왕과 메리 버리스가 여성 건강을 위한 참여실천연구 전략으로 중국 시골(윈난) 지역 여성의 재생산, 건강 및 개발 프로젝트와 관련한 4가지 요구를 평가하기 위해 개발한 방법론으로, 참여자들이 실제 자기 경험의 저자가 되고 권위를 갖는 공간을 만들어 내고자 했다. 특히 불평등이나 건강은 젠더와 밀접한 관련이 있는 영역이었는데, 남성에 비해 여성이 빈곤과 질병, 결핍을 경험할 가능성이 더 높다. 왕은 침묵의 문화 속에 있는 여성이 자신의 일상을 포토보이스를 통해 사진으로 표현하도록 했다. 그는 시각 이미지 재조립과 토론을 통해 현실을 바라보는 관점을 분석하고 공유하는 의사소통 도구로 이 사진을 사용했다. 포토보이스는 포토리포트(photo report), 포토노벨라(photo novella), '주석이 달린 앨범'으로 불린다. 프레이리적 접근법과 페미니즘, 참여적 다큐멘터리를 이론적 기반으로 하는 포토보이스는 말로 표현하기 어려운 부분을 사진으로 대신 표현하게 하며, 일상 세계 내에서 참여자의 고유한 시점을 보여 주면서 주의를 기울이게 하는 효과가 있다(Latz, 2017:52). 또한 말보다 공감적 이해를 향상하기 용이하고 학문적 담론보다 주제에 쉽게 접근해 사회 정의를 위한 행동을 유발하기도 한다. 이러한 특징은 페미니스트의 관점과도 잘 맞물린다. 포토보이스는 사람들이 자신의 관점과 용어로 일상생활의 측면을 기록, 서술할 수 있게 하고, 자기 삶과 커뮤니티에 관심과 비판적 의식을 가지도록 기회와 공간을 제공하고 역량을 강화한다. 그리고 시각 이미지가 가진 힘으로 정책 결정자에게 문제를 알려, 사회 정책에 영향을 미치게 한다(McIntyre, 2003:48).

포토보이스는 통상적으로 파악, 모집, 교육, 기록, 서술, 관념화, 발표, 확증의 단계를 거친다. 왕은 청소년 대상 포토보이스 프로젝트의 과정을 아래와 같이 정리했다(Latz, 2017:106).

1. 전시회의 관객이 될 정책 입안자나 지역사회 지도자를 선택하고 모집한다.
2. 포토보이스 참여자 집단을 모집한다.
3. 참여자에게 포토보이스 방법론을 소개하고 카메라와 권한과 윤리에 관한 집단토론을 활성화한다.
4. 고지된 동의를 구한다.
5. 초기 촬영을 위한 주제를 제시한다.
6. 카메라를 참여자에게 나눠주고 그 사용법을 알려 준다.
7. 참여자에게 사진을 촬영할 시간을 준다.
8. 참여자를 만나서 사진에 관해 논의하고 주제를 확인한다.
9. 정책 입안자나 지역사회 지도자와 사진을 공유할 계획을 참여자와

함께 수립한다.

먼저 포토보이스로 탐구하거나 다룰 문제를 파악하는데, 왕은 이 프로젝트 과정 전반에 정책 입안자가 참여하는 것이 중요하다고 말한다. 이어 7~10명 정도의 시민 연구자를 직접 모집하고, 여러 동의(참여 동의서, 사진 촬영 동의서, 촬영된 개인의 사진 공개 동의서, 참여자의 사진 공개 동의서)를 구하는 과정을 거치고, 안내 책자나 자료를 통해 프로젝트를 안내하고 사진 촬영의 기초를 학습하게 한다. 다음으로 사진을 찍기 위한 여러 질문, 단서들, 각본들을 준비한 후 사진을 촬영한다. 이후 직접 촬영한 사진에 대해서 토론하고 의미를 부여하거나 해석한다. 개인 면담을 진행하기도 하지만 통상적으로는 집단토론이거나 포커스 그룹 토론을 진행하는데, 포토보이스 방법론의 참여적 성격을 잘 드러내주는 과정이다. 이미지를 통한 데이터 분석은 다음과 같이 진행할 수 있다. 먼저 사진을 선택하고 어떤 사진이 프롬프트와 연관이 있는지 태그를 달아 다음 단계인 맥락화를 위해 다양한 시각 자료를 만든다. 집단토론, 표제 작성, 스토리텔링 등의 대화를 통해 문제, 주제, 이론 등에서 발생하는 여러 유형을 식별해 낸다. 사진을 개념화, 코드화, 맥락화(Contextualizing)하는 과정은 이야기, 발표, 토론으로 진행되는데, 사진에 대해 말하고 글로 쓰는 과정에서 아래와 같은 여러 질문(PHOTO, SHOwED)을 던지면서 진행할 수 있다(Maguire, 2020; Hussey, 2001; Shaffer, 1983).

P: Describe each of your Photos? the more details the better (각각의 사진을 설명하십시오. 세부 사항이 많을수록 좋습니다.)

H: What is Happening in your photo? Details. Details! (당신의 사

진에서 무슨 일이 일어나고 있나요? 세부적으로. 세부적으로!)

O: Why did you take a picture Of this? Why Opt for this photo? (이 사진을 왜 찍었나요? 이 사진을 선택한 이유는 무엇입니까?)

T: What does your photo Tell us about "a day in the life…" (이 사진이 당신 인생의 하루에 대해 무엇을 말해 줍니까?)

O: How can this provide Opportunities for us to improve the daily lives of teachers? (이 사진이 어떻게 교사의 일상을 개선할 기회를 제공하나요?)

S: What do you See here? (무엇을 보는가?)

H: What's really Happening here? (무슨 일이 일어났는가?)

O: How does this relate to Our lives? (우리 삶과 무슨 관계가 있는가?)

E: Why does this problem, concern, or strength Exist? (이 문제, 우려, 강점이 왜 존재하는가?)

D: What can we Do about it? (우리는 무엇을 할 수 있는가?)

이 서술 과정에서 제목, 자막, 주장, 현실분석과 같은 메시지를 생성하거나 정책 포스터 만들기를 통해 정책 입안자와 지역사회 지도자들에게 전달해 사회 정책에 영향을 미칠 수 있는 사회문제 목록을 작성하게 된다.

**페미니스트 참여연구 사례 분석**

페미니스트 참여실천연구를 적용한 몇 가지 사례를 살펴보자. 리드는 저소득층 여성들의 시립 스포츠 및 레크리에이션 서비스 이용 문제와 관련해 여성을 위한 조직인 WOAW(Women Organizing Activities for Women)와 3년 동안 페미니스트 참여실천연구를 진행했다(Frisb, Reid, Millar, & Hoeber, 2005). 이 작업은 5단계로 진행되었는데, 초기에 이 단체와 참여 여성들이 다양한 관점을 가치 있게 판단하는 환경을 조성하면서 참여를 장려하고 신뢰를 쌓아 나갔다. 이 과정에는 51명의 저소득 여성과 10명의 커뮤니티 파트너가 윤리 양식에 서명하고 연구에 적극적으로 참여했는데, 데이터 수집을 위해 100회 이상의 인터뷰와 75회 이상의 회의, 10개 연구 단체의 회의 녹취록과 현장 노트들을 기록했다. 참여자들이 가장 어렵다고 평가한 데이터 분석 단계에서는 고립을 줄이고 공동으로 분석하기 위해 소그룹 토론을 통해 다른 사람들도 같은 문제에 직면하고 있음을 깨닫게 하고, 지역에 적합한 이론 개발을 통해 문제와 관련한 구조적 조건이 영향을 끼친다는 것을 이해하게 되었다. 마지막으로 분석을 통한 연구 결과들을 함께 공유하고 문제 해결을 위한 행동을 촉진하기 위한 커뮤니케이션 전략으로 입소문, 뉴스레터, 지역 언론 보도, 내부 보고서, 출판 등으로 결과들을 정리하였다.

'나를 미치게 하는 것들(Make me mad)'이라는 페미니스트 참여실천연구 프로젝트로 새로운 주관성을 개발한 사례를 살펴보자(Cahill, 2007). 이 프로젝트는 뉴욕 로어 이스트 사이드 지역의 젊은 여성을 참여시켜 사회적 관심사를 조사하는 방법을 훈련한 것으로 16~22세의 중국인, 푸에르토리코, 아프리카계 미국인, 도미니카인, 흑인 라틴계 청년들이 매일 5시간씩 4주 동안 참여에 대한 대가로 급여를 받으면서 진행되었다. 이 프로젝트를 기획한 팀은 일상생활에 대한 비판적 성찰, 문제 제기, 사회적 정체성과 정치적 맥락의 관계 분석 등에서 프레이리의 의식화 방법론을 적용했다. 이 과정은 집단적 대화, 지속적 성찰과 분석 작업을 통해 젊은 여성(특히 유색 인종)의 신체에 대해 고정관념을 갖게 하고, 자원을 불균등하게 배분하는 지배적 사회 구성과 헤게모니적 존재 방식에 도전할 수 있는 새로운 주관성의 개발을 목표로 했다. 이를 위해 개인의 일상적 경험에 대한 이야기와 해석을 통해 교육기관, 미디어, 공론장에서 영속화되는 지배적 내러티브에 도전하고자 했다. 여성의 신체에 대한 고정관념에 도전하기 위해, 자신과 외부인에게 선천적으로 보이거나 자연스럽게 이해되는 관념들을 끄집어내고, 거기에서 여성 개개인이 실패할 수밖에 없었던 경험들을 이야기하면서, 시선을 자신의 신체에서 사회적이고 정치적인 구조로 옮겨 가면서 다음 내러티브와 같은, 맥락화된 새로운 주관성을 만들어 낸다(Cahill, 2007:285).

> 나는 생명의 소유자이고, 연인이자, 전사이며, 미쳤고, 자기중심적이며, 아프리카계 미국인 가족의 일원이며, 노예의 증손녀이며, 고민하고, 분노하고, 사려 깊고, 흑인이고, 틀에 박힌, 통계적인 사람입니다.

이 내러티브에서 보듯 페미니스트 참여실천연구와 과정은 차별적 인식이나 지역사회에 투자를 중단시키는 것과 같은 불평등과 백인층의 특권에 도전하면서 젊은 도시 유색인종 여성 주체로서 자신을 바라보도록 이전과 다른 새로운 눈을 가지게 한다. 청년들의 복잡성을 재확인하는 이러한 다양한 주관성들의 생산은 자기 존중과 긍정을 키우고, 서로에 대한 정보 교환과 꿈을 성취하려는 욕망의 확인을 통해 주체들 사이의 유대감을 만들어 낸다. 깁슨 그레이엄(J.K Gibson-Graham)은 이러한 참여실천연구가 페미니즘과 마찬가지로 사회 공간적 관계를 이해하고 새로운 존재 방식을 배양하고 새로운 언어, 담론 및 표현에 참여하기 위한 진입점으로서 개인적인 경험을 시작하는 변혁적 정치의 기초라고 주장했다(Gibson-Graham, 2002).

## 젠더 분석을 통한 잠재력 찾기: 젠더행동학습시스템

### 제3세계 여성 불평등

21세기에도 우리는 신체적 자유조차 누리고 있지 못한 여성의 상황을 다룬 기사들을 접하곤 한다. 2022년 월드컵 경기에서도 이란의 히잡 반대 시위가 주목을 받았다. 이란의 한 여성이 히잡을 쓰지 않았다는 이유로 체포돼 3일 만에 사망하는 사건이 일어났고, 억압적인 이슬람 정권에 반대하는 청년과 여성들을 중심으로 '여성 · 삶 · 자유'라는 슬로건을 건 히잡 반대운동이 확산되었다. 정부의 무자비한 강경 대응으로 300명에 가까운 사람들이 사망하고 1만 명이 넘는 시위대가 체포돼 수십 명이 사형 선고를 받는 등 상황은 점점 악화되었다. 국제적으로 유명한 배우가 히잡 반대 시위를 지지해 체포되기도 하고, 월드컵 경기에서 이란 국가대표 선수들 역시 시위를 지지하는 액션을 취하면서 탄압을 받을 것이라는 국제적 우려가 나오기도 했다. 1979년 UN이 총회에서 '여성차별철폐협약(CEDAW)'[19]을 채택하고 2010년까지 193개 가입국 중 186개국이 비준했음에도, 여전히 특정 국가에서는 여성에 대한 처참한 성폭력, 살해

---

19) 1979년 12월 유엔 34차 총회에서 채택한 '여성차별철폐협약'은 다음과 같은 권리 내용을 담고 있다.

- 생명, 자유, 신체의 안전, 폭력과 굴욕적인 대우로부터의 자유, 이동의 자유에 대한 권리
- 결혼 및 자녀, 재산 및 자원에 관해 가족 내에서 결정을 내릴 수 있는 동등한 권리를 포함하여 법에 의한 법적 평등 및 보호
- 재산을 소유할 권리와 재산 박탈로부터의 자유
- 사상, 의견 및 결사의 자유
- 일할 권리, 착취로부터의 자유, 휴식과 여가에 대한 권리
- 건강에 적합한 생활 수준에 대한 권리와 모성에 대한 특별 보호를 포함한 교육에 대한 권리

사건이 일어나고 있고 미성년 여성 성 착취, 여성 태아 살해 등의 폭력적 상황이 자행되고 있다. 이러한 신체적, 물리적 불평등 이외에도 빈곤층의 70%가 여성일 정도로 사회경제적 불평등도 여전하다. 권력과 자원의 불평등으로 인해 발생하는 성별 불평등은 경제적 효율성, 빈곤, 인권 등 모든 삶의 부분에 부정적 영향을 끼치고 있다. 또한 제3세계에서 여성을 둘러싼 차별 문제는 종교, 인종, 민족, 계급 등과도 결부되어 여러 억압이 중복적이고 다층적으로 일어난다.

성 억압과 차별, 불평등에 저항하는 페미니즘은 차이와 다양한 목소리에 주목하는 만큼 제1세계와 제3세계의 페미니즘 역시 다를 수밖에 없다. 탈식민주의 페미니즘은 이런 맥락에서 근대적 성별 구분 체계뿐만 아니라 무의식까지 침투한 서구 중심적 사유 체계를 비판하고 해체함으로써 다양한 자율적 주체들을 생산하고, 탈식민화를 위한 실천을 활성화하고 네트워킹해야 한다고 주장한다. 페미니즘이 지향하는 차이들을 비판적으로 분석하고 전환적인 사유를 성장시키는 작업이 페미니스트 페다고지이자 학습이다(태혜숙, 2004). 최근 제3세계의 참여적 개발에서 여성의 역할과 활동을 주목하는 흐름이 점점 뚜렷해지고 있다. 그동안 사회경제적 역할에서 배제되어 온 여성들을 개발의 주체로 참여시킨다는 측면에서는 긍정적이지만, 자칫 신자유주의 흐름 속에서 여성들을 자기 계발과 관리의 주체로 만드는 부정적 결과를 낳을 수도 있다. 이러한 결과들을 방지하기 위해서는 젠더를 중심에 둔 참여적 방식들이 필요하며, 제3세계의 복합적 억압 상황들을 분석하고 학습하는 과정들이 필요하다고 할 수 있다.

### 젠더 정의를 위한 학습 방법론, 젠더행동학습시스템의 탄생

이번에 소개할 젠더행동학습시스템은 여성들을 위한 참여적 학습 방식으로 출발해, 젠더 요소를 더욱 강화하면서 발전한 방법론이다. GALS는 성별에 기반한 장벽을 분석하고 해체하기 위해 특히 제3세계 지역 여성들의 참여를 통해 권한과 통제권을 부여하고 여성의 인권 향상과 사회 정의 실현을 추구하는 젠더 정의[20]를 위한 지속가능한 운동 촉진을 목표로 한다(Mayoux, 2014:8). 특히 앞서 이야기한 '여성에 대한 모든 형태의 차별 철폐'를 위한 집단행동과 정책 옹호를 위한 운동을 촉진한다. 젠더화된 행동과 인식 체계의 변화를 위해 장기적인 비전을 그리고, 기회와 불평등의 원인과 과제들을 파악하며, 가능한 관련된 모든 이해관계자가 완전히 이해하고, 토론과 학습을 통해 진행하도록 한다(Mayoux, 2020:11).

GALS는 아시아와 아프리카, 남미를 중심으로 활동해 온 여성 인류학자 린다 메이유에 의해서 개발되었다. 메이유는 1970~1980년대에 인도 남부와 서벵골, 니카라과 등에서 희망 없이 살고 있는 가난한 사람들

---

20) 린다 메이유는 젠더운동과 관련한 여러 용어를 검토하면서 왜 젠더 정의라는 용어를 써야 하는지를 비교, 분석하고 있다(Mayoux, 2013:9).

- 젠더 포용: 남성뿐만 아니라 여성도 개입의 동등한 참여자 또는 수혜자로 적극적으로 모색. 참여에 있어서의 평등을 뜻하는 것은 아님.
- 젠더 민감성: 개입을 설계하는 데 남성뿐만 아니라 여성의 기여와 요구도 고려. 예를 들어 생계 부분의 개입에서 여성 특유의 기술, 가족 내 관계 및 젠더화된 권력 관계를 고려함.
- 젠더 변혁: 동등한 주체, 권력, 자원을 가진 인간으로서 여성과 남성의 관계에서 모든 젠더화된 '권력'을 없애는 것.
- 젠더 권한 부여: 여성과 남성이 자신의 비전을 명확하게 표현하고 궁극적으로 달성하기 위해 '내면의 힘' 및 '~하는 힘'을 개발함
- 정책에서 젠더 주류화(Gender Mainstreaming in Policy): (현재 성 불평등으로 인해 가장 불리한 입장에 있는) 여성의 우려와 경험을 모든 정치적, 경제적, 사회적 영역에서 정책과 프로그램의 설계, 실행, 모니터링 및 평가에 반영. 그 목표는 남성뿐만 아니라 여성의 권한 부여를 통한 기회의 성평등과 결과의 형평성.

과 현장 연구를 진행하면서 권력과 비전, 집단적 경험의 중요성을 인식했지만, 당시 디자인된 조사와 참여 방식으로는 현실을 효과적으로 변화시킬 수 없다는 것을 알게 되었다. 1990년대 후반 빈곤 여성들의 자조 방식으로 마이크로 파이낸스 방법론이 주목을 받았는데, 메이유는 마이크로 파이낸스를 통한 저축과 신용 수단이 여성의 소득은 증대시키지만, 가정과 시장 그리고 커뮤니티에서의 불평등을 변화시키는 데 한계가 있음을 비판하면서, 과거를 측정하고 정책화하는 평가 방식보다는 미래의 실천을 성장시키는 새로운 영향평가로 참여행동학습시스템(Participatory Action Learning System, PALS)을 개발한다(Mayoux, 2007). 2001년 인도에서 여성들을 위한 참여적 학습 방법 워크숍을 시작으로 2002년 아프리카 우간다 NGO(Kabarole Research and Resource Center, KRC)와 함께한 참여적 모니터링과 평가 워크숍 트레이닝에서 권한 강화를 위한 방법론으로 PALS를 활용하게 된다. 이후 인도, 우간다, 수단, 파키스탄 등으로 확산되었고, 2004년부터는 제3세계 여러 곳에서 MFI(Micro Finance Institute) 및 NGO로 확산된다. PALS는 1980년대부터 진행된 참여적 개발의 시각적 다이어그램을 활용한 도구들과 강점 탐구 방식, 참여적 평가 및 모니터링 방법들을 결합했다. 2007년에는 참여적 학습 방식에 젠더 정의를 촉진하기 위해 옥스팜(Oxfam Novib) 프로그램 WEMAN(Women's Empowerment Mainstreaming And Networking)의 일환으로 우간다 서부의 조직을 위한 방법론으로 GALS를 시도한다. 이후 아프리카, 아시아, 라틴 아메리카 및 코카서스의 여성과 남성 8만 명 이상이 다양한 형태로 GALS를 사용했다. GALS 도구 및 참여 프로세스는 일반 생활 계획, 생계 및 가치사슬 개발, 금융 서비스, 환경 관리, 건강, 생식권, 문해력, 시민사회 개발, 상담 및 갈등 해결을 포함한 모든 문제에서 성별 전환 및 성별 주류화를 촉진하기 위해 채택되고 있다(Mayoux, 2014).

### GALS의 혁신적 전환

GALS는 이전에 있었던 제3세계의 참여적 (개발) 방법론에서 몇 가지 혁신적 전환을 꾀한다. 첫 번째 전환은 젠더적 관점의 전환이다. 앞서 이야기했듯이 제3세계 상당수의 참여적 개발 프로그램들이 빈곤 여성들을 주 대상으로 하지만, 여성들의 다층적이고 복잡한 억압 상황들이나 문화적 민감성을 필요로 하는 젠더 이슈에는 관심을 기울이지 않았고, 정부나 NGO들도 여성들을 수동적 주체로 바라보는 경향이 강했다. GALS는 다층적 (여성) 억압에 대해 외부자의 시선이 아닌 내부자의 목소리가 필요함을 주장했고, 여성들의 주체성과 변화를 위한 행동에서 단순히 이익의 평등을 넘어서서 무언가를 할 수 있는 권한을 부여하는 젠더 권한 강화, 모든 권력에 기반한 젠더관계를 변화시키는 젠더 변혁과 같은 젠더 정의 프레임워크가 필요하다고 주장했다(Mayoux, 2014: 13). 이러한 젠더 정의를 촉진하는 활동은 단시간에 이루어지지 않으며, 역동적이고 장기적인 리더십의 개발과 변화, 지속적인 상호 배움과 실천-학습이 연결돼 지역 커뮤니티의 문화를 변화시켜 나가고자 한다.

또한 GALS는 젠더 정의와 관련해 과거의 불평등을 분석하기보다는 개인적 경험에서 시작해서 가족 구성원, 지역사회로 관심을 확장해 삶을 더 나은 방향으로 변화시키는 미래 비전을 달성하기 위한 구체적 전략 개발과 행동에 초점을 맞춘다. 그래서 젠더의 개념적 명료성, 정치적 올바름만을 추구하기보다는 여성과 남성 모두가 다른 사람에 대한 태도와 행동을 지속적으로 검토하고, 어린 시절부터 세뇌된 불필요한 젠더 고정관념과 장벽에 얽매이지 않고, 긴장을 푼 상태에서 노래, 예술, 연극 등 문화형식을 통해 재미있게 표현함으로써 젠더 관점의 변화 과정이 평등한 인간으로 자신 안에서 새로운 잠재력을 발견해 나가는 '재미있는 과정'이어야 한다고 주장한다(Mayoux, 2020). GALS는 젠더 정의와 관련해 여성뿐만 아니라 남성에게도 변화에 대한 동기를 부여하는 것을 목표로 하기 때문에 남성을 문제를 일으키는 '괴물'이 아닌 성적 규범의 제약을 받는 상황에서 새로운 차원의 사회 정의를 추구하는 잠재적 동맹으로 여기고 여성과 남성의 다양한 차이를 포용과 형평성의 시각에서 주목해야 한다고 주장한다. 물론 '여성차별철폐협약'에서 확립된 여성의 권리에서 보듯, 인권은 물러설 수 없는 우선적인 가치로 내면화한다. 아마도 이러한 관점은 제3세계 젠더 문제에 다중성과 복합성이 있고, 문화적 인식 변화와 참여를 위해 갈등을 부각하기보다 모든 사람이 인간으로서 잠재력을 발견하고 성별 장벽을 제거해 가는 전략을 선택한 것으로 보인다.[21]

이와 함께 GALS는 내부 주체의 참여와 행동, 자각을 매우 중요시한다. 외부에서 잘 정돈된 지식을 늘리고 전달하는 '인식 제고'보다는, '모두가 리더다'라는 문구에서 보듯 내부 참여자들이 상호 지원 및 집단행동을 위한 기초로서 '계몽된 이기심(enlightened self-interest)'으로 시작해 점차 확장적으로 만들어 가는 변화 상황들에 초점을 맞추며, 동료 교육을 통해 서로 책임성을 가지고 새로운 우정을 형성하는 것을 중요시한다. 대부분이 정규 교육을 받지 못하고, 폭력이나 중독 문제로 극심한 빈곤 속에서 살아가는 여성과 남성들에 대한 효과적인 촉진으로, 변화를 위해 달성 가능한 목표와 비전을 만들어 가는 리더 양성을 중심으로 한다. 그래서 GALS에서는 먼저 변화를 겪은 사람을 챔피언이라 부르고,

---

21) 한국의 경우에도 이런 관점은 참고해 볼 만 하다. 계속 성별 간 대립이 중심이 될 경우 소수자의 목소리가 오히려 줄어들 가능성도 있다. 그래서 젠더 정의에 동의하는 많은 사람들을 모으고, 이 목소리들을 토대로 또다시 다양한 젠더와 차이를 위한 동력을 만들어 가는 전략도 필요해 보인다.

그 챔피언이 다른 동료들과 함께 학습하고 확장해 가는 피라미드 동료 확장(peer upscaling) 방식을 택하며, 마이크로 파이낸스나 자조 모임 같은 기존 여러 활동들을 통합해 나간다. GALS는 또한 젠더 정의가 장기적 인식 변화 과정임을 인식하고 노래, 예술 및 연극과 같은 문화적 방식을 통해 도전적 문화를 형성하고 고정관념들을 변화시켜 나가려 한다. 이후 세부 과정과 방법에서도 보겠지만, 여러 다이어그램 도구를 사용하면서 표현 방법으로 역할극을 활용하거나, 각 과정의 마무리를 노래로 만들어 공유하고, 각 과정의 시작과 끝을 그 노래로 열고 닫기도 한다. 이러한 문화적 요소들은 기존 삶의 방식들을 낯설게 바라보거나 고정관념에서 탈피시키는 역할을 하기도 하며, 과정 자체를 유쾌하게 만들고, 장기적으로는 젠더 정의를 추구하는 일종의 문화적 흐름을 만들어 내는 효과가 있다고 할 수 있다(Mayoux, 2013:13).

또 하나의 혁신적 전환으로 방법적 전환을 들 수 있다. GALS는 이전 버전인 PALS 실행 과정에서 1980년대부터 로버트 챔버스를 중심으로 창의적이고 비표준적인 사고를 촉진하는 핵심 요소로 개발한 것을 적극 활용한다. 드로잉과 이미지를 활용한 토론, 참여적 다이어그램들(Thinking with Diagrams)이다. 또한 GALS는 비문해자들을 중심으로 글을 모르는 사람들도 이미지와 임팩트 다이어리, 워크북 등을 통해 삶의 문제와 변화들을 추적 분석하고 문제 해결책을 계획함으로써 권한을 강화해 나가는 리플렉트 방법이나, 그림 다이어리를 통해 학습하는 내재적 학습시스템도 참조한다. 이러한 다이어그램과 이미지들은 개인의 상황뿐만 아니라 여러 사람, 집단의 상황들을 공유할 수 있다는 장점이 있다. 또한 사람들의 구체적 바람과 전략의 복잡성을 (직관적으로) 포착하고 여러 상황의 복잡한 관계를 풀어 나가는 창의적이고 수평적 계획과 전략을 수립하는 데 강점이 있다. 정규 교육을 충분히 받지 못한 제3세계 여성들도 그림과 도표를 통해서 쉽게 자신의 상황과 꿈을 표현하고 의사소통할 수 있다는 장점도 있다(Mayoux, 2020:12). GALS는 여기에 개발 프로그램에 대한 참여형 평가, 모니터링 방식도 결합한다. 앞서 이야기했듯 GALS는 과거에 대한 분석과 문제 발견도 중시하지만 미래의 비전에 초점을 맞춘다. 그래서 문제 중심 접근보다는 변화를 위한 강점을 중심에 놓고 조직 변화를 위한 혁신과 행동을 발견해 나가는 강점 탐구 방법(Appreciative Inquiry, AI)이나 계획과 의사소통에 사회적 행위자를 포함시켜 참여적 협의, 계획, 의사 결정 과정을 진행하는 심의포용과정(Deliberative and Inclusionary Processes, DIPs)과 같은 방법론들을 참조한다(Mayoux, 2013:79).

이와 같이 GALS는 제3세계의 다양한 젠더 상황과 빈곤 여성들의 삶의 변화를 위해 인권과 삶의 실질적 변화 관점에서 젠더 정의를 제안하며, 참여적 다이어그램과 문화적 방식, 미래 성장을 통해 젠더 행동을 지속적으로 발전시켜 나가는 상호 학습 과정과 액션러닝 과정이다.

### GALS의 분석 과정

GALS는 앞서 이야기했듯이, 젠더 정의를 목표로 다이어그램과 같은 시각적 도구를 통해 여성과 남성들을 참여시키고, 미래의 비전을 계획하고 행동으로 실천해 나가는 형태로 진행된다. 이 절에서는 2~3년간 진행되는 전체 과정과 주로 1단계에서 사용되는 각종 다이어그램 방법론들을 소개하려 한다.

'완전한 GALS 젠더 정의 프로세스'는 그림 3-1과 같이 보통 초기 촉매 1단계에서 주류화 2단계, 정책 옹호 3단계까지 2~3년에 걸쳐 3개의 누적 단계로 진행된다. 최적의 청사진이 있다기보다는 여러 상황을 고려하여 유연하게 진행할 수 있다.

그림 3-1 GALS 3단계

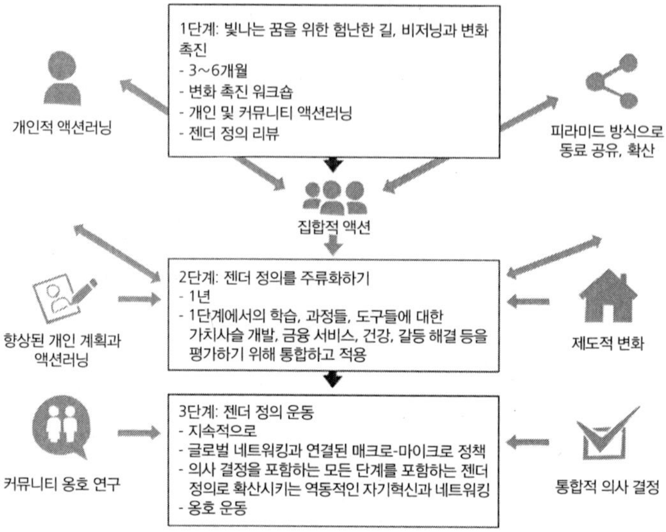


출처: Mayoux, 2013:18

먼저 '빛나는 꿈으로 가는 험난한 길'로 불리는 초기 촉매 1단계는 6개월 정도로 진행되며 여성, 남성의 개인별 학습으로 시작해 피라미드 동료 공유를 통해 20~60명가량의 집단적 행위로 발전해 나간다. 1단계에서는 GALS의 전반적 비전을 제시하고 프로세스를 소개한다. 세 가지 주요 도구인 비전 여행(Vision Journey), 젠더균형나무(Gender-Balance Tree), 리더십 역량지도(Leadership Empowerment Map)를 활용하는 변화 촉진 워크숍을 통해 젠더를 비롯한 다양한 기반과 제약들을 분석하고 지속적으로 현장을 변화시키며 피라미드 동료 학습을 위한 네트워크 시스템을 구축한다. 주로 그림 그리기와 집단 대화를 통해 진행되는 이 과정에

이어 개인을 넘어선 가족, 지역사회로 그 논의를 확장하며 초기 역량(리더, 챔피언)을 구축한다. 연이어 커뮤니티 액션러닝(Community Action Learning, CAL)을 통해 진행 상황을 개선하기 위한 개인, 집단 전략을 성찰적으로 학습하고 아이디어를 공유한다. 마지막으로 참여형 젠더 평가(Participatory Gender Review, PGR)에서는 젠더 관점을 통해 지금까지 성차별이 개선되어 온 과정을 검토하고, 여성차별철폐협약(CEDAW)과 같은 프레임워크를 통해 젠더 관점에서 변화들을 확인하며, 다음 단계에서 진행할 이정표들을 작성한다(Mayoux, 2013:19).

2단계에서는 젠더 정의를 좀 더 주류화(Mainstreaming)하는 단계다. 1단계에서 진행한 개인 액션러닝을 갈등 해결, 건강, 재정 서비스, 가치사슬 개발 등의 프로그램과 조직에 점진적으로 통합, 채택하는 단계다. 커뮤니티 주도로 CEDAW의 다양한 영역에 대한 문제 기반 다중 이해관계자 워크숍을 진행하고 네트워크와 시스템을 강화하여 학습 과정을 지속적으로 진행하는 단계라 할 수 있다.

마지막으로 3단계는 주체인 다중 이해관계자들이 젠더 정의 운동을 지속하기 위한 거시적 수준의 의사 결정과 정책을 포함하는 글로벌 네트워크를 형성한다. 이를 통해 모든 수준으로 젠더 정의를 확산시키기 위한 옹호운동과 네트워킹, 혁신 과정을 진행한다.

### GALS의 분석 방법론

GALS의 주요 방법은 변화 촉진 워크숍에서 진행하는 방법으로, 초기 단계에는 개인적으로 가장 행복한 삶의 비전을 확인하고 그 여정을 그려보는 비전 여행, 가족과 가계 내에서의 역할 및 수입 지출 등에서 젠더 균형을 분석하는 젠더균형나무와 (젠더) 다이아몬드, 그리고 개인 · 동료 · 커뮤니티를 둘러싼 관계와 권한 및 리더십을 시각화하는 리더십 역량지

도 등이 주요하다.[22]

**비전 여행**

비전 여행은 참가자들이 배우자나 가족과 함께 인생에서 원하는 것이 무엇인지 생각해 목표를 설정한 다음 협력하여 특정 요소를 선택해 실행 계획을 수립하는 방법으로, 주로 현실적 목표를 강화하고 삶의 미래 전략을 기획하거나 과거나 현재까지의 성취 여정의 영향과 과정들을 평가하는 용도로 쓰인다(Mayoux, 2014).

1. 첫 번째 원(그리기): 미래, 태양, 하늘, 영감을 주는 비전
2. 두 번째 원(그리기): 현재와 길의 연결과 이동, 현재 상황과 미래로 가는 길
3. 기회와 제약(표시): 비전 달성과 관련된 10개의 기회와 제약들 표시(통제 가능한 것은 가까이, 통제 안 되는 건 멀리)
4. 목표 및 이정표 설정: 원 사이에 3, 4개의 원을 배치하고 각각의 단계 설정
5. 이정표 및 실행 계획 수립: 각 원에 도달해야 하는 거리 입력(시간, 막대기로 표시), 필요한 작업 입력. 계획 수립에서 SMART 기준 참조

---

22) 그림 3-2, 그림 3-3, 그림 3-4, 그림 3-5의 상세 내용은 다음 QR 코드를 스캔해 확인할 수 있다.

그림 3-2 비전 여행

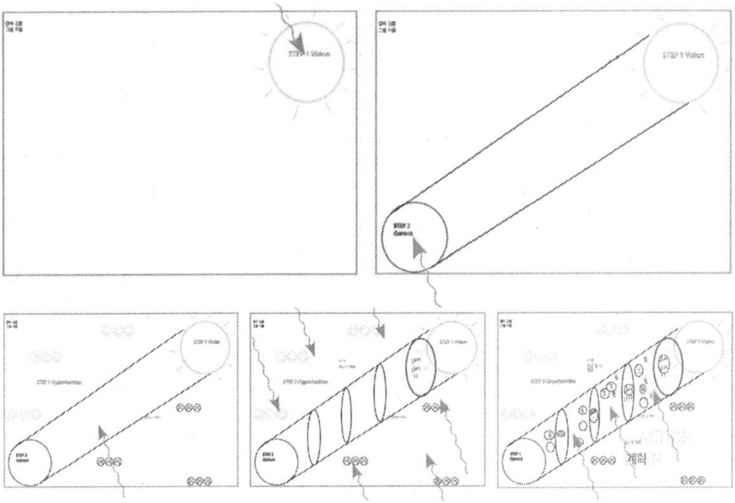

출처: Mayoux, 2014:38

[SMART, Specific(구체적인), Measurable(측정 가능한), Achievable (달성 가능한), Realistic(현실적인), Timely(시의적절한)]

6. 진행 중인 활동과 및 성취된 것들에 대한 이정표들(현재와 비전 사이의 원들)을 표시

비전 여행은 미래 도달하고자 하는 비전을 설정하고, 현재 그 비전을 달성하는 데서 기회와 장애 요인은 무엇인지 확인하고, 비전으로 가기 위한 중간 목표와 과정들을 설정하고, SMART 기준에 따른 활동 계획들을 수립하는 과정과 방법이다.

### 젠더균형나무

젠더균형나무, 젠더 다이아몬드는 더 나은 가계와 가정을 만들기 위해서 각종 기회와 자원들, 젠더 불평등과 불균형을 확인해 비효율을 제거하고 긍정적 변화를 일으키는 과정이다. 이 방법은 젠더 평등과 균형을 확인하면서 상호 이해, 존중, 보살핌의 감정들을 확인, 강화하고 가족관계를 개선함으로써 삶의 활력을 증대하고자 한다. 이 도구는 나무의 줄기가 곧게 자라고 뿌리에서 가지까지 성장의 흐름을 돕기 위해서는 줄기의 양쪽에 작용하는 힘이 동일해야 함을 전제한다. 힘, 즉 권력이 불평등할 경우 균형 상실로 나무가 뿌리째 완전히 뽑힐 수도 있고, 뿌리에 비료를 주더라도 한쪽에만 투입되거나 외부에서 나무에 작용하는 힘이 동일하지 않을 경우 한쪽만 빨리 자라 나무가 넘어질 수 있다는 비유를 활용한다. 자원을 남성에게만 투입하거나 자산 소유권같이 가정 외부의 작용으로 가정 내 권력이 동일하지 않은 경우를 뜻한다. 그래서 가계 내에서의 효율적 분업, 생산적 지출, 평등한 소유권 분배, 의사소통을 통한 성별 균형 개선, 가계 복지 향상 등을 장기적으로 진행할 수 있는 토대를 제공한다. 젠더균형나무는 다음과 같은 순서에 의해서 진행된다.

나무 과정은 먼저 나무의 기둥 부분에 가족 구성원들(남성, 여성, 부양자 등)을 성별로 구분해 그리고, 다음으로 뿌리에는 자원이나 역할에 해당하는 내용(작업, 수입, 가사 등)을 개인, 성별, 공동의 일을 각각 기록하고 분석한다(그림 3-3은 여성과 아이들이 일만 하고, 남성은 술만 마시는 것을 의미). 세 번째로 열매가 맺는 가지 부분에는 자원을 어떻게 쓰는지, 지출에 대해서 남성과 여성이 개인을 위해, 가정을 위해 어떻게 쓰고 있고, 어떤 부분들을 유지하고, 변화시키고 싶은지를 표시한다. 줄기에는 이 가정에 영향을 끼치는 물건들과 의사 결정 방식을 표시한다(그림 3-2는 재산을 남성이 모두 가지고 있으면서 외도를 일삼는 것을

그림 3-3 젠더균형나무

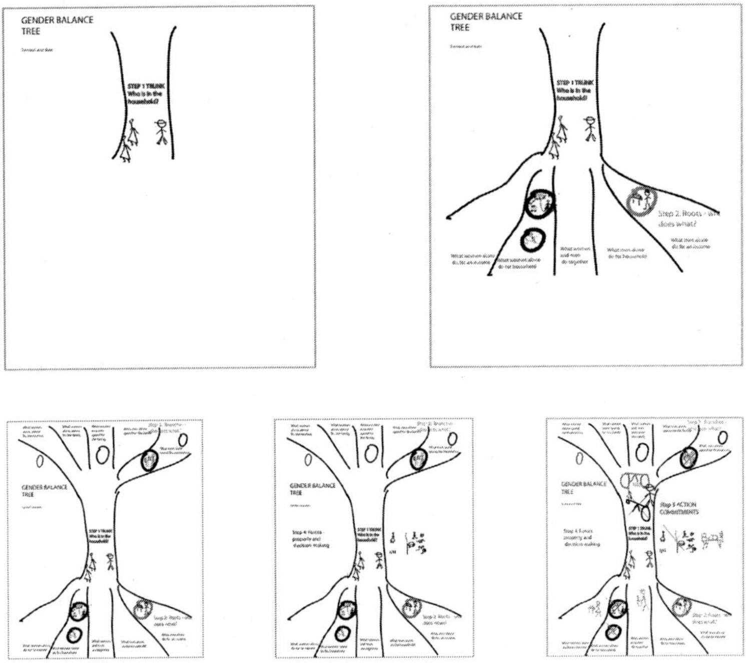


출처: Mayoux, 2014:59-60

의미). 젠더균형나무는 역할, 자원, 결과, 결정 방식 등을 전반적으로 표시하고 젠더에 따른 불균형과 불평등을 확인해 어느 측면에서 균형을 어떻게 회복할 것인지 방향과 구체적 행동들을 이야기하는 것이다. 젠더균형 나무는 일은 대부분 여성이 하면서 가치를 인정받지 못하고, 남성이 수입을 통제, 지출하는 성별 불균형을 제거해 남성의 변화를 이끌어내는 데 효과적이다. 여러 명이 모일 때는 가구별로 성역할을 분석하고 비교하며, 일반적 젠더 문화와 변화되어야 할 것들을 분석할 수도 있다.

그림 3-4 젠더 다이아몬드

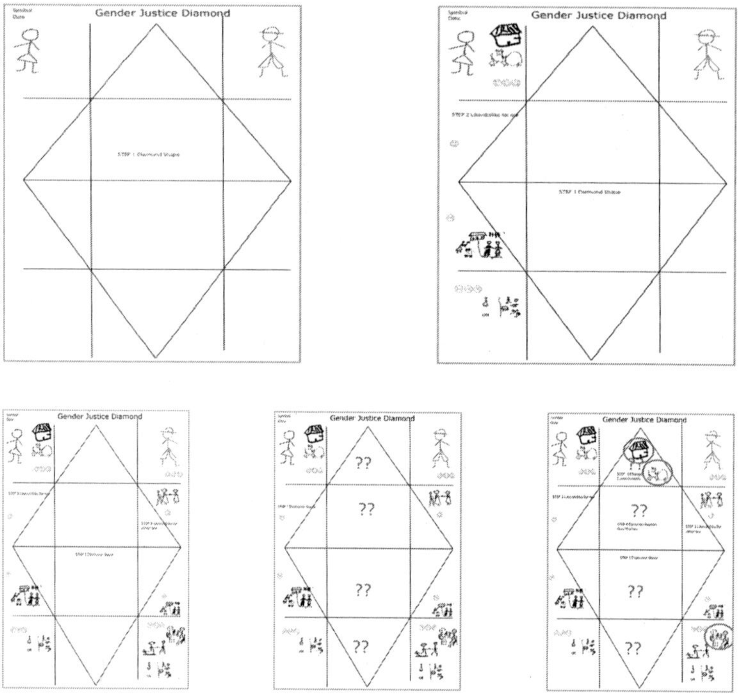


출처: Mayoux, 2014:121-122

## 젠더 다이아몬드

젠더 다이아몬드도 일, 지출, 의사 결정, 재산과 관련한 젠더 균형과 지역의 성 평등 상황을 분석하고 여성, 남성이 모두 잠재력을 발휘하도록 하는 도구다. 다이아몬드는 여러 면을 가진 투명한 보석으로, 폭력 없는 평등과 공정함을 바탕으로 사랑이 넘치는 가정에서의 행복한 삶을 상징한다. 이 도구는 남성과 여성이 행복한 가족관계 증진을 목표로 짝을 이루어 진행하는데, 다이아몬드 좌우를 남성과 여성으로 나누고 각각이 되고 싶은 모습과 되고 싶지 않은 모습을 위, 중간, 아래에 각각 5가지씩 배치한다. 그리고 상대방에게 원하는 것과 멈추었으면 하는 행동들을 각각 5개씩 표시한다. 거기서 공통적인 호불호를 찾아내 공통으로 가져야 할 것과 가지지 말아야 할 것, 그리고 개별적으로 변하고 노력해야 할 것들을 찾아낸다. 이후 각자가 유지해야 하는, 변화해야 하는 행동들을 토론을 통해 확인하고 약속한다. 상황과 목표에 따라서 젠더 정의 및 CEDAW 다이아몬드, 빈곤 다이아몬드, 리더십 다이아몬드, 윈-윈 다이아몬드를 진행할 수 있다. CEDAW 다이아몬드는 협약에서 말하는 5가지 권리에 대해서 각각 어떠한 상황이고, 어떤 제약과 폭력 상황이 일어나는지를 분석해 낼 수 있다.

**리더십 역량지도(Leadership Empowerment Map)**

마지막으로 리더십 역량지도는 비전을 향해 나아가는 힘을 키우기 위해 가까운 동료들과 우정을 쌓고, 동거인과 함께 일하고 서로의 관계를 개선하며, 좋지 않은 습관들을 변화시켜 나갈 수 있도록 개인과 집단 간 변화 관계 지도를 그리는 작업이다. 다양한 동거 관계, 공동가족 내 관계, 친족 관계, 가족 내 남성 간 권력관계 등 개인 및 제도적 관계를 분석해 변화의 계기들을 포착하고, 동료들과 더 나은 우정을 쌓는 것을 통해 젠더 메시지 및 방법 확장을 위한 문화 전략을 수립한다. 또한 조직 차원에서는 공동체나 기관 내에서의 경제 및 권력관계에 대한 더 큰 이해를 제공하면서 피라미드 동료 공유를 위한 문화와 전략을 수립한다. 리더십 지도는 행복, 개성, 건강, 기회, 일, 성 등 나에 대한 이야기에서 출발해 내 인생에서 중요한 사람과 조직을 구분한다. 이때 성별과 영향력을 색깔과 크기로 구분하고 각각이 왜 중요한지, 어떤 감정적 · 경제적 권력들을 주고받는지 그 방향과 정도를 선으로 표시한다. 그리고 좋아하는 것,

그림 3-5 리더십 역량지도

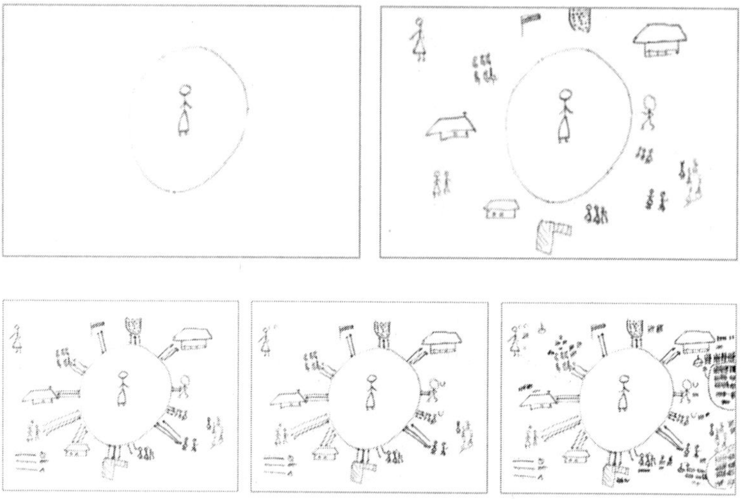

출처: Mayoux, 2014:70-71

싫어하는 것, 바꾸고 싶은 것들을 얼굴로 표시해 누구와 어떤 방식을 통해 변경할 수 있는지를 확인하고, 집으로 돌아가 즉시 할 수 있는 것 2개를 선택해 바로 실행한다. 이런 방식을 통해 서로의 영향력과 관계 방식을 분석하고 비전 달성을 위한 더 넓은 네트워크로 확장시켜 간다.

지금까지 젠더 정의를 촉진하기 위한 GALS의 촉진 방법들을 살펴보았다. 한 가지 방법을 덧붙인다면, GALS가 인식의 전환을 위해 꾀하는 문화적 접근과 방법으로 노래가 있다. 도구 하나로 활동을 마친 후에 이야기된 내용들을 정리해 하나의 노래로 만드는데, 이 과정은 새로운 비전과 활동 계획을 고무하고 정리하며 문화 형식을 파괴하고 새로운 우정 형성을 위한 분위기를 만들어 낸다. 다음은 비전 여행과 젠더 균형 나무 과정을 끝내고, 주요 내용들을 정리해 케냐와 탄자니아 참가자들이 직접 만든 노래 '비전 여행'의 가사다(Mayoux, 2015: 22).

(합창)
비전, 비전, 우리의 계획
우리의 계획은 매우 훌륭하고 매우 중요합니다
그것은 우리에게 기회를 잘 활용하고, 목표를 달성하기 위해 도전에 직면하도록 가르칩니다

(1절)
우리의 꿈은 매우 아름답고, 우리는 지속가능한 삶의 계획을 좋아합니다

(2절)
우리는 지금 우리가 있는 곳이 마음에 들지 않으므로 발전해야 합니다

(3절)
우리의 비전에 도달하는 데 도움이 되는 것들이 있습니다
비전에 도달하는 데 방해가 되는 문제가 있습니다

(4절)
우리의 비전은 매우 멀고, 활동을 나누는 것이 중요하며
매년, 또한 연내에 목표를 잡습니다

### GALS 사례 분석: 키르기스스탄 농촌 여성 경제 역량강화 프로젝트

GALS 방법을 적용한 예로 2013~2017년 키르기스스탄의 국가 지속가

능개발 전략으로 농촌 여성의 경제 역량강화 프로젝트에 GALS 방법을 결합한 사례를 살펴보고자 한다. 키르기스스탄은 중앙아시아에서 두 번째로 가난한 나라로, 국토의 7%만이 경작지고 나머지는 대부분 산이다. 농촌 지역 빈곤 가정의 생계와 소득은 천연자원과 환경에 크게 의존한다. 민족 간 갈등과 정치경제적, 환경적 불안정으로 인해 농업 생산성마저 감소해, 프로젝트가 진행된 2014년에는 인구의 38%가 빈곤선 이하에서 살고 있었고 14%에 달하는 가정이 식량 부족 상태일 정도로 심각한 경제난을 겪고 있었다. 이렇게 경제적, 환경적으로 어려운 상황들을 극복하기 위해 정부는 국가 지속가능개발 전략을 수립하고 사회적 문제 중 하나로 젠더 불평등을 포함했다. 여성 소득의 90%가 가족을 위해 지출되는 것에 반해 남성의 역할은 거의 없으며 성평등과 여성 인권에 관한 내용도 가부장적 관점으로 논의되었다. 이러한 열악한 환경 속에서 2012년부터 유엔여성기구(UNWomen), 유엔식량농업기구(FAO), 세계식량계획(UN World Food Programme), 국제농업개발(IFAD) 같은 국제기구들이 여성에 대한 고정관념을 극복하고, 농업 생산 및 경제 영역과 더불어 지방정부와 위원회 및 협회에서 여성들이 권한을 더 가질 수 있도록 개입하고, 여성의 참여를 활성화하고 리더십을 훈련하는 농촌 여성 경제 역량강화 공동프로그램 'JP RWEE(Joint Programme: Accelerating Progress Towards Rural Women's Economic Empowerment)'를 실시했다. 2016년 RWEE의 요청으로 6개월간 GALS(Gender Action Learning for Sustainability) 사업을 통해 여성 활동가와 일부 남성, 지역의 여성 그룹들에 권한을 부여하기 위한 챔피언 및 공동체개발협회(Community Development Association, CDA) 업스케일링 프로그램을 진행하게 된다.

GALS는 모든 젠더 차원에 걸친 실질적인 변화를 위한 젠더 행동 학습의 주류화와 경제 개입에 연관된 가정 폭력 및 무급 돌봄 노동과 같은 문제를 다루고, 개인 · 가정 · 지역사회 수준에서 자기반성과 행동 계획 및 구현을 촉발하기 위해, 남성들을 참여시키고 시어머니와 며느리 같은 여성들 간 권력관계에서 발생하는 문제를 해결하는 전략 수립을 목표로 삼았다. 시어머니와 며느리가 공평하게 협력하고, 생계 도구를 통해 소득을 창출하는 사업 아이디어를 개선하기 위해 정량적, 정성적 실천연구와 옹호 활동을 진행했다. 이와 함께 의사 결정, 자원 통제, 참여, 여가 시간활용, 돌봄 노동, 가정폭력 등에서 다차원적 변화를 만들 수 있는 지속가능한 네트워크와 혁신을 위한 구조를 개발하려 했다. 먼저 초동 모임으로 챔피언 교육을 위해 4개 주에서 수십 명의 여성과 남성을 협회로 모이게 했다. 지역적 특성, 성문화, 인종 · 민족 · 종교적 특성도 다양했고 연령과 교육 수준도 다양했다. 기존 RWEE 리더들은 바쁘기도 하고 관성적 책임감으로 임할 가능성이 높아 배제하고, 새로운 참가자들을 추천받아 구성했다. 먼저 이해관계자 회의를 통해 방법을 소개하고, 진행과 관련한 조직의 의견을 구했다. 그 후 지역을 순회하면서 촉진 워크숍을 진행했다. 개인 수준 계획에서는 비전 여행, 젠더 분석 도구, 생계 계획 도구, 피라미드 동료 확장 방법을 사용했다. 초기 교육을 받은 챔피언들은 자기 마을로 돌아가 한 사람당 3~5명과 함께 학습하는 형태로 스케일을 확장했다. 이후 집단 수준의 젠더 분석을 위해서는 소울메이트 비전,[23] 젠더 다이아몬드, 젠더 도전 행동 나무 방법[24]을, 집단적 경제 계획을 위해서는 비즈니스 나무,[25] 시장 지도,[26] 조직적 다차원 비전 여행

---

23) 소울메이트 비전은 원하는 물건이나 변화의 모습이 공통되는 사람들(소울메이트)이 모여서 비전을 좀 더 구체화시켜 나가는 방법이다.

24) 젠더 도전 행동 나무 방법은 젠더 다이아몬드에서 개인적으로 중요하다고 생각되는 것을 한가지 골라 구체적 행동 계획을 수립하는 작업을 말한다.

표 3-1 GALS 프로그램 진행 사례

1일 차

- 쌍별 소개 및 서로에 대한 정보, 기대치 교환. 파트너를 소개.
- 소울메이트 비전: 자신의 비전 그리기. 사물, 건물, 여성, 남성의 주제에 대해서 이야기하고 그룹으로 편성
- 그룹 비전: 남성, 여성이 섞인 비전 그룹을 5개로 나눠서 이야기 진행
- 개별 비전 여행 진행

2일 차

- 젠더 정의 다이아몬드(젠더 문제를 구체적으로 공개하기 위한 그룹 활동)
- 자신의 성에 대해 좋아하는 5가지를 적는다. 한 사람씩 카드를 보여 주면서 공유하고 작성한 카드들을 배치한다. 이후 중요하다고 생각하는 것에 선호도를 투표한다.
- 그다음은 자신의 성에 대해 싫어하는 것으로 동일 과정을 반복한다.
- 남성, 나이 든 여성, 젊은 여성 그룹으로 나누어서 진행한다.

3일 차

- 가계 효율성 나무(젠더 관련 토론 통합, 수량화 가능한 변화를 약속)
- 행복한 가계도, 젠더 균형 나무, 가정 내 분업 논의 등을 통해 협력과 투명성을 높이고 낭비적 지출을 줄인다.

4일 차

- 젠더 도전 행동 나무(특히 젠더 문제에 초점을 맞춘 그룹 활동)
- 남성, 나이든 여성, 젊은 그룹으로 나눠서 수행한다.
- 젠더 다이아몬드, 가계 효율성에서 중요하다고 생각하는 문제를 고른다.
- 가족을 위한 돈, 며느리와 좋은 관계 유지, 며느리는 남편의 질투 등을 선택한다.

5일 차

- 리더십 지도 변경(간단한 방식으로), 검토한다.
- 공동체의 날 준비

6일 차

- 공동체의 날, 송어 농장에서 저녁 식사를 하고 비슈케크로 돌아간다.

---

25) 재정 흐름에서 투입과 결과를 분석하는 방법을 말한다.

26) 재정 접근을 중심으로 한 리더십과 가치사슬 지도를 말한다.

- 과정을 노래로 정리한다.

후속 작업
- 일주일의 교육을 받은 챔피언 19명이 참가자 65명을 데리고 온다.
- 참가자 확장과 리더십 훈련 지속적으로 진행한다.

방법들을 사용하였다.

한 마을에서 SHG(자조 그룹)에 소속된 여성 회원(시어머니뻘 여성과 며느리뻘 여성 사이에는 문화적, 종교적, 성적 영향으로 인해 분열과 지위 차이가 있음)을 대상으로 진행한 일주일간의 프로그램을 정리하면 표 3-1과 같다.

이 워크숍을 통해 가정에서 가장 많은 역할을 함에도 권한에서 배제되어 있었던 젊은 여성(주로 며느리)들의 시야가 넓어지고 자신감이 높아졌으며 성에 대한 남성과 시어머니의 태도가 상당히 변화되었다. 가구 구입이나 새로운 경제 활동, 집을 짓는 것과 같은 주요한 활동에서 함께 의사 결정을 해야 하고, 말과 같은 가축을 여성도 소유할 수 있으며, 현대 기술에 기반한 젊은 여성들의 지식 및 기술과 삶에 기반한 나이 든 여성들의 지혜를 공유할 수 있다는 공동의 비전을 형성하게 되었다. 4개 주에서 챔피언 1명당 평균 22명의 동료에게 교육을 확장했고 400명이 넘는 주민들이 추가로 참여했으며, 개별 지역 교육뿐만 아니라 지역 간 교류가 이루어지고 네트워크를 만들었다. 남성 운동가에 의한 남성들의 참여도 순차적으로 점차 확장되었다. 4개 지역에서 시작된 GALS 프로젝트는 45개 지역에서 5000명이 넘는 여성과 남성이 참여하게 되었고, 다음 해인 2017년에는 협회와 지방정부에서 자조 그룹과 함께 젠더 및 생계 도구를 강화하는 방법으로 확장되었다. GALS를 넘어서서, 젠더 교육이 필요하다고 판단되는 다양한 조직 및 프로젝트와 통합되면서 젠더 정의가 주요한 가치와 문화로 자리 잡게 하고, 챔피언들과 커뮤니티 주도로 변화를 이끌고 삶을 실질적으로 변화시키는 토대를 만드는 과정으로 질적 성장을 이루었다.

## 참고문헌


Cahill, C. (2007). The personal is political: Developing new subjectivities through participatory action research. *Gender, Place and Culture, 14*(3), 267～292. https://doi.org/10.1080/09663690701324904

Frisby, W., Reid, C., Millar, S., & Hoeber, L. (2005). Putting "participatory" into participatory forms of action research. *Journal of Sport Management,* 19, 367～386.

Gaddes, E. (2019). The potential of feminist participatory action research to encourage the display of feminist subjectivities in young men.

Gatenby, B., & Humphries, M. (2000). Feminist participatory action research: Methodological and ethical issues. *Women's Studies International Forum, 23*(1), 89～105.

Gervais, M., Weber, S., & Caron, C. (2018). *Guide to participatory feminist research.* Institute for Gender, Sexuality, and Feminist Studies.

Gibson-Graham, J.-K. (2002). Beyond global vs. local: Economic politics outside the binary frame. In A. Herod & M. Wright (Eds.), *Geographies of power: Placing scale.* Blackwell.

Latz, A. O. (2017). *Photovoice research in education and beyond: A practical guide from theory to exhibition.* 김동렬 옮김(2018). 『포토보이스 연구방법』..학지사.

Maguire, P. (2003). *Feminist informed participatory action research.* Centre for Feminist Research, Uppsala, Sweden.

Maguire, P. (2003). *Kinsey dialogue series #5: Radicalizing the everyday.* Participatory Research & Practice.

Maguire, P. (2020). Photovoice: A tool for action research. WNMU-GGSC1.

Mayoux, L. (2007). Road to the foot of the mountain, but reaching for the sun. In Springs of Participation(pp. 93～106).

Mayoux, L. (2013). Equal and together: Gender action learning system for gender justice in development.

Mayoux, L. (2014). *Rocky road to diamond dreams.* Oxfam Novib.

Mayoux, L. (2015). Gender action learning for sustainability at scale. Nigeria inception workshop.

Mayoux, L. (2016). Gender action learning for sustainability at scale, pilot in Kyrgyzstan.

Mayoux, L. (2017). Gender action learning for sustainability at scale. RWEE GALS pilot in Kyrgyzstan 2016: Edited report and upscaling plan. IFAD.

Mayoux, L. (2020). Gender action learning system implementation toolkit. IFAD.

McIntyre, A. (2003). Through the eyes of women: Photovoice and participatory research as tools for reimagining place. *Gender, Place and Culture, 10*(1), 47～66.

Reid, C. (2004). Advancing women's social justice agendas: A feminist action research framework. *International Journal of Qualitative Methods, 3*(3), 1～9.

김현경(2022). 페미니즘 교육은 가능하다. ≪페미니즘 연구≫, 22권 1호, 137～144

배유경(2018). 여성학/주의 교육을 위한 페미니스트 페다고지 전략 탐구. ≪페미니즘연구≫, 18권 1호, 345～376.

엄혜진(2018). 페미니즘 교육은 (불)가능한가?. ≪한국여성학≫, 34권 3호, 1～37.

이예슬(2020). 페미니즘 실천으로서의 성평등 교육: 초등 교사들의 경험과 협상. 서울대학교 대학원 석사 학위 논문.

최성희(2008). 페미니스트 페다고지의 정치, 윤리, 미학. ≪영미문학페미니즘≫. 16권 1호, 167～188.

태혜숙(2004). 탈식민주의 페미니즘과 교육. ≪교육비평≫, 15호, 232～241.

## 참고 웹사이트

### FPAR의 초기 주창자 매과이어 홈페이지

https://www.patriciamaguire.net/

### APWLD

https://apwld.org/feminist-participatory-action-research-fpar/
아시아와 태평양의 페미니스트 조직과 개인 활동가들의 선도적인 네트워크 조직으로, 가장 주요한 활동방식으로 페미니스트 참여실천연구를 사용하고 있다. FPAR를 활용한 여러 방법과 사례들을 확인할 수 있다.

### 포토보이스 프로젝트

https://www.lslorenz.com/currentphotovprojects.htm

### 포토보이스 방법론

https://photovoice.org

### GALS 방법론

http://www.galsatscale.net/index.html
GALS의 창시자인 메이유가 GALS@Scale 프로젝트에서 외부 지원(Hivos)을 받아 개발한 홈페이지로 GALS 방법에 대한 세부적 설명과 사례, 영상, 노래 등을 확인할 수 있다.

### 권한 부여를 위한 방법론

https://gamechangenetwork.org/
메이유가 운영하는 다양한 권한 부여 방법이 집대성된 사이트로 GALS 방법뿐만 아니라 권한 강화 방법, 젠더 정의, 다이어그램 활용, 생계, 가치사슬 및 마이크로 파이낸스 등의 내용들도 확인할 수 있다.

# 4장
# 지역사회 기반 참여연구

■ 요약

지역, 마을, 동네는 시민들의 구체적인 관계와 일상의 공간이며 참여를 기본으로 한 민주주의와 자치를 위한 학습과 실천의 장이다. 광장의 운동에 비해 주목받지 못했던 '지역 활동'은 꾸준하게 이어져 온 지역사회 운동과 지방자치제, (지역)사회혁신과 같은 흐름 속에서 확장되기 시작했다. 한국의 지역사회혁신 활동은 방법적으로는 리빙랩/로컬랩이라는 시스템을 적용했고 주체, 조직적으로는 주민자치회라는 형태로 시도되었다. 리빙랩/로컬랩과 주민자치회는 지역에서 구체적으로 발생하는 이슈와 문제들에 대해 개방적인 참여와 협력, 창발적 아이디어와 방법적 혁신을 통해 해결해 가는 실험적이며 지역사회에 기반한 학습 과정이다. 2010년대 이후 정부와 지자체가 중심이 돼 사회혁신 정책을 시도하고 확산시켰고, 마을공동체, 주민참여예산, 도시재생, 사회적경제, 협치, 주민자치회 등의 영역에서 참여적 학습 방법이 광범위하게 사용되기 시작했다.

지역사회 기반 참여연구도 지역의 중요한 주제를 연구하고 행동하기 위해 다양한 참여자들이 파트너십을 형성해 가면서 공평한 관계에서 함께 연구를 진행하는 접근 방식, 패러다임이다. 지역사회 기반 참여연구는 '당신은 당신 자신 경험의 전문가다'라는 말처럼 커뮤니티에서 비롯되거나 중요하게 생각하는 연구 주제로 시작하여 지역의 목소리, 전문성, 경험을 존중하며 공동 학습, 역량 구축 및 연구에 필요한 행동, 장기적 헌신들을 강조한다. 특히 지역을 기반으로 한 환경, 보건 관련 운동과 이슈에 가장 많이 이용되며, 관련된 커뮤니티들을 식별하고 파트너십을 형성하는 것을 가장 큰 특징으로 한다.

■ 주요 이론가 및 교육 이론

리빙랩, 로컬랩, 더블다이아몬드 방법, 사회적 자본, 주민자치회, 영국참여도시프로젝트, 과학상점운동, 지역사회조직화운동, CBPR 파트너십 프로세스

■ 누가, 어디에, 어떻게 활용할 수 있나요

시민, 지역 활동가: 다양한 시민들이 자신과 관련된 문제들을 조사, 분석하고 해결해 나갈 수 있는 플랫폼과 조직들을 만드는 데 로컬랩, 주민자치회, CBPR을 사용할 수 있다.

지역 대학: 지역사회 정치, 사회, 과학, 환경, 지리 등과 관련해 다양한 이해관계자들을 초대, 교육하고 함께 연구팀을 꾸려 지역의 문제들을 해결해 나갈 수 있다.

보건, 건강, 환경 관련 단체: 의료협동조합, 보건운동 단체, 환경 단체들이 시민, 전문기관, 대학 등과 함께 지역주민들의 건강이나 환경들을 직접 조사하고 분석해 정책을 제기하거나 문제를 해결해 나가는 방법으로 활용할 수 있다.

“당신은 당신 경험의 전문가다.”

- 미상

“만약 당신이 나를 도우러 여기에 오셨다면 당신은 시간을 낭비하고 있는 겁니다. 그러나 만약 당신이 여기에 온 이유가 당신의 해방이 나의 해방과 긴밀하게 결합되어 있기 때문이라면, 그렇다면 함께 일해 봅시다.”

- 멕시코 치아파스의 어느 원주민 여성

## 들어가며

한국 사회의 민주주의는 민주화운동에서 시민항쟁, 시민운동으로 변화, 발전해 왔고 촛불혁명으로 이어졌다. 광장에서 진행된 민주화운동을 통해 사회 전반의 정치 수준은 높아졌지만, 우리가 일상에서 경험하는 민주주의는 별반 나아지지 않았다. 학생들은 여전히 입시 경쟁에 시달리며 인권교육, 노동교육, 진로교육 등 삶을 위한 교육은 제대로 받지 못하고 있다. 대부분의 시민이 일하는 직장, 작업장 등 노동 현장에서 노동조합은 여전히 불온하고 임금을 올려 달라고 떼쓰는 집단으로 여겨진다. 시민의 삶에 대한 부분을 직접 논의하고 결정하는 지방자치가 시작된 지 30년이 다 되어 가지만 여전히 중앙정치에 종속되어 있고, 시민들이 참여할 공간은 부족하며, 내가 살고 있는 동네에서 민주주의를 경험하고 학습할 기회는 거의 없다. 여기에 최근 들어 젠더 갈등, 세대 갈등, 진영 갈등, 다양한 격차와 불평등으로 우리 사회는 갈등 공화국이라고까지 불린다. 거대한 사회적 이슈에 대한 시민들의 참여는 적극적이고, 온라인 기술의 발전으로 확산 속도도 빠르지만, 정작 내가 구체적인 관계를 맺으며 살고 있고 참여와 학습을 통해 변화시킬 수 있는 일상에서는 소극적이고, 그 뿌리 역시 튼튼하지 못한 것이 우리 현실이다.

우리의 구체적 삶이 이루어지는 대표적인 공간인 마을, 동네, 지역에서 참여의 공간을 만들고, 시민들이 학습할 수 있도록 교육을 제공하며, 지역 문제를 스스로 풀어내기 위한 풀뿌리 사회운동 시도가 있었다. 1970년대에 도시빈민과 함께 가난의 문제를 해결하고 함께 공동체를 만들려고 했던 도시빈민운동, 1987년 이후 지역의 다양한 문제들을 풀어내고 지역민주주의를 활성화하고자 한 지역주민운동, 환경운동, 공동체운동, 지역정치운동, 지역교육운동 등을 들 수 있다. 2000년대 중반을 넘어서면서는 국가와 지방자치단체에서 협치와 거버넌스라는 이름으로 시민을 행정과 참여의 공간으로 초대하고, 시민의 참여와 학습을 기반으로 지역사회의 문제를 해결하고 지역사회 계획을 수립하는 정책적 흐름이 등장하기 시작했다. 주민참여예산제, 마을공동체사업, 주민자치회, 로컬랩, 협치, 도시재생 등의 사회혁신 정책들이 이에 해당하며, 교육분야에서도 혁신학교운동, 혁신교육 사업과 함께 지역의 다양한 일상적 활동들을 통해 교육적 관계들을 만들어 나가는 마을교육공동체 활동이 펼쳐지고 있다. 대부분의 정책은 지역사회 시민들을 중심으로 다양한 형태의 공동체를 형성하고, 지역사회에 대한 학습 · 공론장 · 시민들의 역량강화 등을 통해 지역사회가 당면한 문제를 해결하며, 더 나아가 지역사회 형성과 재구성을 위한 계획을 수립하기도 한다. 일련의 과정들을 통해 참가자인 지역주민들이 삶의 공간인 지역을 학습하고, 여러 문제 상황들을 분석하고 해결 방안을 모색하며, 예산과 다양한 자원들을 활용하여 직접 행동을 통해 지역사회문제를 해결해 가는 학습의 과정이다. 이 장에서는 지역을 중심으로 한 학습과 지역사회문제 해결 방법으로서 최근 사회혁신 정책에서 쓰이는 리빙랩과 로컬랩, 그리고 주체와 조직으로서 주민자치회를 중심으로 그 과정과 방법들을 다뤄 보고자 한다.

그리고 지역사회를 중심으로 학습과 행동을 결합한 또 하나의 방법으로 지역사회 기반 참여연구(CBPR)를 다루고자 한다. 참여연구와 학습, 행동을 연결한 참여실천연구의 전통에 있으면서 지역이라는 범위와 구체적 일상, 지역사회 내 주체들과의 파트너십 형성에 초점을 맞춘 방법이다. 연구적인 측면에서는 학문적 관점의 연구 집단과 이해당사자인 지역주민이 파트너십을 형성하고 공동연구를 통해 지역적 지식을 창출하거나 학습공동체에 기반한 협력 연구를 하는 것이 특징이다. 그리고 광역 시민 활동이나 정치에 비해 작고 현실적인 범위에서 정책화될 수 있는 내용들을 다루면서, 의사 결정을 대리인에게 위임하지 않고 직접 연구-제안-결정-실행의 당사자이자 주체가 되는 과정이다. 다양한 집단과 시너지 효과를 발휘해, 장기적으로 지속가능한 삶의 문화를 만들어 나가는 공동체를 형성해 가는 학습 활동이다.

## 지역사회혁신과 리빙랩

먼저 한국 사회혁신 정책의 주요 방법으로 해외에서 도입한 리빙랩과 로컬랩을 다뤄 보고자 한다. 로컬랩은 지역에서 진행되는 리빙랩으로도 볼 수 있기 때문에 리빙랩을 먼저 살펴본 이후 로컬랩을 살펴본다. 최근 등장한 한국 사회혁신 정책은 크게 두 가지를 배경으로 한다. 첫 번째 배경은 한국 사회가 정부 주도로 압축적 성장만을 진행해 온 것에 대한 한계와 부작용이다. 한국 사회의 압축 성장은 민주주의와 시민사회, 민중의 억압과 희생을 대가로 한 것이다. 민주화는 형식화를 넘어 실질적 민주화까지 진행되지는 못했고, 민간의 정치 참여, 자율성, 창의성 등이 안정적으로 성장할 기회가 없었다. 1990년대 이후 등장한 시민운동은 정부에게 문제 해결을 요구했고, 시민의 자발적 참여를 조직하는 역량은 미흡했다. 특히 일상의 인격적 소통이 이루어지는 지역사회 내에서 풀뿌리 민주주의 영역은 더욱 소외되었고, 지역의 자생력은 약하고 지역 간 불평등도 심화했다(김민호, 2011). 과거에 비해 국가와 사회에서 발생하는 문제는 훨씬 복잡해졌고, 국가 중심의 강력한 통치력으로 해결하는 것에도 한계가 있었다. 행정 혁신은 쉽지 않았고, 사회문제의 다양성과 변화 양상을 따라잡지도 못했다(박준 · 김성근, 2019).

두 번째 배경은 여러 부분의 글로벌화다. 2000년대에 들어서면서 자본주의의 내외부적 상황들(내적 모순으로 인해 이윤율은 저하되고, 자본 축적의 한계가 발생하는)로 인해 전 지구적으로 저성장이라는 한계 상황에 직면했다. 기존의 국가 조직 체계와 물적 체제로는 더 이상 문제를 해결할 수 없는 상황을 맞이하고 있다(성지은 외, 2018). 여기에 점점 심각해지는 환경 파괴, 기후변화 등으로 인해 삶의 불확실성도 증대되고 있다. 이러한 상황에서 국가는 신자유주의라는 새로운 이데올로기와 신공공관리 정책을 통해 기업과 행정을 유연화하고, '사회'를 동원(참여)시켜 여러 사회문제를 풀어내려는 전략 변화를 꾀하고 있다. 시민이 참여하고 행정과 협력하는 '거버넌스'라는 공간과 방법을 통해 시민들과 여러 민간 자원들을 동원하는데, 과거와 달리 무력으로 동원하는 것이 아니라 자발적 동의와 참여를 통해서 이루어진다. 한국의 사회혁신 정책은 이러한 맥락 속에서 서울시 민선5기의 중요한 정책으로 자리 잡으면서 본격화되었고, 문재인 정부에서는 '시민 주도 문제 해결'을 핵심으로 하는 사회혁신 정책을 국정과제로 채택하면서 전국적으로 확대되었다(박준 · 김성근, 2019).[27)]

### (소셜) 리빙랩

리빙랩은 시민 주도 문제 해결을 추구하는 사회혁신 정책의 핵심 방법으로 기본적으로 '일상생활의 실험실'이라는 의미가 있다(김희정 외, 2021). 보다 세부적으로는 "사회적인 목적을 가지고 움직이는 사람들 또는 조직이 사회적인 욕구의 충족을 위해 운영하는 혁신적인 활동과 서비스"라는 사회혁신을 위해서 "가치사슬 및 활용 환경과 관련된 행위자와 사용자가 참여하는 개방형 사회 · 기술혁신 프로세스를 목표로 하는 접근 방식"으로 정의한다(유수동, 2021:99). 기술과 사회의 혁신을 통해 현장의 문제를 해결하는 방법으로 정리할 수 있는데, 사용자 혁신(기술)과 개방형 혁신(사회)이 공동 창조를 매개로 연결되는 분산된 혁신과정(distributed innovation process)으로 본다. 여기서 공동창조(cocreation)는 리빙랩의 핵심 가치로, 개방형 혁신과 사용자 혁신 관점을 연결하는 연결고리다(정병걸, 2017:45).

정의에서 보듯 리빙랩은 방향, 주체, 시스템, 방법(또는 프로세스)의 혁신적 변화를 중심축으로 삼는다. 리빙랩은 2000년대 초 미국에서 연구개발(R&D) 혁신을 위해 개발되었다. 2004년 미국 매사추세츠공과대학(MIT)의 윌리엄 미첼(William Mitchell) 교수가 사용자와 그 가정에 적용할 수 있는 디지털 신기술들, IT 기기와의 상호작용을 모니터링하면

---

27) 박준 · 김성근(2019)은 한국 사회 사회혁신의 배경으로 정부 주도 압축 성장의 그늘과 민주화운동 이후 시민 없는 시민운동의 한계를 꼽았다. 먼저 정부 주도 압축 성장으로 형식적 민주화는 이루어졌지만, 주권자 국민의 실질적인 정치 참여 수준을 측정하는 '실효민주주의지수(Effective Democracy Index)'에서 한국은 180개국 중 53위에 그칠 정도로 실질 민주주의 기반은 취약하다고 주장한다. 또한 민주화 이후 '시민 없는 시민운동'의 한계에 있어서는 시민운동이 정부에 문제 해결을 요구하는 영향력은 확대되었지만, 자원봉사와 같은 자발적 참여를 조직화하는 역량을 여전히 미흡함을 지적했다.

서, 기존 기술을 중심으로 사전 파악과 예측을 하는 추격형 혁신 방법과 전통적 연구실의 한계를 느꼈다. 이를 극복하기 위해 아파트 한 동을 빌려 최신 개발 중인 디지털 정보통신기술을 활용하는 거주 환경을 만들고 피험자들을 모집해 현장에서 실질적 변화를 실험해 보는 방식의 리빙랩을 최초로 도입하였다(성지은 외, 2018). 리빙랩이 이러한 기술혁신에서 시민참여와 같은 사회적 개념으로 변화한 것은 유럽을 통하면서다. 북유럽에서 시작된 유럽의 리빙랩은 2006년 19개 리빙랩이 연합하여 (특정) 지역과 관련된 혁신을 가능케 하고 촉진하는 이해당사자들의 그룹인 유럽 리빙랩 네트워크(European Network of Living Labs, ENoLL) 결성으로 이어졌다(유수동, 2021:99). 같은 해 유럽위원회에서는 헬싱키 선언을 통해 '유럽의 혁신역량 제고'라는 의제 해결의 주요 방법으로 리빙랩을 선택했고 이후 10여 년 동안 400여 개에 가까운 리빙랩 집단이 인증을 받으면서 '소셜' 리빙랩으로 진화했다. 이후 유럽뿐만 아니라 아프리카 ODA에서도 활용되었고, 대만을 비롯한 아시아에서는 사용자 주도형 혁신 모델 전환으로 시도되었다. 국내에서는 과학기술정보통신부(당시 미래창조과학부)가 2013년 '사회문제해결형 기술개발사업'을 시행하면서 본격화되기 시작했다.

소셜 리빙랩은 기술을 통한 문제 해결보다 시민들이 주도적으로 참여, 연대하여 사회문제를 해결하는 윤리적, 경제적 이슈에 강조점을 둔다. 그래서 저성장과 고령화, 양극화, 기후변화, 청년 일자리 문제 등 불확실성이 증가한 상황에서의 새로운 문제, 공동체 약화 등이 주요 이슈가 된다. 사용자 참여, 포용적 성장, 문제 해결 지향과 협력적 거버넌스가 강조되면서 사용자, 생산자, 공급자 중심 정책에서 수요자, 사용자, 시민, 사회, 현장 중심으로 변화한 것이다. 이런 측면에서 리빙랩은 '실험설계자들과 더불어 실제 현장의 여러 이해관계자가 함께 문제를 인식하고 이에 대한 실험을 시행한 결과로 솔루션을 도출해 문제를 해결하는 과정'으로 구체화되며(이태동 외, 2019:3), 정부 · 민간 · 시민 간의 파트너십을 형성하고 과학 · 사회 · 현장이 통합되는 모델로 확장된다. 학습 측면에서는 지식-학습-행동-피드백이라는 순환 과정을 거치는 '실험을 통한 학습(learning-by-experiment)'이며(성지은 외, 2018:182), 동네에서 일상을 기반으로 직접 활동하고 연구하는 지역사회 기반 학습(community-based learning, CBL)이며, 실질적 해결책을 찾는다는 점에서 문제 기반 학습(problem-based learning, PBL)이라고도 할 수 있다(이태동 외, 2019:5).

국내 행정안전부에서는 리빙랩의 기본 요소로 능동적 사용자의 참여(user engagement), 실제 생활에서의 구성(real-life setting), 다양한 이해관계자 참여(multi-stakeholder participation), 다양한 방법(multi-method approach), 공동창조 프로세스(co creation process)를 제시했다(최인수 · 김건위, 2015:11). CoreLabs(2007)도 리빙랩의 다섯 가지 핵심 원칙으로 계속성(continuity), 개방성(openness), 현실성(realism), 사용자 권한 부여(empowerment of users), 즉시성(spontaneity)을 제시했다(이태동 외, 2019:4에서 재인용). 과거 기술혁신을 위한 리빙랩이 공-사 파트너십 중심이었다면(Public-Private Partnership, PPP) 소셜 리빙랩은 여기에 민관협력적 관점을 추가해 사중나선구조(Public-Private-People Partnership, PPPP)로 확장되었다고 할 수 있다. 최근에는 지속가능한 사회, 기술 시스템으로의 '전환'적 의미가 더 강해지면서 '전환랩' 사업으로도 확장되고 있다(Schliwa, 2013; 이태동 외, 2019에서 재인용)

## 리빙랩 과정과 방법

리빙랩은 전문가(기술)와 사용자(시민)의 공동학습과 공동창조가 중요시되는 과정으로 통상 탐색(exploration), 실험(experiment), 평가(evaluation) 3단계 과정을 거친다(성지은 외, 2018:186, 정병걸, 2017:46). '탐색'은 관찰, 조사, 인터뷰 등 다양한 방식을 통해 당면한 문제를 확인하고 관련 당사자들의 행동을 분석해, 문제의 원인을 찾는 단계다. '실험'은 문제 해결을 위한 프로토타입(시제품)을 설계, 설치하여 직접 실험을 진행하는 단계다. 이 과정을 통해 프로토타입을 관찰하고 분석하고 다시 피드백하는 과정을 거친다. 마지막으로 '평가'는 제품, 서비스의 개발 및 실증을 통한 최종 평가 단계다. 이 과정에는 전문가 집단(시스템 개발 제품 인증), 실무자 집단(리빙랩 운영, 시스템 위험 관리), 최종 사용자 집단(리빙랩 참여 및 피드백, 지역주민 대상 홍보)이 함께 소통하고 학습하고 피드백하면서 참여한다. 현재 상황과 경험을 확인, 분석하고 아이디어를 통해 시제품을 만들고 실제 사용을 토대로 보완하고 당사자들이 확인된 효과성을 근거로 홍보까지 함께 진행하는 공동 작업으로, 거버넌스적 틀을 통해 진행된다.

이에 '확산'을 추가해 4단계 과정으로 정리하기도 한다. 민관에서 두루 활용하는 혁신 디자인 기법인 '서비스 디자인 씽킹(Service Design Thinking, 이하 SDT)' 방법은 그림 4-1과 같은 더블다이아몬드 과정으로 설명된다. SDT는 문제 발견(Discover, 확산), 문제 정의(Definition, 수렴), 아이디어 발전(Develop, 확산), 아이디어 전달(Deliver, 수렴) 등 사고(thinking)의 수렴과 확산의 반복으로 더 나은 서비스를 디자인하는 과정으로 진행되는데, 영문 첫 글자가 모두 D로 시작돼 '4D 과정'이라 불리기도 한다(최인수 · 김건위, 2015:27).

이는 기본적으로 기술적 한계와 그 한계에 대한 대안을 현장 실험과

그림 4-1 더블다이아몬드 과정

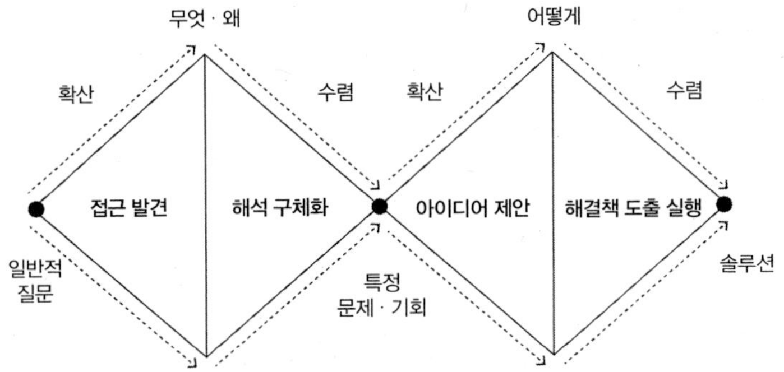


출처: https://www.designcouncil.org.uk/our-resources/the-double-diamond/

수정, 재실험의 반복을 통해 향상하는 연구개발 맥락의 과정이다. 소셜 리빙랩에는 기술혁신보다 시민사회 주도성과 사회혁신이 강조되고, 이에 존 듀이와 같은 사회철학자들이 주장한 민주적 실험주의가 보태진다. 듀이에게 민주주의는 인간의 참여를 통해 일상에서 협동적이고 실험적인 방식으로 사회를 끊임없이 구성해 나가는 과정이며, 과학에서 이야기하는 배아 모형처럼 새로운 모형이 위기를 맞이하고 기능 변화를 통해 기존 체제를 수정하고 재구조화해 그 새로운 방식이 지배적인 것이 되는 것을 사회 진보로 여긴다. 사회혁신 역시 의도를 가지고 사회를 지속적으로 수정해 나가는 실행을 통한 학습(learning by doing) 과정이다(장훈교, 2021:113). 리빙랩, 폴리시랩, 로컬랩 등의 '랩'은 사회실험을 안정적으로 진행하는 데 필요한 실험 공간으로, 여기서 제도적 빈틈이나 문제 상황을 의도적으로 설계하고 여러 인적 네트워크와 함께 학습, 연구분석, 혁신관리, 자금 등 인프라 요소들을 연결한다.[28]

### 리빙랩 사례

앞서 이야기했듯 리빙랩은 미국에서 기술혁신을 위해 개발되었지만, 유럽에서 시민 주도 소셜 리빙랩으로 변화, 발전했다. 가장 널리 알려진 리빙랩 사례 역시 유럽 사례로, 독일 함부르크에서 난민 수용을 위한 장소 찾기에 리빙랩을 활용한 것이 대표적이다(유수동, 2021). 유럽 최대 이민자 국가이기도 한 독일은 이민자 증가로 사회 부담 증가, 치안 불안, 반난민 정서 등과 같은 사회적 어려움을 겪고 있었다. 정부 시스템에도 과부하가 걸렸고, 지역사회에서 이들을 어떻게 효과적으로 흡수할 것인가가 큰 과제였다. MIT 미디어랩(Media Lab)과 함부르크 하펜시티대학교(HafenCity Universität Hamburg)는 지역주민들이 난민 수용 시설을 위한 최적의 위치를 직접 파악하기 위해 혁신적 주민참여 이니셔티브 리빙랩을 진행했다. 증강현실, 터치 피드백, 지리적 시뮬레이션 알고리즘을 결합하여 사용자들이 지역 토지 특징을 이해하고, 다양한 유형과 색깔의 레고 블록을 여러 장소에 배치하여 공동으로 주택 부지를 제안할 수 있는 실험을 진행했으며 도시 환경 변화에 따른 여러 시나리오를 모델링하고 체험할 수 있도록 디자인했다. 함부르크시와 프로젝트 지원팀은 이 기술들을 활용해 2016년 5월부터 7월까지 3개월에 걸쳐 400명의 시민과 함께 워크숍 34회를 개최하고, 워크숍 참가자들은 난민 수용 시설을 위한 161개 장소를 확인했으며, 약 2만4000명의 난민을 위한 주택

---

28) 장훈교(2021)는 민주적 실험 과정이 학교, 연구소, 앵커 시설, 활력소, 혁신클러스터(혁신파크)와 같은 별도의 안전한 공간을 통해 진행되어야 하는데, 그 과정에서 어쩔 수 없이 다양한 당사자들의 참여를 보장해야 하고, 그 참여들로 인해 사회와 실험공간은 뒤섞일 수밖에 없다고 비판한다. 민주적 실험주의와 정치는 분리되고, 겉으로는 민주적으로 보이지만 공간에 적합하지 않다고 생각하는 여러 주체들의 판단과 배제도 함께 동반될 수 밖에 없다고 비판한다(장훈교, 2021:107).

건설 후보 지역을 선정한 다음, 시에서 위치를 평가하여 적합성 여부를 결정했다. 이 프로젝트는 2017년에 종료되었다. 핀란드는 지방-도시 리빙랩을 통해 지역 대학, 기업, 지자체가 함께 지역공동체 문제 해결과 도서 지역 서비스 개발에 초점을 맞춘 연구를 수행하고 있다. 유럽뿐만 아니라 브라질 해비타트(Habitat)는 저소득층이 사는 산비탈 지역의 주거 불안 문제 해결과 환경 개선을 위해 환경 친화 벽돌, 가정용 태양전지 패널 등 공익적 기술 개발을 위한 시도를 하고 있다(최인수 · 김건위, 2015; 정병걸, 2017).

국내에서는 서울시가 가장 적극적으로 리빙랩을 도입했다. 2012년 주민참여로 에너지 자립 마을을 실현한 성대골 리빙랩, 2015년 북촌 리빙랩에 이어 2020년까지 100개소로 확장해 서울을 하나의 거대 리빙랩으로 만드는 계획이 추진되기도 했다. 춘천 어린이 놀이터 리빙랩, 서울시 성동구 안전 통학로 리빙랩, 경기도 양주시 주택가 쓰레기 문제 해결 리빙랩, 전라북도 전주 'Human and Pedestrian' 리빙랩, 지역주민을 비롯한 다양한 이해관계자가 결합해 LEC(Living lab Experience Community) 네트워크를 구축해 보행자 자동 감지 통합 시스템을 개발한 사례들을 들 수 있다(최인수 · 김건위, 2015). 이와 같이 리빙랩은 개방형 프로젝트로 시민들의 참여와 숙의 과정을 거치며, 여기에 (과학) 기술을 통한 효율성을 결합해 사회문제를 해결해 간다.

### 리빙랩에 대한 평가

리빙랩은 개방 시스템 속에서 여러 주체가 함께 참여하여 복잡다단한 사회문제를 둘러싼 경험과 아이디어를 제시하고, 전문적 기술을 결합해 사회문제를 해결한다는 데 의의가 있다. 하지만 리빙랩의 특징은 곧 취약점이 될 수도 있다. 연구자들은 리빙랩과 사회혁신의 저해 요인으로 혁신 주체 간 상호작용 및 혁신역량 부족, 혁신 인프라 부족, 혁신 지원제도의 실패 등을 꼽는다(유수동, 2021:99). 이 중 가장 큰 저해 요인은 리빙랩을 추진하는 정책, 제도의 실패라고 할 수 있다. 국내 리빙랩의 경우 대부분이 일회적 공모 사업 형태로 이루어진다. 리빙랩 공모 사업의 문제는 일회성 지원, 사업비로 한정된 예산, 짧은 사업 기간, 기존 공모 사업과 차별화되지 않는 의제 선정과 해결 방식 등이다(최수미, 2019). 리빙랩이 빠른 피드백과 순환을 요하기는 하지만, 기존에 다른 방법으로도 쉽게 풀지 못했던 문제를 다룬다는 점을 감안한다면, 단기에 해결에 이르는 경우는 많지 않다고 할 수 있다. 여기에 기존 행정의 관성대로 빨리 눈에 보이는 성과를 중심으로 한다면 아무리 좋은 리빙랩이이라 해도 한계가 생길 수밖에 없다. 장기적으로 예산을 책정하고, 인프라를 형성하고, 중장기적으로 지역사회문제 해결을 해 나갈 수 있는 제도와 지원이 필요하다.

다음으로는 다양한 주체 간 소통, 의사 결정, 역할 분담 문제를 잘 풀어 나가야 한다. 리빙랩에는 의제에 따라 일반 시민 외에도 공무원, 과학자, 엔지니어, 의사, 디자이너, 심리학자, 소통 전문가, 정책 전문가, 현장 활동가 등 초학제적인 연구팀의 참여, 구성과 그에 따르는 소통과 운영이 필요하다(성지은 외, 2018:214). 이러한 팀은 수직적 구조로 구성되기 어려우며 서로의 전문성, 관점, 언어 등이 다르기 때문에 종합적 인식과 다른 분야에 대한 이해, 소통 방식과 의견 조정, 상호작용 등이 요구된다. 중간 조율 주체나 프로젝트 조정자가 없는 경우 내부 권력관계에서 문제가 발생하거나, 통합된 관점 조절에 실패하는 등 갈등을 겪을 수도 있다. 이외에도 참여자 선발 등에서 과거의 경험과 성과에 매달리는 '경험의 역설', 과대 대표나 과소 대표 같은 '대표성의 문제'가 발생할 수도 있으며(정병걸, 2017), 전문성에 의해 좌지우지되는 기술과 방법이 우위를 점하는 상황도 발생할 수 있다.

현장 실험을 강조하는 리빙랩은 지역성, 맥락성, 현장성을 강조한다. 실험 성과로 나오는 결과물을 다른 지역과 영역으로 확산하기도 한다. 하지만 문제와 해결 방식에는 맥락성과 특수성이 있으며, 확산 과정을 통한 표준화와 충돌하는 경우가 있다. 물론 정책화가 가능한 과제는 다른 지역으로의 확장성이 있는 경우가 많지만, 리빙랩 결과는 현장의 맥락을 토대로 한 과정적인 것으로 이해해야 한다. 어느 한 곳에서 성공적으로 문제를 해결한 사례를 너도나도 따라 하고 얼마 가지 못해 방치되는 사례들을 자주 볼 수 있다.

마지막으로 리빙랩은 문제 해결 가능성이 높은, 그래서 성과를 정책화할 수 있는 내용에 국한될 가능성이 크다. 이때 그 문제를 둘러싼 다양한 구조적 문제, 관계적 문제들을 놓치거나 간과할 가능성이 있다. 또한 문제 해결 중심으로 리빙랩이 디자인되기 때문에 해결책이 잘 보이지 않는 문제들을 확산하거나 발굴하는 역할을 하기 힘들다. 그러다 보면, 예산을 지원하거나 기반이 있는 주제로 선정의 축이 기울 가능성도 높다고 할 수 있다.

리빙랩은 만병통치약이 아니지만, 확장 가능성이 있다. 이와 같은 갈등, 패러독스의 존재들을 인식하고 갈등 관리와 공동 창조 시너지를 통해 리빙랩 집합체를 형성해 나가는 것이 필요하다(정병걸, 2017). 리빙랩을 시도하면서 어떻게 시민 이니셔티브를 유지해 나갈 것인지, 지속성을 어떻게 유지할 것인지 고민이 필요하다. 이에 대해서는 이후 지역사회 기반 연구방법론 고찰을 통해 아이디어를 얻어 보고자 한다.

## 참여적 지역사회 기반 계획 수립: 주민자치회와 로컬랩

리빙랩은 그동안 행정, 전문가, 관을 중심으로 해 왔던 사회문제 해결을 자기 삶을 살아가는 시민을 비롯한 다양한 이해당사자에게 개방하고, 서로의 경험과 전문성을 결합해 사회문제를 해결한다는 것에 의미가 있다. 이 절에서 소개할 로컬랩과 주민자치회는 리빙랩의 문제의식과 과정, 방법을 '지역'이라는 구체적 영역과 범위에서 풀어내려는 시도다. 로컬랩은 지역(로컬) 단위에서 리빙랩을 방법으로 활용해 지역사회문제 해결을 시도한 사례이고, 주민자치회는 지역사회문제 해결을 위한 주체, 집단을 구성한 사례다.

로컬랩과 주민자치회는 리빙랩과 마찬가지로 정부와 지방자치제의 사회혁신 정책 일환으로 시도되었고, 특히 서울시 사회혁신 정책의 핵심 내용과 방법이다. 서울시 사회혁신 정책은 서울이라는 대도시의 압축성장을 비판하면서 제안되었다. 시민항쟁을 통해 형식적 민주화가 이루어지고 지방자치제도, 주민투표, 주민조례청구, 주민감사청구 등 참여제도의 맹아가 만들어져서 시민들의 직접적인 참여와 문제 해결 욕구가 높아졌음에도, 정치와 행정의 영역은 이를 받아들일 준비가 되어 있지 않았다. 서울시 사회혁신 정책은 먼저 참여의 욕구가 있는 시민을 발굴하고 모아 주는 '마을공동체' 활성화 사업으로 시작되었다. 등장, 연결, 성장의 맥락에서다. 2012년에 시작된 서울시 마을공동체 사업은 주민이 개인의 자유와 권리를 존중하고 상호 대등한 관계에서 스스로의 필요와 지역사회(마을) 문제를 해결하면서, 마을의 일을 주민이 결정하고 추진하는 주민자치 공동체의 형성을 지향하면서 시작되었다(서울시마을공동체종합지원센터, 2021). '3인 이상 주민'이 마을공동체를 형성하여 지역 프로젝트를 진행하는 것에서 출발한 사업으로 2017년 말까지 15만

명의 주민과 주민모임 5500개가 "등장"했고, 이어 이를 선과 면으로 "연결"하는 주민모임 연합 사업이 진행되었으며, 마을과 지역의 문제 해결을 위해 "성장"의 기회를 제공하는 교육의 장도 만들어졌다. 지역사회문제 발굴과 해결은 지역 단위 '공론장'을 거쳐 동네 단위로 마을의 변화를 위한 계획을 수립하는 단계[주민참여지원사업(활동), 마을기금(지속성, 재원), 마을활력소(공간), 마을계획 사업(계획 수립)]로 나아갔다(서울시마을공동체종합지원센터, 2019). 이러한 사업은 단지 주체를 등장시키고 참여를 활성화하는 것을 넘어서서 마을을 통한 지속적인 계획을 수립하고, 문제 해결을 할 수 있는 활동 · 기금 · 공간 · 계획 등을 종합화하는 측면에서 의미가 있다. 마을공동체를 기반으로 한 혁신활동은 압축성장과 도시화 과정에서 발생하는 빈곤, 파편화 등의 현상을 형평성과 지속가능발전, 시민권의 여러 측면(사회권, 주거권, 노동권, 건강권, 교육권, 문화권) 등을 통해 해결해 가는 포용도시를 지향한다(서울시마을공동체종합지원센터, 2019:10). 또한 공동체주의와 시민참여주의를 핵심 가치로 여기고, 시민들이 공공의 의제를 공동으로 협력을 통해 해결해 가는 '협치'라는 가치를 추구한다. '협치서울'로 압축되는 서울시 혁신정책은 장소 기반, 관계 지향, 시민 주도(이니셔티브)를 핵심 요소로 민관, 민민 거버넌스를 통해 정책, 시민사회, 정치 과정을 모두 혁신하고자 했다(서울시마을공동체종합지원센터, 2019:13).

### 주민자치회

서울의 사회혁신 정책은 이와 같은 마을공동체 사업을 통해 '등장-연결-성장'이라는 단계를 거치면서, 마을과 관련한 활동에서 지역사회문제를 해결하는 과정으로 확장되었고, '찾아가는 동주민센터(이하 찾동)'라는 동 단위 민관 거버넌스를 통해 정책으로 반영할 수 있는 마을계획을 수립하는 단계까지 진행되었다. 그런데 이러한 활동 대부분은 서울시 연간 단위의 정책과 예산에 기반할 수밖에 없었고, 동 단위의 안정적 · 지속적 기반과 조직을 필요로 했다. 비슷한 시기에 행정안전부는 2010년부터 지방분권, 지방자치, 지역혁신의 한 방법으로 기존 지역자치 조직인 주민자치위원회의 권한을 확대하고 강화하기 위해 새로운 기구(주민자치회)로의 전환을 준비하고 있었다. 1990년대 지방자치제의 부활과 함께 읍 · 면 · 동의 행정 업무를 축소하고, 행정기구를 대체하는 주민센터를 주민이 스스로 참여하여 직접 운영하는 기구로 전환하기 위해 1999년 주민자치위원회가 만들어지긴 했지만 '권한과 예산 부족', '실질적인 대표성 부족', '주민참여의 개방성 부족'이라는 평가를 받으며 대체로 형식적 기구로 운영되는 데 그쳤고 지역사회문제 해결의 주체가 되기는 어려웠다. 이런 평가를 통해 '주거 단위 근린자치 활성화'를 향후 지방행정체제개편의 중요한 기본 방향으로 제시하면서, 단체장-의회 중심 '제도자치'에서 주민 중심 '생활자치(生活自治)'로의 패러다임 전환을 선언했다(곽현근, 2017). 이어 2010년 10월 지방행정체제개편에 관한 특별법 제정으로 주민자치회 설치에 관한 근거를 만들었고, 지방자치발전위원회에서 2013년 31개 읍 · 면 · 동 주민자치센터를 대상으로 주민자치회 시범사업을 진행하게 된다(박준 · 김성근, 2019).

생활자치는 주민들이 자신의 생활과 일상에서 일어나는 공공적 문제에 관심을 가지고, 주민들을 조직하고 역량을 키워 스스로 문제를 해결해 나가는 것이다. 곽현근(2017:9)은 생활자치를 지방민주주의 혁신이라는 방향으로 설정하고, 세부 내용으로 지역공동체에 기반한 주민들의 자발적인 '수평적 참여'와 공식적 참여제도를 통해 국가와 주민이 상호작용하는 '수직적 참여'로 개념화했다. 또한 복잡하게 얽힌 현대의 사회적, 경제적, 환경적 문제를 해결하기 위해서는 네트워크화된 마을 거버넌스(networked community governance), 즉 '근린거버넌스'를 통해 자율적인 민초의 공간과 민관협력과 같은 초대된 공간을 결합해 지역사회의 문제를 해결해 나가야 한다(김상민, 2016). 더 나아가 이러한 생활정치 제도 모형에서 주민자치회가 지역공동체 영역과 거버넌스 영역을 연결하고 통솔하는 주민대표조직이자 지역공동체주축조직으로 거듭나는 전략을 모색해야 한다(곽현근, 2017:23). 지역공동체주축조직은 독립적인 다목적 주민조직으로서 지역의 공공기관, 기업, 자원봉사조직, 지역공동체조직들과 상호 의존적 관계를 맺으며 지역문제와 위협에 종합적인 해결책을 제공하는 역할을 수행한다. 공공 서비스 공급을 돕는 서비스 공급자, 공동체 재정 관리자, 공동체 대변자, 공동체 인프라 조성자, 공동체 역량강화 리더와 같은 위상을 가지게 된다고 할 수 있다(곽현근, 2017:17).

서울시에서는 2013년에서 2017년까지 전국적으로 진행된 주민자치회 시범사업에 대한 평가들을 토대로 2017년 11월 서울형 주민자치회 1단계 시범사업을 시작했고, 2022년까지 전 동 확대를 목표로 사업을 확장하는 계획을 잡았다. 2022년 서울시장이 바뀌면서 지원 예산이 중단되고 지자체별로 정책이 변화하면서 다소 혼란스런 상황을 겪고 있다. 서울형 주민자치회는 위원 확대(25명에서 50명)와 공개 추첨, 동 주민이면 누구나 분과 활동에 참여할 수 있는 개방형 분과 운영을 통해 참여의 문턱을 낮추었고, 법(조례)에 근거한 공공성과 대표성 강화로 마을의 '주민대표 조직'이라는 위상을 부여하였다. 또한 지역사회의 주요한 문제를 논의하고 결정할 수 있는 공론장인 '주민총회'의 기획, 준비, 운영을 주민자치회의의 가장 큰 역할로 부여하고, 주민들이 서울시로 내는 주민세를 다시 동 주민자치회로 환원하여 그 지역의 문제 해결을 위한 예산으로 쓸 수 있도록 하고 있다(서울시마을공동체종합지원센터, 2021:80) 그리고 서울형 주민자치회는 초기 단계 주민자치회의 안정적이고 민주적인 구성을 위하여, 민관 거버넌스를 지원하는 중간지원조직과 동별로 주민자치회의 안착을 지원하는 동자치지원관을 파견하는 등 다른 시범사업 지역에 비해 지원체계도 잘 갖추고 있었다고 할 수 있다.

하지만 관 주도적 문화 속에서 주민들에게 행정과 자치의 과정은 어려울 것일 수밖에 없다. 주민자치회는 지역주민의 필요와 의견을 조사, 수렴해 연간 자치계획을 수립하고, 주민들의 참여를 활성화해 그 계획을 공론장인 주민총회를 통해 결정하고, 결정된 사업을 주민자치회가 직접 주민들과 함께 실행하도록 되어 있다. 이 과정을 위해 주민자치회는 지역조사, 주민 의견 수렴, 사업계획서 작성, 주민투표 및 숙의 과정 설계와 진행, 사업 수행, 평가서 및 회계 정산 등과 같은 과정을 실행해야 한다. 주민자치회는 동 단위에 거주지와 생활 근거(사업장, 학교, 단체 등)를 둔 주민 위원들로 구성된다. 위원들은 지역에 문제, 필요성에 근거해서 지역 의제를 찾고 실행할 분과를 구성하고, 자치 계획 수립 과정을 거친다. 구체적인 한 사례로, 마을 단위 계획 수립 과정은 다음과 같다.[29)]

2021년 금천구 가산동 주민자치회는 단기적인 지역 계획을 넘어 중장기 계획을 수립하기로 설정했다. 그 첫 과정으로 '동네 한 바퀴'라는 지역조사를 진행했다. 동을 몇 개의 권역으로 나누어 직접 지역을 돌면서 마을의 문제 · 의제 · 자원 · 가능성을 찾는 작업으로, 지역사회를 학습하는 과정이다. 권역을 나눠 동네를 돌며 문제가 될 만한 다양한 상황들, 활용할 수 있는 공간과 자원, 마을의 지형과 구조 등을 사진으로 찍어 남겨 둔다. 이후 분과별로 모여 사진으로 찍어 둔 내용들을 각자 알고 있는

---

29) 이 사례는 저자가 금천구 가산동 주민자치회 동자치지원관 역할을 하면서 직접 경험한 사례들을 간략히 정리한 것이다.

정보와 경험에 근거해 분석하는 과정을 거친다. 부분적으로 알고 있던 상황들에 대한 사진이 모이면서 공통의 의제로 발전하고, 주민 각각의 경험과 정보들이 보태진다. 이후 주민자치회에서는 지역주민들의 의견을 수렴하고 해결 방안을 모색하기 위해 설문조사, 의제 제안, 주민집담회, 인터뷰 등을 진행해 논의를 더욱 풍부하게 만든다. 지역조사가 주로 공간에 대한 시각적인 자료들을 수집하는 것이라면 의견 수렴 과정은 주민들의 경험과 생각을 읽고 학습하는 과정이다. 주민자치회는 이 자료들을 토대로 지역의 의제를 분과별로 설정한다. 의제는 지역에서 지속적으로 논의하고 해결해 가야 하는 주제로 각 의제의 필요성, 문제의 원인, 단계별 해결 방안, 문제 해결을 위한 역할 분담 등을 논의하고 사업계획서를 쓴다. 사업계획서는 목표, 필요성, 기대효과, 세부 진행 계획, 예산 등으로 구성된다. 주민이 처음부터 끝까지 쓰기에 어려움이 있다면 전문가나 지원조직의 도움을 얻는다. 이러한 과정은 기존에 다양한 통계 자료와 정책 평가 결과, 예산 결정 시스템에 의해 의사를 결정하는 것과는 질적으로 다른, 지역주민들의 산 경험과 의견에 의해 의사를 결정하는 것이다. 이렇게 정리된 의제들은 주민총회에 상정된다. 자치구별 조례에 따라 약간씩 다르기는 하지만, 동 주민이면(거주민, 생활주민) 대부분 주민총회에 참석하여, 투표를 할 수 있다. 주민들은 지역사회 의제들, 해결 과제들에 직접 참여하여 설명을 듣고 숙의, 토론 과정을 거치며 최종적으로 직접 투표를 통해 결정을 내린다. 주민자치회는 결정된 의제, 예산을 토대로 지역주민들과 함께 이 과제들을 실천해 나간다.

하지만 생활자치조직, 지역공동체주축조직으로서 주민자치회는 아직 갈 길이 멀어 보인다. 주로 정해진 틀 내에서 회의를 진행하고, 숙의 과정보다는 안건 결정이 중심이 되며, 활동의 실행에서도 행정에서 하던 일의 일부를 맡아 온 정도의 경험을 한 상태에서 주민들은 문외한일 수

밖에 없다. 주민자치회의 민주적 회의 과정과 토론도 쉽지 않고, 사업의 목표와 세부 실행 방법, 예산과 보고서 작성 등은 낯설 수밖에 없다. 여러 교육, 워크숍을 통해 주민들의 자치역량을 강화하기 위한 노력을 하고 있지만, 좀 더 장기적인 안목에서 이 과정들을 체험, 학습, 성찰해 나가려는 시도가 필요하다. 민초의 공간과 역량이 제대로 잘 구축되지 않은 상태에서 거버넌스로 초대된, 특정 공간에서의 주민자치회 활동은 유의미한 경험을 만들어 내기 어렵고, 스스로의 힘이 아니라 지원으로 만들어진 가시적 성과만 남을 수 있다. 지역주민들이 참여 민주주의 과정 전체를 중요한 경험과 실천, 학습 과정으로 여길 수 있도록 환경과 기반을 형성해 나가는 것이 중요하다. 이에 더해 시범사업으로서 불안정한 법적 지위 해소, 주민공론장(총회)의 안착, 운영 안정화, 사업예산 확보, 자체적인 실무 구조(사무국) 부재 등 여러 가지 과제들을 해결해야 한다.

**지역사회문제 해결 실험실, 로컬랩**

지역사회문제 해결 실험실인 로컬랩은 또 하나의 서울시 사회혁신의 주요 방법이다. 주민자치회의 초점이 지역사회혁신을 위한 주체, 조직, 기반을 만드는 것에 맞춰져 있다면, 로컬랩은 리빙랩의 최신 버전이다. 실제 삶의 현장인 마을(커뮤니티)을 기반으로 주민, 지역전문가, 지역공동체, 비영리단체, 사회적경제 조직, 공무원 등 다양한 지역사회 이해당사자와 전문가가 공동으로 참여하여 동네 문제를 해결하는 융합적 혁신 방법론이다(서울시마을공동체종합지원센터, 2019). 로컬랩의 등장은 서울시 사회혁신 정책의 한계에 대한 평가에서 시작되었다. 마을공동체, 주민자치회 등에 참여하는 서울 시민이 3%에 그치고 더 이상 새로운 주민이 참여자로 등장하지 않으며, 지역문제 해결 거버넌스에서도 행정 내

칸막이와 시민사회의 칸막이라는 장벽에 가로막혀 마을공동체를 통한 지역문제 해결의 경험과 성과가 미미하다는 평가였다. 또한 주민모임과 주민자치회가 시민을 모으고 중간지원조직의 지원을 받아 일상적 문제를 해결해 나가고 있지만, 복잡하고 난이도가 높은 지역사회문제 해결에는 한계(대표성과 의제의 한계, 지역의 관심사와 소모임 위주)가 있다는 평가 속에서 로컬랩이 등장했다고 할 수 있다. 그래서 로컬랩은 지역사회문제 해결력과 실행력을 높이는 데 방점을 둔 실천 전략이다(서울시 마을공동체종합지원센터, 2019:9).

서울형 로컬랩 '동네발전소'의 모델은 영국 런던 동쪽의 바킹 대거넘(Barking and Dagenham) 지역에서 추진 중인 참여도시 프로젝트(Participatory City project) 시범사업이다. 이 역시 주민의 커뮤니티 활동 참여 의사와 실제 참여율 3%라는 차이가 왜 발생하는가 하는 문제의식에서 시작되었다. 그래서 2017년부터 5년 장기 계획(Every One Every Day 프로젝트)으로 동 단위의 일상적 주민 관계망을 형성하고 참여문화를 확산하고자 마을에 팝업 숍(shop) 2개를 설치하고 교육받은 커뮤니티 활성화 지원 담당자 2명을 배치하여 주민이 제안한 내용을 함께 계획하고 빠르게 실행할 수 있는 구조를 만들었다. 여기에서 모든 주민이 매주 100개 이상의 프로그램을 제안하고, 각자의 상황에 맞게 빠르게 선택하고 참여할 수 있도록 했다. 그리고 마을기업(Community Business)으로 발전시켜 지역의 일자리를 창출하고, 지속적이고 더욱 쉽게 공동체 활동을 진행할 수 있게 하는 참여 시스템과 프로젝트 시작 및 진행을 현장 주민의 지원으로 용이하게 하는 지원 시스템을 만들어 냈다(서울시 마을공동체종합지원센터, 2020:6). 여기에 리빙랩에서 시도한 영국에서 개발된 서비스 디자인 방법의 하나인 더블 다이아몬드 모델을 활용해, 다양한 지역주민의 잠재된 욕구를 발견하고 이를 해소할 방안을 주민 합

그림 4-2 더블 다이아몬드 방법

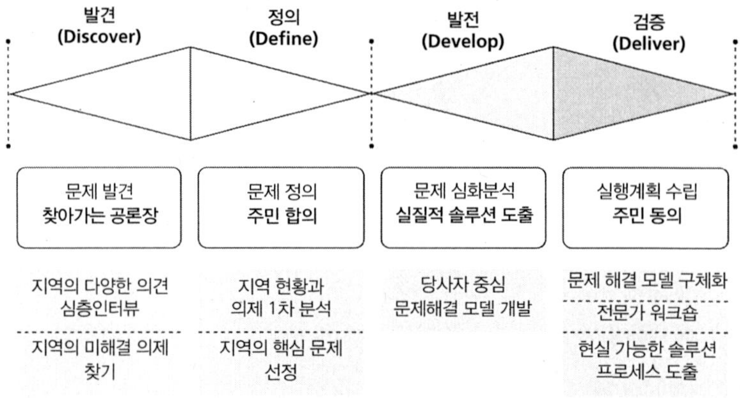


출처: 서울시마을공동체지원센터, 2019:17

의를 거쳐 전문가들과 함께 구체화하고 실체화하는 방법을 결합했다. 이러한 과정들을 통해 지역 주축조직이 중심이 되어 주민의 참여를 활성화하고, 여러 인적, 물적 자원을 동원하여 융합적으로 지역사회문제를 해결해 나가는 활동이 로컬랩이다.

로컬랩은 리빙랩에서 사용하는 서비스 디자인 툴인 더블 다이아몬드 방법(발견-정의-발전-검증)을 사용한다. 차이가 있다면 현장을 중심으로 분석 과정을 설계하고, 전 과정에서 주민과 주축조직, 연구자, 중간지원조직의 참여를 전제로 문제 정의와 솔루션 도출에서 주민들의 논의와 합의 과정을 거치는 것을 매우 중요하게 생각한다는 것이다(서울시마을공동체종합지원센터, 2020). 또한 리빙랩과 달리 단기가 아닌 3년 정도의 중장기 프로젝트로 진행되고, 과정을 통해 동네에서 주민을 지원하는 '주축조직'의 형성을 중요한 목표로 한다는 것도 주요한 차이점이다.

신규 로컬랩 과정은 대략 5개월 정도 소요된다. 먼저 지역에 대한 기초조사, 공론장 활동, 인터뷰 등(만약에 기법, 24시간 기법, 5WHY 기법)을 통해 의제를 '발견'한다. 이어 지역 현황과 의제들을 1차 분석하고 구조화해서 지역의 핵심 문제를 '정의'하기 위해 의제 정리 워크숍, SWOT 분석, 마인드맵, 우선순위 정하기 등의 방법을 사용한다. 다음은 '발전' 과정으로, 선정된 문제를 지역의 당사자들이 해결할 수 있도록 모델을 개발한다[의제관련 정보 분석, 대상자 모집, 대상자 심층 발견, 역할극과 주민인터뷰 등). 마지막으로 문제 해결 모델을 좀 더 구체화하기 위해, 전문가 워크숍을 통해 현실 가능한 솔루션 프로세스를 도출하는 '검증' 과정을 거친다. 여기에 이 과정을 진행하기 위한 지역의 주체 조직, 자원 발굴, 지역 DB 구축, 유관 사업 행정 및 전문가 연계, 작은 단위 사업 실행 등을 포함하면 1년 정도가 걸린다. 2년 차에는 모델화한 사업들을 여러 자원과 인력을 융합해 구체적으로 실행하면서 영역을 확장하고, 주체들의 역량을 강화한다. 그리고 3년 차에는 실질적 주체들을 중심화하고 지역의 변화들을 확인한다. 이 과정에는 광역 로컬랩 기획단, 분야별 전문가, 현장 로컬랩 담당자, 실행 현장 관계자 등 다양한 주체가 결합하며, 주축조직-마을센터(중간지원조직)-연구자 등의 주체별 문제의식 토론, 관련 데이터 및 자료 공유, 솔루션 도출을 위한 토론 등의 숙의 과정을 거친다(서울시마을공동체종합지원센터, 2019). 서울시의 경우 2019년 '근린 단위 주민참여생태계 조성과 지역문제 해결 과정 수립 및 실행'이라는 이름으로 로컬랩 사업을 시작했으며 주로 마을 돌봄, 에너지/환경, 건강, 생활 기반 시설/자산화, 골목 경제 등 사업을 추진하는 지역 내 의제들을 해결해 나가는 실험을 진행 했다. 사업 진행시기 중 서울시마을공동체종합지원센터는 로컬랩 과정을 통해 주축조직에서 진행한 프로그램에 참여자 수가 평균 7배, 일반 참여자수는 평균 18배가 증가했고, 기존 공모사업이나 공동체 활동에 경험이 없던 주민의 참여가 평균 7배 가까이 증가했고, 사업결집 10배, 연계자원 2배, 관심 주제 가짓수도 평균 3배 증가했다고 한다(서울시마을공동체종합지원센터, 2019:132).

하지만 서울시에서 시도한 로컬랩 역시 아직 실험 단계라 여러 과제가 남아 있다. 로컬랩 자체가 주민들의 참여와 의제 발굴, 해결력의 한계에 대한 문제의식에서 출발했는데, 과거에 비해서 얼마나 변화를 가져왔는지는 아직 의문이다. 사업 초기 단계에 주민들의 참여, 프로그램, 의제, 자원 동원들이 많이 늘어났지만 이것이 지속될지는 미지수다. 또한 여러 사회혁신 사업들과의 명확한 차별점으로서 독창적이고 참신한 해결 방법이 있는지 여전히 의문이 남는다. 실제 현장에서도 쉽게 해결되지 않은 의제를 설정해 어려움을 겪거나, 대표적 해결 방안 없이 프로그램을 나열식으로 진행하는 사례들도 보인다(서울시마을공동체종합지원센터, 2020). 그리고 로컬랩에서 주축조직의 역할이 굉장이 중요한데, 이 주축조직의 역량을 어떻게 강화해 나갈 것인지 불문명하다. 주축조직이 지역사회에 참여하면서 여러 주민과 자원들을 모으고, 지역사회문제 해결의 경험과 역량을 갖추고 건강한 관점을 취하는 것이 중요하며 사업의 성과가 거기 달려 있음에도 이를 위한 과정과 내용이 부재한 것이다. 그리고 우리나라 로컬랩 실천이 초기 단계이기는 하지만, 중간지원조직(광역 로컬랩과 같은)과 분야별 전문가, 연구자들의 역할과 관계 조정도 주요한 과제 중 하나라고 할 수 있다. 지역에 중심을 두고는 있지만, 솔루션 도출과 같은 부분에서는 아무래도 이들의 영향력이 클 수밖에 없다. 그래서 내부 역할과 관계의 조정, 현장 중심의 방법 설정이 꽤 중요하다고 할 수 있다.

지금까지 한국 사회에서 시민들이 직접 지역에 대해서 학습하며, 참여와 실천을 통해 지역사회문제를 해결하고, 마을계획을 세워 나가는 사례들을 살펴보았다. 한국에서는 삶과 일상의 공간인 지역과 마을을 구체적으로 학습하고, 그 경험과 학습을 토대로 지역을 변화시키는 방법과 정책이 최근에서야 시작되었고 그 역사가 짧다고 할 수 있다. 그러다 보니 시민들의 경험과 일상, 그로부터 생성된 지식들을 기반으로 하기보다는 참여 독려와 지역 변화에 필요한 아이디어 도출에 집중되어 있는 듯하다. 또한 정책을 중심으로 하다 보니, 장기간 기반과 토대를 쌓기보다는 단기에 성과나 결과를 낼 수 있는 의제에 치중한다거나, 거버넌스 과정에서 행정 주도를 벗어나지 못하고 시민들과 갈등을 겪기도 한다. 또한 아직까지 시민들이 지역사회문제를 해결하고 계획을 수립할 수 있는 역량이나 안정적 기반을 만들지는 못한 상황이다. 지역주민이 스스로 연구 주체가 되어 장기적인 연구 역량을 축적하고 기반을 구축해 나가는 대안을, 지역사회 기반 참여연구방법론을 통해 모색해 보고자 한다.

## 지역사회 기반 참여연구

지역사회(커뮤니티)는 구체적 삶이 이루어지는 곳으로, 가족이나 이웃이라는 관계가 형성되고 돌봄 활동(아동, 장애인, 노인 등)이 이루어지는 공간이며, 관계성과 친밀감을 토대로 가장 일상적 공론장이 형성되며 삶에 대한 기초 학습이 진행되는 곳이다. 그래서 지역이라는 구체적 공간은 오랜 시간 지속하면서 상호작용을 통한 관계와 경험, 지혜, 문화들이 누적되고 순환되는 생활세계이자 학습공간이다. 김민호(2015; 2016)는 시민성 교육에서 학습의 일상성을 구현할 필요성을 이야기하면서 '지금 그리고 여기', 대중에 대한 신뢰, 상대주의적 지식관이라는 인식론적 토대가 필요함을 주장했고 지역성에 대한 강조와 구체적 일상에서의

(지역)시민성 학습의 중요성을 강조한다. 그래서 지역사회의 문제를 해결해 나가는 과정과 경험도 중요하지만, 일상적이고 지속적인 학습 파트너십을 형성해 정체성을 만들어 나가고 스스로의 생활과 살아가는 환경을 연구하며 구체적 참여 행동이나 정책 변화를 통해서 민주적 경험을 쌓아 가는 과정 자체가 중요하다고 할 수 있다.[30)]

## 지역사회 기반 참여연구의 역사와 이론적 배경

지역사회 기반 참여연구는 연구방법론이라기보다는 연구자와 지역사회가 관계를 맺는 일종의 관점, 접근 방식, 패러다임이다(Alaimo, 2015; Rebekka & Lizzie. 2013; 송아영 · 김아래미, 2017; Switzer & Adams, 2012). 지역사회 기반 참여연구의 정의와 관련해 켈로그재단(W. K. Kellogg Foundation)에서 진행하는 지역사회 보건장학생 프로그램에서 사용하는 것이 가장 많이 인용된다. "모든 협력체가 공평하게 연구 과정에 참가하고 각각의 고유한 강점을 살려 협력 연구를 진행하는 응용 방법이다. CBPR은 지역사회에 중요한 주제를 연구하는 데서 시작하며, 지식과 행동을 결합하여 사회적 변화를 이끌어 내는 데 그 목적이 있다"(한국건강증진재단, 2014). 특히 CBPR은 '건강'과 관련한 영역에 가장 많이 활용되는데, 그와 연관해서는 "건강 및 사회적 형평성을 개선하는 다단

---

30) 김민호(2016:7)는 시민학습의 일상화를 위해서는 세계시민성 뿐만이 아니라 지역시민성과 시민교육이 다차원적으로 필요함을 주장하며, 다음과 같은 시민성과 시민성 학습이 필요함을 주장했다. 첫째 '누구나 똑같은 시민이다'라는 지위(status)에 대한 인식, 사회적 통합 내면화, 둘째, '우리는 서로 다르다'는 정체성(identity)에 관한 인식, 셋째, '우리 사회는 복잡하고, 불확정적이며, 다양하다'는 성찰적 인식을 바탕으로(Johnston, 2006), '사회 구성원으로서 책임(civic virtue)을 다하는 것'. 돌봄의 시민성, 넷째, '실천하지 않고서는 변화할 수 없다'는 사회적 행위자(agency)로서의 자각이다.

계 전략을 공동 개발하기 위해, 커뮤니티의 강점과 우선순위를 구축할 수 있는 연구 및 데이터를 수집하고 사용하는 다분야 이해관계자 간의 협력 노력"(Wallerstein, Duran, Oetzel, & Minkler, 2018)으로 정의한다. 두 정의에서 보듯이 지역사회 기반 참여연구는 연구 과정에 지역민을 비롯해 다양한 이해관계자를 파트너로 참여시키고, 서로의 강점에 대한 상호 보완하는 협력적이고 체계적인 연구 방식이며, 이를 통해 실질적 사회변화를 꾀하는 패러다임이다. 커뮤니티에서 비롯되거나 중요하게 생각하는 연구 주제로 시작하여 지역의 목소리, 전문성, 경험을 존중하며 공동 학습, 역량 구축 및 연구에 필요한 행동, 장기적 헌신들을 강조한다(Minkler et al., 2014).

지역사회 기반 참여연구는 복합적이고 지역 맥락성이 강한 여러 문제들을 해결하는 데 외부 전문가가 (내부 메커니즘만으로) 진행하는 전통적 연구 접근법이 적합하지 않다는 데서 출발하였다. 특히 전통적 연구는 건강 격차와 같은 복합적 문제를 해결하는 데서 어려움을 겪고, 다양한 참여를 보장하지 않아 참여자를 설득하지 못하거나 실천까지 많은 시간이 소요되는 문제들이 생겨났다. 그리고 연구 대상자인 피연구자들도 지역적 맥락을 무시하는 억압적이고 착취적인 연구를 불신하게 되면서 실험용 쥐가 되기를 거부하기 시작했다(건강증진재단, 2014). 또한 현지의 특정 문제들을 구체적으로 다루어 줄 것을 요구하는 목소리들이 점차 늘어나면서 지역 및 문화적 맥락의 중요성에 대한 이해가 증대되고, 지역사회 주도 연구에 대한 커뮤니티 및 기금 제공자들의 수요가 증가하면서 지역사회 기반 참여연구가 점차 확산되었다(Rebekka & Lizzie, 2013). 지역사회 기반 참여연구는 지역 시민의 의미 있는 참여로 과학적으로 깊이 있는 연구를 이끌어 낼 수 있고, 직접적인 정책 변화에도 영향을 끼칠 수 있으며, 연구자들과 지역사회 간 더 큰 신뢰와 존중을 쌓을 잠재적 가능성을 낳는다. 그래서 지역사회 기반 참여연구는 사회 변화를 강조한다. 지역사회 권한강화(community Empowerment), 협력(collaboration), 사회변화(Social change)다(Switzer & Adams, 2012:14).

지역사회 기반 참여연구는 '당신은 당신 자신 경험의 전문가다. 당신과 당신 커뮤니티가 직면한 문제에 대한 전문가다'라는 핵심 문장에서 보듯이 모든 사람이 연구자임을 강조하는 해방적 참여실천연구의 전통하에 있다(Hall, Jackson, & Tandon, 2016). 커뮤니티 당사자와 지역 지식을 중요시하는 이러한 관점은 서구 유럽 백인 남성 중심의 과학에 대응하는 상호문화적이고 다중적 인식에 가치를 부여한다. 그래서 지식이 민주주의를 심화하고 더 공정하고 건강한 세상을 만들고 투쟁하기 위한 행동을 취하는 강력한 도구가 될 수 있다는 '지식민주주의'라는 대안으로 발전한다. 지식민주주의는 생명 다양성처럼 인식론적 다양성을 지향하며 사회 정의를 위한 투쟁처럼 인지적 정의를 위해 지역화, 젠더화, 토착화된 지식을 회복해 활력을 되찾고 재평가를 통해 알고, 행하고, 관계하고, 존재하는 충만한 인간 존재를 위한 운동이다.

또한 지역사회를 중심으로 한 사회운동과 연구를 펼쳐 온 하이랜더 센터나, 지역사회 환경정의운동[인도 우타르프라데시의 칩코(Chipko) 운동)], 지역보건운동, 과학상점(Wetenschapswinkel)운동으로 대표되는 시민과학기술운동, 원주민운동, 페미니즘운동, 지역사회조직화(CO), 토지 없는 노동자운동(MST), 공동체 중심 돌봄(community care)과 같은 지역과 공동체 기반 사회운동의 영향들도 받았다.[31] 방법론적

---

31) 과학상점운동은 1960년대 후반 베트남 전쟁의 무자비한 화학전에 대한 과학 지식의 성찰에서 시작했으며, 지역주민들이 의뢰한 환경 · 보건 · 안전 등 여러 지역 문제 가운데 공익성이 큰 연구 과제를 선정해 해당 분야 전문가와 지역주민을 연결해 그 해결을 모색하는 지역사회 기반 연구의 모델이다. 네덜란드에서 이공계 대학

측면에서는 새로운 방식으로 오래된 연구 질문을 탐구하고, 감정, 표현, 경험에 대한 포착을 통해 연구를 다르게 표현하는 방법을 제공하며, 커뮤니티에 정체성을 부여하는 참여적 연극, 참여적 비디오, 포토보이스, 디지털 미디어와 같은 예술 기반 연구(art-based research)의 영향도 받았다(Hall, Tandon, Lepore, Singh, Easby, & Tremblay, 2016).

지역사회 기반 참여연구는 특히 지역을 기반으로 한 환경, 보건운동과 큰 영향을 주고받았다. 지금도 지역사회 기반 참여연구의 가장 중심적인 영역인 건강과 환경은 여러 물리적, 환경적, 사회적, 제도적 요소들에 복합적으로 영향을 많이 받는다. 지역사회 기반 연구는 특히 지역사회의 다양한 가변적 요소들을 잘 포착하며, 지역사회 구성원들이 건강에 대한 필요, 문제, 자산을 정의하고 확인해 지역의 건강 불평등과 사회적 결정 요인들을 감소시키는 변화를 일으킨다는 점에서 사회역학과도 밀접히 연관되어 있다(김승섭, 2018; 정민수 외, 2008). 1970년대로부터

---

교수와 대학생들이 '과학기술과 대중을 잇는 실천, 대학과 지역사회를 잇는 실천'을 내세우며 운동을 시작한 이래, 지금은 여러 나라에서 대안적 과학기술자운동의 모습으로 자리를 잡았다(Love, Zimmerman,, & Cohen, 2009). '과학상점'을 먼저 시작한 네덜란드에서는 과학상점을 통한 연구 프로젝트에 대해 학점을 인정하고 논문 주제로 선정할 수 있도록 함으로써 학생들에게 지역사회문제 해결에 적극 참여할 수 있도록 권장하고, 13개 대학 과학상점 시스템에 정부 자금을 지원한다. 유럽연합은 '현대 과학기술은 시민들의 일상적인 삶이나 직접적인 생활의 질 향상과 동떨어져 지나치게 상업화되고 있다'며 '과학상점은 과학기술을 시민의 삶에 좀 더 밀착시키는 데 기여할 뿐만 아니라, 시민이 과학기술에 좀 더 관심을 가지게 하는 데도 도움이 된다'고 과학상점 지원을 공식화한 바 있다(Hall et al., 2016a). 최근에는 27개국 80여 개 이상의 과학상점 국제 네트워크가 꾸려져 '살아 있는 지식 네트워크' 활동을 계속해서 만들어 가고 있다(https://livingknowledge.org). 국내에서는 1990년대 후반 서울대, 전북대등에서 시작되었고 2000년대에는 대전에서 시민참여연구센터(Center for People's Participatory Research, CPPR)라는 시민 중심의 연구 단체가 설립돼 현재까지도 활동을 이어 가고 있다(http://www.scienceshop.or.kr).

시작된 참여실천연구의 전통은 2000년대 초반 건강 분야 연구원들에 의해서 지역사회 기반(참여)연구로 부활했고, 2000년대 중반 이후에는 북미를 중심으로 풀뿌리 커뮤니티 기관들을 중심으로 확장되었다(Switzer & Adams, 2012). 미국에서는 환경정의운동의 출현, 제도적 인종 차별주의와 억압적 사회 정치 구조에 대한 인식이 주로 영향을 미쳤다. 1983년 미국 일반회계청(GAO)에서 작성한 보고서 "유해 폐기물 매립지 선정 및 주변 지역사회의 인종 및 경제적 지위와의 상관관계"에서는 연방 정부가 지정한 유해 매립지 넷 중 세 군데가 대다수 인구가 빈곤 수준 이하로 살았던 지역임이 밝혀졌는데, 지역주민들은 이미 이러한 불평등 상황을 인식하고 있었다. 미국 국립보건원을 구성하는 28개 기관 중 하나인 국립환경보건과학연구소(National Institute for Environmental Health Sciences, NIEHS)는 연구자, 지역사회 간 관계 강화를 목표로 1993년에 소규모 보조금 프로그램인 환경정의/통신 파트너십을 시작했고, CBPR을 통해 환경정의 목표 달성에 기여한 최초의 연구소가 되었다. NIEHS는 "불특정 환경 조건의 직접적인 영향을 받는 지역사회 구성원을 연구자 및 의료 제공자와 연결하는 방법을 마련하고 이 파트너십을 통해 우려되는 환경 건강 문제를 해결하기 위한 적절한 연구 전략을 개발하기"를 원했다(Scammell, 2005). 이후 환경정의와 지역사회 건강을 위한 커뮤니티 대학 컨소시엄(CUCREJ), 커뮤니티-대학 건강 파트너십(CCPH) 등으로 확산되었고, 국가임상시험지원재단(The National Institutes of Health, NIA)에서 진행하는 지역사회 기반 참여연구는 2000년 2개에서 2008년 51개로 급속히 증가했다. 지역사회 기반 참여연구의 이점에 대한 인식이 확대되면서 공중보건학, 간호학, 사회학, 사회복지학, 심리학 등에서 이 주제에 대한 수업도 증가하고 있다(Scammell, 2005).

### 지역사회 기반 연구의 특징

지역사회 기반 참여연구는 실천으로서의 연구와 조사, 시민이 직접 참여하는 조사와 연구, 사회운동의 영향과 교류 속에서 변화하고 발전해 왔다. 특히 지역의 건강, 환경과 같은 복합적인 문제에 강점이 있는 지역사회 기반 참여연구는 특권을 가진 전문가 중심의 연구를 '로켓 과학(rocket science)'이라고 비판하면서, 모든 사람이 지식 생산자이고 대학이나 관공서뿐만 아니라 누구나 연구자가 되어 사려 깊게 각 단계를 기획해 가는 '과정 과학(process science)'을 추구한다(Access Alliance Multicultural Health and Community Services, 2013:12). 지역사회주민의 삶 경험에서 나오는 의견에 가치를 부여하고 연구에 실질적으로 반영함으로써, 지역사회주민을 지역사회의 지속가능성을 높이고 사회변화를 이끌어 내는 중요한 기여자가 되게 한다. 그리고 시민들의 참여와 맥락적 · 경험적 지식을 중요시하며, 소외되고 배제되어 온 커뮤니티가 불평등과 불의를 극복하고 폭로하기 위한, 광범위한 지식을 구축하는 변혁적이고 정치적으로 참여하는 과정이라고 본다(Switzer & Adams, 2012:4). 특히 이해 공동체의 소외를 초래하는 제도적 불평등, 차별의 근본 요인 조사에 더욱 집중하며 학계 연구자들이 민감해하거나 주저하는 구조적인 차별, 인종차별, 불평등 등의 주제들을 다룬다. 일반적으로 지역사회 기반 참여연구는 다음과 같은 특징이 있다(Holkup et al., 2004; 송아영 · 김아래미, 2017).

1. 지역사회를 정체성의 단위로 인지한다. 각각의 이해관계를 넘어서 지역사회가 공중보건 등의 화제를 적극적으로 인지한다.
2. 지역사회의 강점과 자원을 구축한다. 신뢰, 협동, 책임의 네트워크와 사회자본을 만들어 간다.

3. 권력 불평등에 반대하며 협동과 연구의 모든 단계에서 공평한 협력 관계(파트너십)를 촉진한다.
4. 모든 파트너 간의 공동 상호 학습과 역량을 증진한다.
5. 모든 협력자의 상호 이익을 통해 지식 생산과 중재의 균형을 달성하고 이를 통합한다.
6. 생태학적 시각처럼 건강 결정 요인과 관련된 다중적, 복합적인 시각을 지역사회 관점으로 도입한다.
7. 주기적이고 반복적인 과정을 통해 지역사회의 체계적인 발전을 유도한다. 이 시스템은 파트너십 개발과 지속, 지역사회 진단, 문제 정의, 연구방법론 개발, 자료 수집과 분석, 자료의 해석, 실천의 결정 요인과 정책적 함의, 결과의 공유와 확산, 지속가능한 메커니즘의 설립을 포함하는 지역사회 역량을 개발하는 반복적인 과정이다.
8. 결과를 모든 파트너에게 배포하고 더 넓게 확산하는 작업에 참여시킨다.
9. 장기적인 과정과 지속가능성에 대한 헌신을 근간으로 한다.
10. 인종, 민족, 인종차별, 사회계층 문제를 공개적으로 다루며 '문화적 겸손'을 구현한다.
11. 연구의 엄격성과 유효성을 보장하고 타당성의 범위를 넓히기 위해 노력한다.

이렇듯 지역사회 기반 참여연구는 전 과정에 커뮤니티를 정체화하고, 파트너십의 형성을 가장 큰 특징으로 한다. 그래서 관계형성에 주안점을 두고 집합, 협력, 포용, 배양, 풍부, 공평, 존엄과 같은 가치들을 중요시하며, 안정적 상호 신뢰 관계를 통해 연구 윤리와 힘의 역학을 유지한다. 그래서 이론과 실천, 강의실과 현장, 연구자와 커뮤니티 , 교사와 학습자 간의 균형을 확보하기 위해 노력한다. 또한 연구, 인식, 학습적인 측면에서는 다른 지식, 다른 대학을 가능하게 하고, 지역, 젠더 및 토착 지식이 회복되고 활성화되고 재평가됨에 따라 인식적으로 '탈식민화'를 추구한다(Hall et al., 2016a). 지역사회 기반 참여연구는 연구 주체를 다양화하고, 협력 주체들의 지식 · 기술 · 강점을 최대한 이용하여 공동으로 지식을 생산하고, 민주적 관계 향상을 통해 인적 네트워크와 공동 작업 관계(knowledge democracy)를 수립한다. 이러한 결합은 상호작용을 통해 새로운 관점과 사고방식을 스스로 학습할 수 있도록 만든다. 지역사회 기반 참여연구는 지역사회 구성원과 연구자 모두에게 여러 이득을 주는데, 각 주체에게 돌아가는 이익은 표 4-1과 같다(Love et al., 2009:18).

### 지역사회 기반 참여연구 모델

그렇다면 지역사회 기반 참여연구는 어떤 요소들과 모델에 의해서 진행되는가? 2006년에 뉴멕시코 대학교 참여연구센터(UNM CBPR)는 성공적인 CBPR 파트너십의 촉진과 장벽을 조사하는 국가 파일럿 연구 프로젝트를 시작하기 위해, 워싱턴대학교 원주민연구웰빙연구소(UW IWRI)와 협력하여 그간의 CBPR 학제간 문헌 연구와 100개 프로젝트에 대해 설문조사를 진행해, CBPR 시스템 및 정책 변경 및 건강 결과에 기여할 수 있는 CBPR 파트너십 프로세스의 개념적/논리적 모델을 제시했다(Belone et al., 2016).

이 모델은 지역사회 건강 문제에서 지역사회 기반 참여연구의 요소와 개념들을 맥락, 파트너십 과정, 개입과 연구, 결과의 네 가지로 정리했다. 먼저 '맥락'은 연구 파트너십에 영향을 미치는 지역 · 주 · 국가 단위의 사회 · 문화 · 경제 · 정치 · 역사 · 환경적 요소들과 정책적인 동향,

표 4-1 지역사회 구성원과 연구자에게 제공되는 CBPR의 이점

| CBPR 요소 | 지역사회의 이점 | 연구자의 이점 |
|---|---|---|
| 의사 결정 진행에 대한 협력구조 | 신뢰가 구축되고 연구 참가자에 대한 보호와 같은 절차가 수용된다. | 각 협력자의 의제를 이해할 기회를 가진다.<br>문제에 대한 이해를 높이고 연구 참가자들을 모집하고 유지하는 데 있어 협력을 향상시킨다. |
| 연구 문제 | 해결된 문제는 연구 참가자 및 지역사회 구성원과 매우 관련이 있다. | 문제를 이면의 복잡한 상황과 연구 과정에서의 참가자의 헌신에 대한 연구자의 인식이 증가한다 |
| 보조금 제안과 자금 조달 | 보조금 제안은 지역사회 구성원이 수용할 수 있는 방식으로 문제를 해결할 가능성이 더 높다. | 지역사회 참여로 인해 지원의 실질적 지표가 보이면 채용과 운영을 위한 자금 지원 가능성이 높아진다. |
| 연구 계획 | 지역사회 참가자들은 수동적 연구 대상이 아닌 자신이 지식 발전에 기여하고 참여함으로써 진정한 이익을 얻을 수 있다고 느낀다. | 지역사회는 연구 과정에 불만이 적고, 참여할 가능성이 높아진다. |
| 자료 수집, 측정과 수행 계획 | 연구와 개입을 참가자가 잘 수용할 수 있으므로 더 많은 사람들에게 더 큰 이익이 된다. | 자료의 품질은 신뢰성과 유효성 측면에서 우수할 가능성이 높다. |
| 개입 설계와 실행 | 참가자들은 개입이 자신의 필요에 맞게 설계되었다고 생각한다.<br>모욕을 피하면서 혜택을 제공한다.<br>지역사회를 위한 자원을 제공한다 | 중재 설계는 연구 모집단에 적합할 가능성이 높으므로 성공적인 시행 가능성이 높아진다. |
| 자료 분석과 해석 | 연구 결과를 듣는 지역사회 구성원은 결론이 정확하다고 느낄 가능성이 더 높다. | 연구자들은 제한된 통찰력이나 문화적 무감각으로 인해 비판을 받을 가능성이 낮아진다. |
| 연구 번역 | 결과는 더 크게 지역사회에 전달될 가능성이 높고 권장 사항을 구현하거나 유지할 가능성이 높아진다. | 결과 보급률이 확대된다. |

파트너 기관 간의 역사적 협력 및 신뢰 정도, 커뮤니티와 대학의 역량, 준비성 정도, 인식된 지역사회문제의 심각성 정도를 포함한다. '파트너

그림 4-3 CBPR 파트너십 프로세스 모델

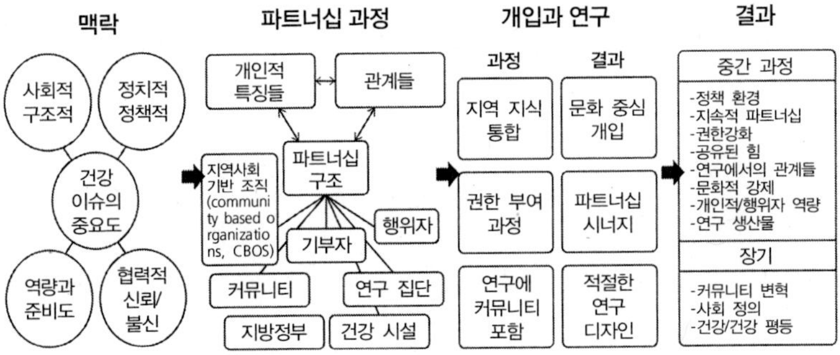


출처: https://engageforequity.org/cbpr-model/

십 과정'은 연구 파트너십 형성에 영향을 미치는 요소들로, 개개인의 특성(유연성, 겸손 등)과 관계성(함께 결정을 내리는 방법, 목소리를 느끼는 사람들의 의견 등), 파트너십을 위한 다양한 구조들(참여 대상의 다양성, 공유 원칙, 협력을 위한 공식 협약)과 역동성을 검토한다. 문제 해결 과정인 정책 전략을 디자인하는 것으로서 '개입과 연구'는 진행할 프로그램과 평가에 대한 설계를 의미하며 다음 질문들을 검토한다.

1. 귀하의 개입/프로그램이 문화 및 커뮤니티 지식을 통합하여 커뮤니티 가치, 규범 또는 관행과 일치하는 개입을 생성하도록 보장하는 방법은 무엇입니까?
2. 공동 작업을 위한 파트너십 시너지 효과를 생성하는 권한 부여 프로세스는 무엇입니까?
3. 연구 및 평가의 모든 단계에서 커뮤니티 구성원을 어떻게 참여시

키고 있습니까? 이것이 연구 또는 평가 설계의 적절성에 어떤 영향을 미치거나 미칠 것으로 예상됩니까?

지역사회 기반 참여연구의 특징에서 살펴본, 모든 과정에 지역사회의 주체들이 참여하고 주체들의 지식 · 역량 · 강점을 통합하는 파트너십을 형성하여 지역의 문제를 연구하고 해결해 나가는 과정이 잘 담겨 있다. 마지막으로 '결과'는 중기적으로는 새로운 정책 환경, 프로젝트 및 파트너십의 지속가능성, 연구에서 공유된 권력관계, 문화적 강제, 역량 증가와 같은 다양한 중간 시스템 및 역량 변화를 포함하고 장기적으로는 지역사회 및 사회변혁, 건강 및 건강 형평성의 결과들을 포함한다(Wallerstein & Duran, 2010).

지역사회 기반 참여연구는 앞서 이야기한 대로 연구방법이나 설계가 아닌 패러다임이기 때문에 과정에 대한 표준 매뉴얼은 없으며, 통상적인 연구 과정을 따르되 다양한 연구 주체들의 파트너십 형성을 토대로 지역사회 전체의 역량을 높여 향후에는 이러한 문제를 스스로 관리할 수 있도록 지속가능한 토대를 내재화하는 장기적 과정이다(정민수 외, 2008:98). 제니스는 연구 과정을 설계, 참가자 모집, 데이터 수집, 분석, 보고로 나누고 단계별로 지역사회 기반 참여연구 프로젝트의 목표와 연구 질문들을 표 4-2와 같이 정리했다(Janice, Burns, Cooke, & Schweidler, 2011:6).

이러한 과정은 구상, 계획, 실천, 관찰, 반성을 포함하는 순환적 과정을 통해 더 효과적인 실천을 달성하는 것을 목표로 하며, 특히 구성원 간 신뢰와 협력의 파트너십이 중시된다. 특히 초기 단계에서 잠재적 관심 커뮤니티를 식별하고, 참여 계획을 개발하여 파트너십 및 협업 전략을 만들어 내는 것이 중요하다. 지역사회 기반 참여연구의 파트너십은 연

표 4-2 지역사회 기반 참여연구 프로젝트의 단계별 목표와 연구 질문

| 단계 | 목표 | 질문 |
|---|---|---|
| 1단계: 프로젝트 설계 및 구현 | 연구 질문 및 지리적 초점 식별 | 지역사회의 필요, 강점, 관심, 사명 및 조치 능력에 기초하여, 귀하가 다루고 있는 일반적인 문제는 무엇입니까?<br>구체적인 문제는 무엇입니까?<br>당신이 대답하고 싶은 연구 질문은 무엇입니까?<br>무엇을 알고 싶습니까? 어떤 가설을 테스트하고 싶습니까? 아직 알려지지 않았거나, 알려졌더라도 충분히 입증되지 않았거나, 강조하거나 주목하고 싶은 것은 무엇입니까?<br>실행 가능한 조치는 무엇입니까?<br>참가자들을 참여시키고 행동을 취하기 원하는 대략적인 지리적 경계는 어디입니까? '지역사회'는 지역 경계의 정의에 동의하지 않을 수 있으므로 이러한 경계를 논의하고 조정하기 위해 시기를 확인한 후 지역경계를 구축하는 것을 고려하십시오. |
| 2단계: 파트너 참여 | 연구 파트너를 식별하고 협력하도록 초대 | 일반적인 문제 및 지역에 기반하여: 주요 이해관계자는 누구입니까?<br>이 중 누구와 협업할 것인가요? 이미 공동 작업을 한 경우 이해관계자 분석을 수행하여 누락된 사람이 있는지 확인하십시오.<br>이 그룹은 지역사회의 다양한 구성원들도 취급할 것입니까?<br>프로세스의 다양한 요소에 대한 참여 수준은 어느 정도입니까?<br>구성원과 함께 연구를 설계하시겠습니까?<br>프로젝트 파트너가 얼마나 많은 프로세스에 참여합니까?<br>프로세스에 대한 각 참가자의 기대와 각 개인 또는 그룹이 기여하고자 하는 방식을 명확히 합니다. 그들의 관심은 무엇이며 그 이유는 무엇입니까? 어떤 자원을 사용할 수 있습니까? |
| 3단계: 데이터 수집 | 연구 질문을 구체화하고, 데이터 수집 방법을 선택·구현하고, 주요 참가자를 식별 | 문제 및 참가자를 기반으로 특정 연구 질문을 수정하거나 변경해야 합니까?<br>누구로부터 데이터를 수집합니까? 주제에 대한 구체적인 지식이 있는 사람은 누구입니까?<br>참가자는 몇 명입니까? 대표하기에 좋은 표본 크기는 얼마입니까?<br>참가자들을 참여시킬 수 있는 귀하의 능력은 무엇입니까?<br>연구 결과를 어떻게 사용할 것으로 예상하십니까?<br>연구 결과의 대상 고객은 누구입니까?<br>이 질문에 답하려면 어떤 구체적인 데이터가 필요합니까? 커뮤니티 지식과 행정 데이터의 조합일까요? (예: 범죄 통계 대비 안전에 대한 인식)<br>이미 사용 가능한 것은 무엇입니까? 무엇을 수집할 수 있나요?<br>가정을 검토하십시오. 수집한 데이터가 연구 질문에 대한 답을 제공하고 조치할 방법을 제공합니까? |

| | | |
|---|---|---|
| 4단계: 데이터 분석 | 분석을 위한 계획 수립 및 구현 | 연구 질문을 해결하는 데 사용하려는 형식을 기반으로 데이터 수집 도구를 개발합니다.<br>데이터의 지리적 구성 요소를 이해하는 것이 중요합니다. 주소와 우편번호가 필요합니까?<br>웹 기반 도구를 사용하시겠습니까? (예: HealthyCity.org)<br>질문지 원본 양식(original forms)을 만들어야 합니까?<br>최상의 참여 형식 결정합니다.<br>이 데이터를 직접 수집하시겠습니까? 어떤 형식으로 수집하시겠습니까? (예: 그룹 토론)<br>데이터 수집 이외의 관심사(정리, 옹호 등)가 있습니까?<br>데이터 수집을 위한 웹 기반 및 기타 도구 준비 및 테스트합니다.<br>분석 계획을 수립합니다.<br>분석 형식은 무엇입니까? (예: 지도)<br>데이터는 어떤 기본 정보를 제공합니까?<br>분석을 통해 특정 문제에 대해 무엇을 배우기를 기대하십니까?<br>명확한 패턴이나, 최고점 또는 최저점을 어떻게 찾을 것입니까?<br>데이터/분석이 연구 질문을 어떻게 해결합니까?<br>연구 외에 추가 조사가 필요할 것으로 예상되는 정보는 무엇입니까? |
| 5단계: 보고 (리포팅) | 분석, 보급 및 조치 | 결과 발표 및 배포 계획을 수립합니다. 다음을 고려합니다.<br>무엇을: 당신이 하려는 이야기는 무엇입니까? 이 연구를 통해 무엇을 보여 주고자 합니까? 대답하거나 접근하려는 질문이 무엇입니까?<br>누가: 당신의 청중은 누구입니까? 이 결과를 누구에게 보여 줄 것입니까?<br>언제: 현재 진행 중인 문제인가요, 아니면 특정 시점의 문제를 주목하고 있나요?<br>어떻게: 이 정보와 연구를 어떻게 발표할 것입니까? (예: 보고서, 웹사이트, 공청회, 커뮤니티 모임)<br>행동을 위한 참여 전략을 개발합니다.<br>커뮤니티 구성원, CBO, 선출직 공무원 등을 어떻게 참여시킬 것인지 결정하십시오. 전략은 그룹마다 다를 수 있습니다.<br>결과에 대한 확인이나 실측 데이터를 위한 주민과 인터뷰를 진행합니다.<br>옹호에 대한 지원을 수집하기 위해 직원 및 지역사회 구성원에게 결과를 발표합니다. |

구 과정의 모든 단계에서 의사 결정과 자원에 대한 권력과 통제를 함께 공유하는 것으로 연구자와 지역사회가 동등한 권력과 목소리를 가지고

참여하는 것에서 출발한다. 관심 커뮤니티 식별에서 커뮤니티는 지리, 정체성, 직업 또는 경험 등 다양한 방식으로 정의될 수 있지만 '관심 커뮤니티'에 속하는 사람들은 유동적이고 다중적이며 상호 연결된 정체성을 가지고 있음을 기억하는 것이 중요하다. 소수의 커뮤니티 구성원을 참여시키는 것으로 시작해, 그들과 신뢰를 구축하고 이후 다른 커뮤니티 구성원을 어떻게 식별하고 연결할지에 대한 조언을 통해 사려 깊은 커뮤니티 참여 개발 계획을 진전시켜 나가는 것이 모범적이다. 파트너십 및 협업 계획 개발에서는 결속과 창출, 신뢰 형성, 민주적 운영과 협력을 위한 명확하고 상호 합의된 지침, 효과적인 의사소통 시스템, 공정하고 투명한 의사 결정 프로세스 및 자원 · 데이터 제어, 공정한 분업, 모든 파트너를 위한 공평한 혜택, 파트너십과 협력의 긴장과 도전을 해결하는 입증된 시스템 등을 고려해야 한다(Switzer & Adams, 2012:14). CBPR은 단기의 성과보다는 장기적 기반 형성을 중요시하며, 효율성보다는 협력에 의한 윤리성을 더 중요시한다. 그래서 협력을 위한 협약을 명시하여, 지역 커뮤니티가 스스로 성장 기반을 만들어 나갈 수 있도록 한다. 다음은 지역사회 기반 참여연구에서 강조하는 CBPR 원칙을 정리한 사례다(Schulz, Israel, Selig, & Bayer, 1998; 한국건강증진재단, 2014:66에서 재인용). 디트로이트 지역사회-학계 도시 연구 센터의 CBPR 원칙은 1996년 7월 24일 채택됐다.

- 지역사회 기반 참여연구(CBPR) 프로젝트는 디트로이트 지역사회-학계 도시연구센터(URC)의 전반적인 목적과 일치해야 합니다. 그러기 위해서는 공중보건 문제에 대한 지역의 관련성과 보건 상태에 영향을 미치는 사회 · 경제 · 문화적 상태를 조사하고, 사람들의 일상, 행동과 지역사회 의사 결정에 대한 방식들을 강조해야 합니다.

- CBPR 프로젝트의 목적은 우리가 지역사회에 영향을 미치는 문제를 이해할 수 있도록 돕고, 지역사회에 이익을 가져다주는 방식으로 이러한 문제를 처리할 수 있는 행동 계획을 적절하게 개발, 실행 및 평가하는 것입니다.
- CBPR 프로젝트는 그 과정에서 지역사회에 기반을 둔 참여자들의 능력을 향상하는 방향으로 고안됩니다.
- 지역사회에 기반을 둔 기관, 공중보건 단체, 건강관리조직 및 교육기관의 대표자들은 이러한 연구 과정의 주요 단계에 적절히 관여하는데, 주로 문제 정의, 데이터 수집, 결과 이용, 해석, 공유 및 결과 보급, 확인된 문제를 처리할 행동계획을 개발, 시행, 평가하는 일들이 포함됩니다.
- CBPR은 지역사회에 기반을 둔 조직, 공중보건단체, 건강관리조직 및 교육기관 간 협력을 강화하는 방식으로 진행됩니다.
- CBPR 프로젝트는 지역사회에서 정중하고 명확한 언어와 지역사회에 이익을 주는 계획을 발전시키는 데 유용한 방식으로 결과를 생산하고 해석하여 지역사회 회원들에게 보급합니다.
- 지역사회 프로젝트는 협력 관계 규범에 따라 실시되며, 규범으로는 상호존중, 과정 내 지식의 인지, 전문지식 및 참여자들의 자원량 조절과 개방된 의사소통이 있습니다.
- CBPR 프로젝트는 연구의 데이터와 결과물에 대한 소유권을 고려하여 보증 기관이 정해 놓은 정책을 따릅니다(참여자들은 사전에 이 정책을 공유). 연구에서 발생한 모든 출판물은 참여자의 공헌으로 인지되며, 자료 제출 이전에 참여자들과 상의하여 적절히 공동저자로 작업했음을 권고합니다. 데이터와 절차의 기밀 규칙에 따르면, 참여자들은 누가 연구 데이터에 접근 가능한지와 데이터를 어

떻게 보관할지에 협력적으로 동의해야 합니다.

- CBPR 프로젝트는 후원 조직이 정해 놓은 인간 피보험자를 보호하기 위한 절차를 고수합니다. 예를 들어 미시건 대학의 경우, 의학 및 실천연구 피실험자보호를 위한 국가위원회 보고서에서 이러한 절차를 찾아볼 수 있으며, 임상실험에서 인간 피보험자를 보호하는 윤리적 원칙 및 지침(발몬트 보고서)이란 제목이 부여되었습니다.

송아영 · 김아래미(2017)는 기본적인 연구 과정을 개발, 실행, 확산 단계로 나누고 연구자와 지역사회의 역할을 별도로 정리했다. 각 연구 과정에서 지역사회는 스스로의 욕구와 자원, 관계들을 확인하며, 실행 단계에서는 안정적 참여자와 여러 측정 도구를 확보한다. 확산 단계에서는 지역사회에 결과물을 공유하면서 다음 단계를 위한 기반을 만든다. 연구자 그룹은 이론적이고 과학적인 가치들을 보완하기 위한 노력을 꾀한다. 초기 세팅을 위해 이론적이고 재정적인 측면들을 준비하고, 실행에서 참여 방법의 적절성과 엄격성을 보강한다. 브레인스토밍, 포커스 그룹 인터뷰, 명목 집단 기법, 교차 영향 행렬[32] 등 다양한 방법을 제안하고 현장 특성과 커뮤니티의 상황에 맞는 전략들을 선택할 수 있도록 지원한다.

### 지역사회 기반 참여연구 사례 1: 건강 증진 프로젝트

지역사회 기반 참여연구는 다소 복합적인 환경, 건강 문제에 주로 적용된다. 이 절에서 살펴볼 사례는 지역의 협력 파트너십을 통해 캘리포니

32) 미래를 예측하는 데 쓰이는 교차 영향 분석 방법을 쓸 때 사용하는 행렬로, 사건이나 자료들에 대한 서로의 상관관계를 분석하는 데 유용하다.

아 남부 지역, 로스앤젤레스 및 롱비치 항구 지역 환경을 개선한 건강 증진 프로젝트다(Minkler, Garcia, Rubin, & Wallerstein, 2012). 1990년대 로스앤젤레스와 롱비치의 쌍둥이 항구는 글로벌 무역 및 상품 이동의 주요 진입로로, 미국으로 수입되는 상품의 40% 이상을 받으면서 캘리포니아 남부의 디젤 미립자 오염 물질의 20%를 방출하는 오염 지역이 되었다. 이 지역을 통해 조선소, 철도 야적장 및 연결 고속도로로 많은 상품이 이동하게 되면서 주민들에게 해로운 영향과 결과를 낳았다. 수십 년 동안 주민들은 디젤 배기가스, 기타 차량 오염 물질 및 혼잡한 도로의 소음에 불균형적으로 노출되었다. 이 지역에서 2400명이 조기 심장 관련으로 사망했으며, 6만 2000명이 천식 증상을 보였고, 100만 건 이상의 호흡곤란 증세가 보고되었다. 이 지역의 대기 오염과 주민의 건강 상태를 개선하기 위해 2006년에 캘리포니아 기부금(The California Endowment)으로 서던캘리포니아대학교, 옥시덴탈칼리지와 시민들이 참여하는 4개 비영리 옹호 그룹이 무역, 건강 및 환경을 다루는 CBPR 파트너십인 '임팩트(THE Impact)' 프로젝트를 구축했다. 이 프로젝트팀은 주민들과 유기적으로 결합하면서, 로스앤젤레스 및 롱비치 항구의 상품 이동과 관련된 지역사회 건강 영향을 측정·평가하려 했고 환경 오염 문제에 대항하는 다양한 주민들의 연합체로 파트너십을 확장해 나갔다. 2001년에는 대형 선적 터미널이 불충분한 배출 완화 전략을 구사하자 옹호 단체, 주택소유자협회와 함께 로스앤젤레스 항을 고소했고, 2년 후 5000만 달러의 합의금을 얻어 냈다. 같은 해 서던캘리포니아대학은 학자들을 포함한 300명이 참석한 첫 번째 타운홀 회의를 주최하여 지역주민들이 우려하는 대기 오염에 대한 연구를 선보이는 최초의 교류 자리를 만들어 내기도 했다. 2003년에는 서던캘리포니아대학이 지역사회 주민으로 구성된 환경 지킴이 팀을 구성하여, 트래픽 및 초미세 입자를 측정하고 계산하는 일종의 '거리 과학'(Corburn, 2005)을 통해 지역에서의 오염요소 중 하나인 교통수단에 대한 접촉과 높은 수준의 조산율 및 낮은 출생률의 연관 관계를 밝히기도 했다. 개입과 분석 내용이 정교해짐에 따라 가정 및 학교 주변에서 디젤 배출을 완화하게 하는 정책적인 측면으로도 확장되었다. 파트너십을 맺은 조직들의 일관된 옹호 전략과 지역사회 조직화를 통해 2006년에는 항구의 오염을 45%까지 줄이기 위한 5개년 계획인 대기 청정 실천 계획(Clean Air Action Plan)이 수립되었다. 이 프로젝트에 의해 구축된 커뮤니티 주도의 운동은 상품 이동에 대한 정책 결정 방식에 큰 영향을 미쳤고 변화시켰다. 주민들의 일상에 영향을 미치는 중요한 건강 문제에, 그 문제의 영향을 가장 많이 받는 커뮤니티 구성원을 참여시켜 목소리를 불러일으키는 것으로 전략이 변화했다. 파트너 조직들이 사용하는 커뮤니티 조직 전략은 환경 지킴이 팀을 훈련함으로써 수행되는데, 주민들은 문제에 대한 해결책을 찾기 위해 집단적으로 일하면서 학교, 교회, 기타 커뮤니티 장소에서 발견한 사항을 수집, 번역, 배포하는 방법도 배웠다. 임팩트 프로젝트는 지역사회에 대한 경제 중심의 논의를 주민들의 영향과 필요를 고려하는 방향으로 전환했고, 모든 파트너들과 상호 존중하고 유익한 관계를 유지함으로써 지역주민들의 주장을 뒷받침하는 강력하고 엄격한 과학과 커뮤니티 조직 전략을 성공적으로 결합한 사례라고 할 수 있다(Minkler et al., 2012).

#### 지역사회 기반 참여연구 사례 2: 국내 대학의 지역 기반 시민정치학습

대학은 지식과 정보를 생산, 전달하고 학문 연구와 함께 연구방법을 전수하는 역할도 한다. 그래서 현실과 동떨어진 상아탑으로 존재할 수 없으며, 진실을 증언하고 더 나은 사회를 만들어 가는 과정에 동참해야 한다. 과연 한국의 대학은 사회와 소통하고 교류하려는 시도를 하고 있을까? 떠올려 보면 우리는 대학의 공간, 지식, 자원들을 공유하는 경험을 해 본 적이 없는 것 같다. 수많은 대학이 상당 부분 국가의 보조금으로 운영됨에도, 재단 등을 중심으로 운영되는 대학들은 사회에 참여하거나 서로 섞이지 않으려 한다. 대학이 위치하는 지역사회와의 관계는 더더욱 소원하다. 큰 면적을 차지하고 때로는 지역 환경을 계속 개발하거나 지역 자원을 활용하는데도, 대학이 지역사회에 기여하는 바는 미미하다. 학문, 지식, 정보, 연구, 교수 등이 집적된 전문 기관임에도 지역사회 문제를 풀어내는 데 기여하거나 지역을 좀 더 건강하고 대안적으로 만드는 참여와 시도를 찾아보기 힘들다. 재정적인 이유로 국가 프로젝트에만 관심을 가지기 때문이기도 하고, 우리 학문 풍토가 지역사회문제와 같은 구체적 문제들을 해결하는 것에 관심을 가지지 않는 관념성과 외국의 지식과 정보들만을 쫓아가는 식민성을 띠기 때문이기도 할 것이다.

이러한 상황에서 2010년대부터 몇몇 대학에서 지역 기반 시민정치교육(community-based learning on citizens politics, 이하 CBL-CP)을 시도하기 시작했다. 과거에도 인류학, 역사학, 사회학 등 구체적 사회 현실과 소통해야 하는 학문 분야에서 연구방법론이나 부분적인 수업 과제 수행으로 참여연구나 액션러닝, 문제기반학습(problem-based learning, PBL) 등을 시도하긴 했지만, 수업 전체를 참여적 방식으로 진행하거나 지역사회를 기반으로 한 경우는 거의 없었다. 2011년 경희대학교 인문교양대학인 후마니타스칼리지에서 모든 신입생을 사회 현장에서 활동하도록 하는 시민교육 과목이 개설된 것을 시작으로, 2015년 서울대학교 정치학과에서 정치외교학과 전공 과목으로 CBL-CP을 통한 수업이 개설되었다. 이러한 흐름은 당시 정부나 지자체, 시민사회에서 진행되던 사회혁신과 지역사회를 기반으로 하는 마을공동체, 사회적경제 정책 등과 결합하면서 확산된다. 서울시마을공동체종합지원센터는 2015년에 대학-지역사회 연계 사업을 통해 17개 대학 32개 수업에서 지역과 연관된 수업을 진행할 수 있도록 지역 매니저를 파견해 각 수업에서 학생들을 코치하도록 지원했고, 학생들은 수업을 통해 지역사회를 학습하면서 지역의 문제와 관련한 보고서를 작성했으며, 일부 좋은 아이디어들은 현장에 적용되기도 했다(김의영 · 미우라 히로키, 2020). CBL-CP가 활성화된 배경은 사회혁신, 마을공동체운동, 사회적경제의 등장 배경과 맥락이 비슷하다. 기술의 변화, 사회 다원성과 복잡성의 증대, 기후변화, 불확실성의 증대 속에서 기존 전문지식들과 지식 생산 집단만으로 여러 문제를 해결하기에는 한계가 있다는 지적이었다. 그래서 전문지식이나 행정지식뿐만 아니라 현장지식(local knowledge), 고유지식(indigenous knowledge), 상황적 지식(situated knowledge), 문화적 합리성(cultural rationality), 전통적 지혜나 노하우(know-how), 암묵지(tacit knowledge) 등 대안적 지식들을 개발하거나 공론장, 숙의 과정, 거버넌스와 같은 협업을 통해 함께 지역사회문제를 해결해 나가는 대안적 과정이 필요하게 된 것이다. 이런 맥락에서 대학뿐만 아니라 행정기관, 지역사회, 풀뿌리 조직, 일반 시민, 기술 전문가, 기업 등 여러 행위자가 함께 지역사회를 이해하고 문제를 해결할 수 있는 사회적 매개지식(social catalytic knowledge)이라는 새로운 지식 유형이 등장한 것이다. 서울대학교에서 직접 수업을 진행한 연구자는 CBL-CP의 특징을 '정치적 삶의 현장에 대한 관여', '통합적 지식 형성 교육', '수업 형태나 지향점의 다양성'이라는 세 가지로 정리했다. 정치와 삶, 전문지식과 현장지식, 주제와 방법을 통합적으로 연결해 내려는 시도라고 할 수 있다.

구체적 실천 사례로 서울대학교 정치외교학과에서는 CBL-CP를 학부생 전공 수업 '시민정치론'에 적용해 2015년 1학기부터 계속해서 진행해 오고 있다. 이 수업은 기본적으로 팀 프로젝트로 진행되며 초기에는

CBL-CP 소개와 수업에서 다루는 주제에 관련된 시민정치, 민주주의, 거버넌스, 협치, 사회적 자본, 사회적경제에 대한 이론 학습을 진행한다. 이후 주제와 지역 현장을 좀 더 잘 이해할 수 있는 특별 수업을 진행하거나 현장 방문 수업을 진행하는데, 2016년 2학기에 진행한 '관악구 시민정치' 수업의 경우 지역 활동가들이 지역 매니저로 수업에 직접 함께 참여하기도 했다. 현장 방문 수업에서는 기본적으로 주제와 관련한 지역 현장들을 방문해 이해관계 당사자들을 만나 인터뷰, 설문조사 등을 진행하거나 좀 더 협업적인 과정이 필요할 경우 연합 회의, 워크숍, 중간 토론회 등을 진행한다. 이론 연구와 현장연구를 토대로 팀별 보고서를 작성하고 다시 수업 시간에 팀별 발표와 질의응답, 열린 토론, 지도교수의 피드백 등을 거쳐서 최종 보고서를 제출한다(김의영 · 미우라 히로키, 2018). 최종 보고서에는 분석 결과와 대안이 담기는데, 수업 과제 수행의 의미를 넘어 실제 현장에 영향을 미치는 계기를 마련하기도 했다. 다양한 이해관계자가 함께하는 최종 보고회를 열거나 단행본 형태로 출간해 다른 지역에서도 활용할 수 있게끔 하기도 했다.[33] 관악구 시민정치 사례에서는 의정 개방성 조사를 실시하면서 관악구의회 의정모니터 운영 조례 제정 과정에 관여 · 기여했고, 시흥시 사회적경제 사례에서는 환경 단체들의 운영을 평가하면서 조직적 개선안, 생태 보존 방안 등을 제시해 차년도 사회적경제센터 사업계획에 관련 내용들이 반영되기도 했다. 강동고등학교 관련 사례에서는 공간과 사람을 잇는 통합 플랫폼으로서 스마트폰 애플리케이션을 개발하기도 했다. 이러한 과정을 통해 대학 학부생들은 시민정치를 이론과 지면만이 아닌 '손에 잡히는(tangible)' 정

---

33) 『동네 안의 시민정치』(김의영 외, 2015), 『동네 안의 시민경제』(김의영 외, 2016), 『시흥형 사회적경제 모델 전략계획연구』(김의영 외, 2017) 등.

치로 경험했다. 또한 대학이 자리한 지역사회를 학습하면서 대학-지역-시민사회-이익집단-전문집단-정치집단의 연결성을 이해하고 함께 지역사회문제를 해결해 가는 거버넌스와 이를 통한 시너지를 직접적으로 경험했다. 그래서 기존 전문지식과 행정지식의 한계들을 보완하고 다양한 현장지식과 자원들을 결합하는 데 사회적 매개지식과 공론장의 촉진이 필요하다는 것을 인식하게 되었다고 할 수 있다.

국내 대학의 지역사회 기반 시민정치교육 사례는 지역사회 기반 연구 사례이기도 하면서, 조금 더 확장된 의미에서 연구 기관이나 대학이 지식 생태계를 창출하면서 사회 발전을 촉진하는 지식민주주의(knowledge democracy)운동이라는 의미도 가진다. 지식민주주의운동은 세상을 건강하게 변화시킬 수 있는, 더 정의로운 세상을 위한 지식들을 발견해 가치를 부여하고 강화하는 운동이며, 토착지식의 회복과 심화를 인정하고 가치를 부여하고자 한다. 그래서 지식민주주의운동에서는 고등교육을 담당하는 대학이 좀 더 적극적으로 지역사회, 커뮤니티와 파트너십(Community-University Research Partnership, CURP)을 형성해 세상에 유용한 지식을 생산함으로써 함께 성장하는 일에 참여할 것을 주장한다(Hall et al., 2013). 그러기 위해서 앞의 대학 사례와 같이 연구자와 학생들이 지역사회에 기반한 연구, 수업 역량을 기르고 지역사회 구성원들이 연구에 더욱 쉽고 능동적으로 참여할 수 있도록 투자하고 지원하는 것이 필요하다. 또한 여러 지식들과 연구방법을 누구나 활용할 수 있도록 개방하는 플랫폼을 만들고, 대학과 지역사회를 연결하는 민간 중간조직을 육성하는 것도 중요한 과제라고 할 수 있다. 이 과정에서 지역정부도 함께 참여해 협력에 기반한 참여의 공간을 계속해서 늘려 나가는 것이 중요한 과제라고 할 수 있다.

사례를 통해 보았듯 지역사회 기반 참여연구는 전문가, 지식인 중심의 이론적 연구를 벗어나 실천을 지향하며, 시민이 함께 공동연구자로 참여하면서 파트너십을 형성하는 연구 패러다임이다. '거리의 과학'이라는 표현처럼 지역사회 기반 참여연구는 지역의 구체적이고 복합적인 문제 상황에서 시작하며 다양한 이해관계자 교육, 공동연구, 맥락적 지식과 경험에 대한 성찰 등을 통해 지역사회문제를 해결하고 지속적으로 학습, 연구, 정책 제안, 네트워킹할 수 있는 지역사회 관계망을 만들어 가는 연구방법이다.

## 참고문헌


곽현근(2017). 지방자치 원리로서의 '주민자치' 재해석을 통한 생활자치 개념화와 제도모형 구성. ≪현대사회와 행정≫, 27권 2호, 1～29.

곽현근(2018). 지역발전의 보완적 패러다임으로서 동네 거버넌스의 실험-영국 '동네재생을 위한 국가전략'과 대전광역시 '무지개프로젝트'를 중심으로. ≪한국지방정부학회 학술발표논문집≫, 2009권 1호, 53～93.

김상민(2016). 주민자치와 협력적 마을만들기. ≪한국지방자치학회보≫, 28권 1호, 181～209.

김의영·미우라 히로키(2018). 지역 기반 시민정치 교육의 내부적 긴장성 문제: 서울대학교 정치외교학부 수업 사례의 분석과 시사점. ≪한국정치연구≫, 27권 3호, 79～108.

김의영·강민정·김정은·김채은·류동규·윤용빈·이동명·이지호·최예린·홍순형·배병진·윤영관·이원동·연준한·유지연·이경수·임기홍·이상직·미우라 히로키(2016). 『동네 안의 시민경제: 서울대생들이 참여 관찰한 지자체의 사회적경제 사례』. 푸른길.

김희정·유해연 (2021). 주민참여형 '골목기록가' 리빙랩 프로그램 개발 및 효과검증. ≪대한건축학회논문집≫, 37권 11호, 67～78.

미우라 히로키·김의영(2020). 지역기반 시민정치교육을 통한 대안적 지식 창출: 성격, 한계, 과제에 관한 탐색적 연구. ≪한국정치연구≫, 29권 1호, 163～196.

박준·김성근(2019). 시민주도 문제 해결을 위한 시민사회역량강화 방안. 한국행정연구원.

서울시마을공동체종합지원센터(2019). 새로운 지역문제 해결을 위한 로컬랩 가이드북. 서울시마을공동체종합지원센터.

서울시마을공동체종합지원센터(2019b). 로컬랩 동네발전소 발전 방향 모색을 위한 기초연구 관계행렬분석을 중심으로. 서울시마을공동체종합지원센터.

서울시마을공동체종합지원센터(2020). 로컬랩 동네발전소 솔루션 도출 연구 – 주축조직 중심의 지역 문제 해결 과정. 서울시마을공동체종합지원센터.

서울시마을공동체종합지원센터(2021). 서울 마을공동체 정책 돌아보기 개정본. 서울시마을공동체종합지원센터.

성지은·정서화·한규영(2018). 사회문제 해결형 기술개발사업에서의 리빙랩 적용 사례분석. ≪과학기술학연구≫, 18권 1호, 177~217.

송아영·김아래미. 2017. 지역사회 기반 참여연구(Community-based participatory research: CBPR)의 사회복지적 적용가능성에 관한 연구. ≪비판사회정책≫, 54호, 411~452

송위진·성지은 (2018). 사회문제 해결형 연구개발은 어떻게 수행되는가?. ≪과학기술학연구≫, 18권 3호, 255~288

유수동(2021). 사회혁신을 위한 리빙랩 활용에 관한 연구: Hamburg의 Finding Places 사례를 중심으로. ≪한독사회과학논총≫, 31권 3호, 94~119.

이태동·류소현·박재영(2019). 리빙랩(living lab)을 활용한 환경 에너지 정치교육. ≪사회과학논집≫, 50권 2호, 1~19.

장훈교(2021). 『비틀리는 사회혁신: 대항헤게모니적 개입을 위한 비판』. 진인진.

정민수·정유경·장사랑·조병희(2018). 지역사회 기반 참여연구 방법론. ≪보건교육건강증진학회지≫, 25권 1호, 서울대학교 보건대학원.

정병걸(2017). 사회혁신의 장으로서 리빙랩과 패러독스. ≪과학기술학연구≫, 17권 1호, 41~69.

최수미(2019). 리빙랩 공모사업 들여다보기. https://www.makehope.org/리빙랩-공모사업-들여다보기

최인수·김건위(2015). 지역공동체와 리빙랩을 중심으로 한 지역혁신체계 도입방안연구. 한국지방행정연구원.

한국건강증진재단(2014). CBPR 협력체 개발 및 유지: 기술 구축 커리큘럼(Developing and Sustaining CBPR Partnerships: A Skill-building Curriculum). 한국건강증진재단.

행정안전부(2019). 사례에서 배우는 지역문제 해결 리빙랩 가이드북. 행정안

전부.

Access Alliance Multicultural Health and Community Services. (2013). Everyone can do research: A plain language guide on how to do research. Toronto, ON: Access Alliance Multicultural Health and Community Services.

Alaimo, K. (2015). Overview of the research process: Community-based participatory research. *Community-Based Participatory Research*, 1～10.

Belone, L., Lucero, J. E., Duran, B., Tafoya, G., Baker, E. A., Chan, D., Chang, C., Greene-Moton, E., Kelley, M., & Wallerstein, N. (2016). Community-based participatory research conceptual model: Community partner consultation and face validity. *Qualitative Health Research, 26*(1), 117～135. https://doi.org/10.1177/1049732314557084

Burns, J. C., Cooke, D. Y., & Schweidler, C. (2011). *A short guide to community-based participatory action research: A community research lab guide.* Los Angeles, CA: Advancement Project-Healthy City Community Research Lab.

Center for Participatory Research. (n.d.). A national study of community and academic partnerships. Visioning with the Community Based Participatory Research (CBPR) Model 2: Engage for equity. Retrieved from https://cpr.unm.edu/research-projects/cbpr-project/index.html

Corburn, J. (2005). *Street science: Community knowledge and environmental health justice.* Cambridge, MA: MIT Press.

Hall, B. L., Jackson, E. T., & Tandon, R. (2013). *Knowledge, democracy and action: Community-university research partnerships in global perspectives.* Manchester, England: Manchester University Press.

Hall, B. L., Tandon, R., Lepore, W., Singh, W., Easby, A., & Tremblay, C. (2016). Theoretical pedagogical framework for community-based research. In B. L. Hall, R. Tandon, & C. Tremblay (Eds.), *Knowledge and engagement: Building capacity for the next generation of community-based researchers*(pp. 7～29). Victoria, BC: University of Victoria Press.

Kastner, M., & Motschilnig, R. (2021). Interconnectedness of adult basic education, community-based participatory research, and transformative learning. *Adult Education Quarterly, 19*(2), 123~145. https://doi.org/10.1177/0741713618815685

Lee, R., & Barnett, L. (2013). *Participatory research & health equity*. Boston, MA: Harvard T.H. Chan School of Public Health.

Love, K., Zimmerman, S., & Cohen, L. (2009). *A manual for community-based participatory research: Using research to improve practice and inform policy in assisted living-based participatory research*. Chapel Hill, NC: The CEAL-UNC Collaborative.

Minkler, M., Breckwich-Vasquez, V., Warner, J. R., Steussey, H., & Facente, S. (2006). Sowing the seeds for sustainable change: A community-university research and action partnership in Indiana and its aftermath. *Health Promotion International, 21*(4), 293~300. https://doi.org/10.1093/heapro/dal027

Minkler, M., Garcia, A. P., Rubin, V., & Wallerstein, N. (2012). Community-based participatory research: A strategy for building healthy communities and promoting health through policy change. *PolicyLink,* 1-50. Retrieved from https://www.policylink.org/resources-tools/community-based-participatory-research

Minkler, M., Salvatore, A. L., Chang, C., Gaydos, M., Liu, S., Lee, P. T., & Krause, N. (2014). Wage theft as a neglected public health problem: An overview and case study from San Francisco's Chinatown district. *American Journal of Public Health, 104*(6), 1010~1020. https://doi.org/10.2105/AJPH.2013.301861

Scammell, M. K. (2005). Roots of community research: Primer on the legacy of participatory research partnerships. Retrieved from https://www.reimaginerpe.org/node/158

Schulz, A. J., Israel, B. A., Selig, S. M., & Bayer, I. S. (1998). Development and implementation of principles for community-based research in public health. In R. H. MacNair (Ed.), *Research strategies for community practice*(pp.

83-110). New York, NY: The Haworth Press.

Switzer, S., & Adams, M. (2012). *Community-based research toolkit: Resources and tools for doing research with community for social change.* Toronto, ON: Access Alliance.

Tremblay, M. C., Martin, D. H., Macaulay, A. C., & Pluye, P. (2017). Can we build on social movement theories to develop and improve community-based participatory research? A framework synthesis review. *American Journal of Community Psychology, 59*(3～4), 333～362. https://doi.org/10.1002/ajcp.12131

Wallerstein, N., Duran, B., Oetzel, J., & Minkler, M. (Eds.). (2018). *Community-based participatory research for health: Advancing social and health equity*(3rd ed.). San Francisco, CA: Jossey-Bass.

Weiner, J., & McDonald, J. A. (2013). Three models of community-based participatory research. *LDI Issue Brief, 18*(5), 1～7.

Wikipedia contributors. (2023, June 1). Living lab. In Wikipedia, The Free Encyclopedia. Retrieved from https://en.wikipedia.org/wiki/Living_lab

# 참고 웹사이트

## 리빙랩 관련 사이트

https://www.ntis.go.kr/scisoplatform/ (사회문제해결플랫폼)

https://blog.naver.com/sotech2017 (한국리빙랩네트워크)

## 로컬랩 관련 사이트

https://blog.naver.com/chrong19 (삼양로컬랩)

https://blog.naver.com/locallabhy (화양동 로컬랩)

http://www.participatorycity.org/ (영국의 참여도시 프로젝트 사이트)

## 지역기반 참여연구 관련 사이트

https://cpr.unm.edu/research-projects/cbpr-project/index.html

뉴멕시코대학 건강 과학 센터(HSC) 내에 2009년 설립한 참여연구 센터(UNM-CPR). UNM-CPR은 참여적이고 협력적인 접근 방식을 통해 건강 불평등을 해결하는 주 전역의 커뮤니티 파트너와 연구 네트워크를 지원한다.

https://www.cbpr.org/

남동부 커뮤니티 리서치 센터(SCRC)는 커뮤니티 기반의 비영리 조직으로 커뮤니티 그룹의 질문, 문제 및 전문성을 연구 및 교육기관의 리소스 및 전문성과 연결하는 개념적 및 기술적 다리 역할을 한다.

https://rilla7.wixsite.com/civicpolitics

한국정치학회 시민정치교육 사이트로 CBL 정치학 수업에 대한 소개, 방법론, 연구성과 등을 담고 있다.

https://livingknowledge.org
국제 과학상점운동 네트워크 사이트

http://www.scienceshop.or.kr
대전 시민참여연구센터 사이트

# 5장
# 참여적 공동체 개발을 위한 학습

■ 요약

우리에게 개발은 전문가들에 의한 혁신적 기술 개발로 짧은 시간 안에 효율적인 성과를 내고, 빈곤 상황에서 벗어나 선진국 대열에 들어가는 것이었다. 압축적 성장은 좋은 개발이 무엇인지, 어떤 상황이 행복감을 주는지, 누구의 삶이 어떻게 변화해야 하는지 물어보지 않는 일방적 개발이었다. 경제적 선진국은 되었지만, 성장주의 개발 방식은 여러 한계에 봉착하고 있으며, 인구 감소와 도시 쇠퇴 지역의 확대, 공동화 현상, 공간 불평등, 지방 소멸 등의 과제들에 직면해 있다.

빈곤, 불평등, 환경 악화, 내전, 정치적 독재 등의 상황을 겪고 있는 제3세계에서도 '개발'은 핵심 과제다. 과거 무력에 의한 침략과 약탈의 상태를 벗어나기는 했지만, 여전히 원조 방식에 의한 개발은 외부 선진국과 경제 전문가의 필요와 방식에 의해 진행된다. 원조 개발이 국제협력이라는 형태의 변화를 겪고는 있지만 국가, 빈부, 도농 간 격차는 줄어들지 않는다. 이 장에서 학습할 '참여적 개발'은 그간의 농촌 개발, 원조 개발의 실패가 전문가들의 편견 때문임을 밝히고, 농촌과 지역주민이 개발의 주체가 되어야 함을 주장한다. 지역주민들이 직접 자신이 필요로 하는 것들을 판단하고, 개발 방식 역시 제1세계가 아닌 현지에서 시도해 왔던 것들을 평가해 개선하는 방식으로 진행한다. 개발학의 선구자 로버트 챔버스의 참여적 개발론과 속성지역평가, 참여지역평가, 참여학습행동 등의 방법들을 통해, 어떻게 지역의 주민들이 기존 편견들을 뒤집으면서 개발에 대해 스스로 학습하고 실천으로 옮기며 다른 개발 프로젝트들과 결합해 나가는지를 살펴보고자 한다. 특히 챔버스의 참여적 개발 방식은 관념적이고 구술적인 방식 대신 구체적이고 시각적으로 공유할 수 있는 매핑, 벤다이어그램, 매트릭스, 캘린더 등과 같은 도구들을 활용한다. 2000년대 들어서면서 참여적 개발은 국제개발협력의 중심적 방법으로 자리 잡았고, 최근 국내에서 진행된 도시재생, 마을공동체 사업에서도 참여적 방식을 사용하고 있다.

■ 주요 이론가 및 교육 이론/방법론

로버트 챔버스의 속성지역평가, 참여지역평가, 참여학습행동

주요 방법론: 반구조화 면담, 가로질러 걷기, 매핑, 벤다이어그램, 매트릭스, 랭킹, 캘린더 등

■ 누가, 어디에, 어떻게 활용할 수 있나요

국제개발협력 관계자: 한국의 국제개발협력 사업에서 당사자성에 기반한 참여적 활동을 기획하고 평가할 수 있다.

도시재생 관계자: 도시재생은 외부의 전문성과 기술 보다는 현지의 역사적 스토리와 지식에 기반한 주민들의 주도가 제일 중요하다. 참여적 개발 방식은 주민들 스스로 지역에 대해 분석하고 학습할 수 있게 하며, 주민공동체를 형성하고 공동체 개발을 주도하도록 역량강화를 위한 교육과 프로그램을 진행할 수 있다. 특히 자원이 부족한 주민들에게 더욱 효과적으로 적용할 수 있다.

농촌, 어촌 등 지역사회 활동가: 농어촌의 경우 고령화와 인구 감소로 자

신들의 생산 활동, 지역 정보 등을 공유하지 못하는 경우가 많다. 참여적 개발을 통해 생산 작물, 각종 인적·물적 자원, 편의시설, 지원 시설과 자원 등을 주민과 함께 파악하고 지역사회 정책에 반영할 수 있다.

문해교육 교사: 학습자가 어느 수준에 이르기 전에는 글을 중심으로 자기를 표현하기가 어려우므로 학습자의 삶을 파악하거나 문제 발견까지 가기 쉽지 않다. 이미지를 주로 쓰는 참여적 개발 방법을 활용해 학습자 삶의 만족도와 현실, 문제점들을 파악, 공유하는 것이 가능하다.

모든 권력은 거짓말을 한다.

– 로버트 챔버스

그들(지역주민)은 할 수 있다. 그들에게 물어라. 막대기를 쥐여 주어라.

– 로버트 챔버스

## 들어가며

개발 또는 발전[34]에 대해 생각하면 무엇이 떠오르는가? 아마도 많은 사람이 부동산을 가장 먼저 떠올리고, 연이어 재개발, 개발 이익, 투기, 의혹 등을 떠올릴 것이다. 가난한 사람들은 내 삶과는 거리가 먼 것, 이주, 강제 철거, 반대 투쟁과 같은 말들을 떠올 수도 있다. 한국 사회에서 각자가 사는 지역, 마을, 동네가 어떠하길 바라는지, 무엇이 필요한지 의견을 내 본 사람이 많지 않다. 지역을 개발하는 국가나 지자체, 건설 회사 역시 시민에게 묻지 않는다. 지역과 동네는 일방적 개발 계획에 의해 만들어지고, 주민들은 그걸 구매하는 방식으로 '소비'하고, 쓰다가 불편하면 민원을 넣거나 애프터서비스를 요청한다. 이러한 개발 방식은 또한 오랜 시간 주민들이 필요에 의해 쌓아 온 여러 삶의 방식이나 지혜들, 자연환경과 골목길, 쉼터 등을 없애 버리고 공간을 구매할 능력이 없는 원

---

34) 영어 단어 'development'는 개발, 발전으로 번역할 수 있다. '개발'은 물리적, 경제적 의미가 강하다. 현재 널리 쓰는 '국제개발협력'이라는 용어도 시설을 짓거나 경제적 성장을 이루게 한다는 의미가 담겨 있다. '발전'은 '더 좋은, 나은 상태'라고 말할 수 있는데, 사회나 국가의 인식론적 · 철학적 관점에 따라 의미가 달라진다. 그래서 발전은 다소 복수적인 담론이다.

주민들까지 내쫓아 그 흔적을 없애 버린다. 우리가 딛고 서 있는 많은 곳은 압축적 경제 성장이라는 폭력적 상황 속에서 '개발'되었고, 그곳에 사는 주민들은 개발의 주체가 아닌 소비자에 지나지 않았다.

한국은 2009년에 OECD 개발원조위원회(DAC)에 가입하면서 OECD 출범 이후 원조 수혜국에서 공여국이 된 최초 사례가 되었다. 한국은 지원이 필요한 국가에 개발, 발전의 경험을 잘 전수하고 있을까? 아쉽게도 아직은 양적, 질적으로 부족한 부분이 많고 방법론과 철학적 토대에도 부족함이 있어 보인다. 유상원조가 여전히 큰 비중을 차지하고, ODA를 제공하면서 공여국 기업에 자재 · 물자 · 용역을 구매하게끔 하는 구속성 원조 비중도 높다(장혜진, 2016). 서로 다른 조직이 같은 국가에 내용이 중복되는 지원을 하는 경우도 있고, 기업을 이익을 위해 주로 시설을 짓는 사업을 하기도 한다. 인권 보장, 탈냉전, 기후변화 대응과 환경보전, 지속가능발전, 주민 역량강화 등의 주제들이 국제개발협력의 중심 주제로 변화하고 있음에도 한국의 ODA는 여전히 성장, 국가 이익, 경제, 건설 중심적 방식에 그치고 있다. 어찌 보면 고도의 압축적 경제 성장 경험을 가진 한국이 '더 나은 발전과 성장'에 대한 자신만의 철학적 기반을 가지지 못하는 것은 당연해 보인다.

최근 들어 일부 정책을 통해 정부나 지자체가 주민에게 '개발'을 묻기 시작했다. '도시재생'이라는 개발 방식은 오랫동안 만들어진 삶의 공간들을 일방적으로 없애 버리는 것이 아니라, 주민들의 필요와 의견을 반영해 다시 잘 활용하려는 정책의 일환이다. 2000년대 이후 몰아닥친 경제 위기와 저성장으로 인해 도시개발이 한계에 부딪히면서 등장한 정책적 흐름이기도 하다. 도시재생은 시설을 보완하는 물리적 재생, 지역공동체 주도로 주민과 그 생활 터전에 활력을 되찾는 관계적 재생을 함께 진행한다. 이를 위해 주민협의체를 만들어 참여 주체 성장을 위한 각종 역량강화 사업과 지역사회문제 해결을 위한 사업을 진행하고, 커뮤니티 활동을 할 수 있는 앵커 시설을 만든다. 도시재생 정책은 이런 측면에서 참여적 개발의 한 형태라고 할 수 있다. 하지만 현실에서는 주민의 권한 행사가 쉽지 않고, 의견을 낼 수 있는 역량이 확보되지 않은 상황에서 사업이 진행된다. 도시재생 사업에서 비중이 큰 물리적 재생 부분은 대부분 외부 전문가인 지자체와 (중간지원조직인 지원센터) 기술 용역팀에 의해 결정된다. 관계적 재생인 공동체적 재생에서도 주민 갈등 상황이 발생하거나, (사업 기간의 제한으로) 단발적 교육이나 보여 주기식 행사, 소수 주민의 독단적 운영 등으로 여러 어려움을 겪고 있다. 여전히 외부 개발자의 전문성이 중시되고 그 영향력이 강하며, 내부 당사자들의 의견은 잘 반영되지 않은 채 주민들의 역량과 관계성은 성장하지 못하는 결과를 낳는다.

1970년대 이후 압축적 성장과 도시화를 추진해 온 한국 사회는 인구 감소와 도시 쇠퇴 지역의 확대, 공동화 현상, 공간 불평등, 지방 소멸 등의 과제들에 직면해 있다. 외부에 의한 대규모 개발 계획보다는 그곳에 살면서 애착을 가지고 계속해서 살아갈 주민들의 지식과 경험을 토대로 동네와 지역을 변화시켜 나가는 과정들이 필요한 상황이다. 이 장에서 다룰 참여적 개발은 외부 전문가에 의해서 진행된 제3세계 (농촌) 지역의 개발 실패를 비판하면서, 내부 주민들을 중심으로 개발 방식을 전복하려는 시도라고 할 수 있다.

이 장에서는 먼저 참여적 개발의 핵심 사상가이자 개발학의 창시자라고 할 수 있는 로버트 챔버스의 이론을 살펴볼 것이다. 이어서 챔버스를 비롯해 여러 지역의 실험들을 통해 형성된 참여적 개발 방법론인 속성 지역평가와 참여지역평가, 참여학습행동의 역사와 세부 방법론을 구체적으로 살펴볼 것이다. 참여적 개발은 그동안 외형적 성장과 소수의 이익집단만을 중심으로 해 온 한국 사회의 개발과 원조 방식에 대해, 지역주민의 관점에서 주민의 실천으로 지역사회를 변화시켜 나가는 데 여러 가지 시사점을 줄 것이다.

## 참여적 개발의 선구자, 로버트 챔버스

참여적 개발의 가장 대표적인 이론가로 개발학의 구루(guru)로 불리는 로버트 챔버스를 들 수 있다. 그가 개발한 PRA는 지속가능개발과 국제 농어촌 평가 분야에서 세계적으로 가장 널리 활용된다(Greenwood & Levin, 2007:325). 국제개발을 수행하는 대표적인 기관인 세계은행, 미국국제개발처(USAID), 식량농업기구(FAO)와 같은 국제기구를 비롯해 100여 개가 넘는 국가 또는 지역에서 그의 참여적인 학습과 평가 방식을 채택하여 활용하고 있다.[35] 챔버스는 옥스퍼드대학교에서 경제학을 공부한 관료 출신으로, 1960년대 영국 서식스대학교 개발학연구소(Institute of Development Studies, IDS)에서 일하게 되면서 본격적으로 개발학 연구를 시작한다. 당시 개발 부문에서 가장 지배적이었던 관점은 경쟁적 개인주의 시장 이론으로, 저개발 문제를 구조가 아닌 개인차에 의한

---

35) 챔버스의 참여적 개발은 다음과 같은 국제 NGO 조직에서 사용하고 있다(Shah, Degnan, & Monahan, 1999). 액션에이드(Action-Aid), 아가칸재단(Aga Khan Foundation), 케어(CARE), DFID, 옥스팜(OXFAM), 세이브더칠드런(Save the Children), 유니세프(UNICEF), 윈록(Winrock), 월드네이버(World Neighbors), 세계자원연구소(World Resources Institute), 덴마크국제협력단(Danida), 포드재단(Ford Foundation), 독일기술공사(GTZ), 국제개발연구센터(IDRC), 국제농업개발기금(IFAD), 공적개발원조(ODA), 스웨덴개발도상국연구협력단(SAREC), 스웨덴국제개발협력청(SIDA) 등.

것으로 보기 때문에 적절한 목표를 설정해 자극과 지원을 구조화하면 교정될 수 있다고 보았다(Greenwood & Levin, 2007). 1970년대부터는 선진국과 부유층의 경제 성장에 따른 낙수 효과(trickle-down effect)로 제3세계 국가나 저소득층도 시간이 지나면 더 잘살게 된다는 관점이 지배적이었다. 하지만 1980년대를 지나면서 개인주의적이고 근대화론에 기반한 접근들은 가난한 사람들, 농촌, 저개발 국가의 상황을 개선하지 못했고, 오히려 빈부, 도농, 세계 간 격차는 더욱 커졌으며, 선진국들의 부유함이 낙수 효과를 낳기는커녕 제3세계에 대한 착취로 얻어진다는 사실이 증명되면서 비판받기 시작했다.

이에 대한 대안으로 '참여'를 중심으로 개발 담론이 등장하기 시작했다. 1970년대 초반 미국 코넬대학교는 미국국제개발처와 함께 농촌 개발 과정에 참여라는 요소를 도입하기 시작했고, 1970년대 후반 아시아 여러 곳, 특히 농촌 지역의 다양한 참여적 조사, 생태계 분석, 현장 조사 방법들에 대한 연구와 실험들이 합쳐지면서 참여적 개발 방법론이 만들어졌다(Chambers, 1994a). 챔버스는 첫 저서인 『농촌 개발: 마지막을 처음에 두기(Rural development: Putting the last first)』를 통해 지역개발에서 외부 전문성의 한계를 지적하면서, 농민들의 참여와 학습을 우선 고려해야 함을 주장했다. 또한 도시의 경제 성장으로 인한 (낙수)효과를 기다리는 것이 아니라 빈곤한 농촌에 실질적으로 필요한 것들(위생, 보건, 교육, 생계)을 조사해 먼저 충족시켜야 한다고 주장했다. 이후 1988년 『농민을 우선으로(Farmer first: A practical paradigm for third world agriculture)』와 그의 대표작인 『누구의 현실이 중요한가: 처음을 마지막에 두기(Whose reality counts? Putting the first last)』를 1997년에 펴내면서 개발학과 참여적 개발 방법론을 구체적으로 만들어 나갔다.

챔버스는 원조 개발, 농촌 개발의 실패 원인인 전문가의 편견들

(bias)을 찾아 그것을 뒤집는 데서 『누구의 현실이 중요한가』를 시작한다. 지금까지의 원조 개발을 외부 전문가들의 단편적인 지식과 자기 전문성에만 기대어 지역개발 계획을 수립하는 '개발 관광(development tourism)'[36] 방식으로 규정짓고, 서구와 근대의 타자화 전략이라며 비판했다(Chambers, 1997). 서구는 제3세계와 농촌을 덜 근대화된 곳으로 여겼고, 빈곤을 '개발(발전)이 되지 않은 상태'이며 결핍(deprivation)되고 불편(ill-being)한 것으로만 해석했다(낭공스, 2016.2.29). 그는 서구 전문가들이 가진 가난과 빈곤에 대한 전문적 편견들(Professional biases)은 북반구의 산업 도시 중심의 현실들이어서 가난한 사람들의 지역적이고(local), 복합적이며(complex), 다양하고 역동적인(diverse and dynamic) 현실과 다를 수밖에 없다고 비판했다(Chambers, 1995). 원조 개발 실패 원인인 전문적 편견들의 가장 대표적이고 구체적인 사례로 소득과 고용 지표를 들 수 있다. 소득 지표들은 주로 1인당 실질 GDP, 소비(량)처럼 다른 여러 삶의 요소들에 비해 경제적인 측정과 비교가 용이하기 때문에 빈곤 판단에 널리 쓰이지만, 농촌과 같이 계절적 영향이 크고 공동체 의존적이며 자급자족 비중이 높은 곳에는 적절치 않다고 주장했다. 고용 역시 작업장과 노동력을 중심으로 한 북반구 산업적 경험에 의

---

36) 챔버스는 외부 전문가의 편견 여섯 가지를 제시했다.
1) 공간적 편향성: 정보 수집을 위한 현지 답사는 예외 없이 도로 상태나 교통편이 좋은 지역에 집중
2) 프로젝트 편향성: 진행 중인 프로젝트가 중심이 되는 편향성
3) 개인적 편향성: 소통이 가능한 사람들이나 교육받은 사람들이 중심이 되는 편견
4) 뚜렷한 건기 편향성: 견딜 만한 날씨이거나 질병과 기아가 만연하지 않을 때를 중심으로 고려하는 편향성
5) 예의범절 편향성: 민망한 질문 삼가하고 예의 바른 대답들만 반영하는 편향성
6) 직업적 편향성: 전문가를 더 대우하게 되는 편향성

해 도출된 것이기에, 제3세계와 농촌 지역의 복잡성과 다양한 현실을 담아내기 어렵다고 비판하며, 농촌 빈곤과 개발에서 사회적 열등감(social inferiority), 고립(isolation), 약한 신체(physical weakness), 취약성(vulnerability), 계절적 결핍(seasonal deprivation), 무력감과 굴욕(powerlessness and humiliation), 지속적 생계(Sustaianble livelihood),[37] 자존감, 건강, 안전, 가정과 사회에의 참여 등 여러 가지 요소들을 함께 고려해야 함을 주장했다(Chambers, 1995). 표 5-1은 전문가와 가난한 사람들이 생각하는 현실이 어떻게 다른지 보여 준다(Chambers, 1995:185).

챔버스는 '마지막을 처음으로, 처음을 마지막으로'라는 그의 책 제목처럼, 누구의 관점에서 현실을 분석할 것인지 뒤집어 사고할 것을 주문한다. 외부 전문가가 추출해 내는 하향식에서 지역주민의 관점과 지식에서 출발하는 상향식으로, 소득과 고용 같은 일방적 표준화에서 벗어나 지역화된 다양성으로의 변화로, 다 짜여 있는 청사진을 제시하는 것에서 주민들의 학습 과정을 통해 스스로 발견해 가는 개발로 변화할 것을 주장했다(Chambers, 1994a; Greenwood & Levin, 2007). 또한 지역, 농촌, 제3세계의 삶과 사람들을 불편하고 열등한 것으로 규정해 버리는 것이 아니라, 지역주민들이 현재의 삶에 대해 생각하게 하고, 보다 나은 삶

---

37) 챔버스는 가난한 사람들의 생계 전략이 매우 다양하고 복잡하다는 것을 강조한다. 그는 여우와 고슴도치를 비교하면서, 고슴도치에겐 하나의 아이디어가 있고 여우에겐 여러 아이디어가 있는데, 도시의 파트타임 종사자(또는 노예)는 힘이 없고, 배제되고, 생존 전략이 다양하지 못한 고슴도치와 같다고 보았다. 대신 남쪽(남반구, 제3세계)의 사람들은 여우와 같이 생계를 위해 다양한 포트폴리오를 가지고 있다고 주장한다. 유지, 보호, 음식, 연료, 동물, 사료, 현금, 여러 장소, 시간 등을 활용한 다양한 유지 방법 등 도시에 비해 훨씬 다양한 생활 능력과 유형 자산들을 가지고 있다고 판단한다. 그래서 농촌의 사람들과 함께 하는 새로운 패러다임은 소득보다는 역전, 탈집중화, 지역 다양성, 복잡성, 권한강화 등을 강조한다(Chambers, 1995).

표 5-1 전문가와 가난한 사람들의 현실에 대한 비교

| 전문가가 (판단하는) 현실 | 가난한 사람들의 현실 |
|---|---|
| 보편적(universal) | 지역적, 특별한(local, specific) |
| 단순화된(simplified) | 복잡한(complex) |
| 환원주의(reductionist) | 전체적인(holistic) |
| 표준화된(standardized) | 다양한(diverse) |
| 물리적인(physical) | 체험적인(experiential) |
| 양적인(quantified) | 비양적인(unquantified) |
| 소득, 박탈, 빈곤, 고용(income-poverty deprivation, employment) | 다양한 측면의 생계 (multi-dimensional livelihood) |

을 위해 무엇이 바뀌어야 하는지 묻는 데서부터 출발해야 함을 강조했다. 외부 전문가의 역할에 대해서도, 비판적인 자기성찰을 촉진해 주민과 함께 조사, 학습하는 참여적 방식을 통해 실질적 가치들을 반영하고 실험 공간을 창조해 내는 혁신을 강조했다(Williams, Meth, & Willis, 2016).

챔버스는 RRA와 PRA로 대표되는 구체적 방법론을 통해 자신의 생각들을 현실화했다. 참여적 개발 방법론의 새로운 의제로 '지방 사람들(특히 가난한 사람)에 의한 직접 분석과 행동, 지속가능한 살림(livelihood), 권력의 탈집중화 · 민주화 · 다양화, 전문적이고 개인적인 변화'를 제시했다(Chambers, 1995). 기존의 외부 편견들을 주민 스스로 재프레임화하는 과정을 통해 역전하고, 하나의 기준이 아닌 다양한 기준들을 통해 탈집중화하며, 다양하고 복잡한 지역에 대한 학습을 통해 주민들 스스로의 권리와 전략을 결정하는 권한 강화 과정이다.

## 참여적 개발 방법론의 실제

### 참여적 개발 방법론의 역사적 전개

챔버스는 어떤 방법으로 주민 스스로 자신의 상황들을 분석하고 행동과 연결하도록 하려 했을까? 챔버스의 참여적 개발 방법론은 1970년대 속성지역평가에서 시작해 1980년대 참여지역평가, 1990년대 참여학습행동으로 변화, 발전해 나간다. 챔버스는 이 방법론들의 토대에 파울로 프레이리가 있으며, 기본적으로 학습 활동으로 시작하지만 분석과 실천, 권한 강화(empower)가 결합된, 학습을 넘어서는 활동이라고 보았다(Chambers, 1994a). 1970년대 후반 가장 먼저 시도한 RRA는 외부 전문가들이 농촌의 삶과 조건을 학습하는 방법론으로 개발되었다. 당시 외부자들에 의한 개발 관광은 그들이 보고 싶은 것을 중심으로 조사하는 것이었고, 광범위한 내용에 긴 시간이 소요되었다. RRA는 그 한계들을 극복하기 위해 연구자들이 토착 기술이나 지역의 지혜들을 받아들여 지역주민들과 함께, 그리고 빠르게(rapid) 지역을 조사하는 방법론이다. 주로 남아시아나 제3세계에서 시도한 농업 생태계 분석, 응용인류학 연구, 농업 시스템에 대한 현장 조사, 태국 치앙마이대학교의 혁신과 영감 등이 기반이 되었다(Chambers, 1994a). 1985년에는 태국에서 RRA의 여러 경험을 공유하는 국제회의가 열렸고, 같은 해 세계은행에서 참여적 개발 관점이 담긴 『사람을 우선하기(Putting people first: Sociological variables in rural development)』라는 책이 나오면서 서서히 확산된다. 1980년대 후반 RRA 방법론은 여러 지역과 다양한 내용에 대한 적용과 변용을 거치면서 시사적(topical) RRA(특정 이슈에 적용하는), 평가적(monitoring) RRA(개발 효과성 평가를 위한), 참여적(participatory) RRA(개발 작업의 모든 단계에 농민을 포함하는), 탐험적(exploratory)

RRA 등으로 다양화했고, 이 중 참여적 RRA가 PRA로 변화한다.

RRA가 외부자들이 지역주민과 함께 정보를 수집하는 것이 주요 목적이라면, PRA는 지역의 내부자들이 주체가 돼 직접 지역에 대한 다양한 조사, 분석, 학습, 계획, 실행, 모니터링, 평가를 진행하는 데 초점을 둔다. 1980년대부터 시도된 매핑이나 다이어그램 도구들과 농업 생태계 분석에서 시도한 시각적인 방법들이 도입되었고, 1990년대 초반(1990~1993년) 케냐와 인도에서 지방 사람들의 참여와 가능성, 행동, 라포르 같은 어젠다가 더해진 참여 학습 방법(Participatory Learning Method, PALM)론들이 등장하면서 'PRA 방법론'으로 변화, 발전한다(Chambers, 1994b). 1990년대 중반이 되면서 40여 개 국가에서 PRA를 주요 개발 방법론으로 사용하게 되고, 세계은행이 참여형 빈곤 평가(Participatory Poverty Assessment)에 이 도구를 사용하면서 전 세계로 확산된다.[38] 이후 2000년대에는 100여 개 국가에서 이 방법론을 적용하고 30개국 이상에서 네트워크가 만들어진다. 세계은행은 신자유주의 정책으로 증가하는 빈곤의 상황과 경험을 조사하기 위해 이 방법을 채택하고, 그 결과를 『가난한 사람들의 목소리(Voice of the poor)』라는 이름으로 출간했다. 그리고 양허성 차관을 지원할 때 필요한, 개도국이 채무 탕감과 빈곤 경감 자금을 받기 위해 작성하는 '빈곤감소전략문서(Poverty Reduction Strategy Papers)'에서도 참여가 강조된 PRA방식을 채택하도록 했다(Cornwall & Scoones, 2022).[39]

---

38) 빈곤 완화와 지속가능성장 등에 애를 쓴 제임스 울펀슨(James Wolfensohn) 제9대 세계은행 총재의 영향이 컸다고 할 수 있다.

39) 세계은행은 1990년대 이후부터 '참여'가 중심이 된 개발 방식으로 전환하면서 그 파트너로 정부가 아닌 국제 NGO를 선택했다. 1980년대에 10%에 그쳤던 공동 사업 비중이 2006년에는 70%까지 증가했다(Williams et al., 2016).

PRA는 주로 농촌 평가에서 시작해 도시로도 확장이 되었고, 내용에서도 빈곤뿐만이 아니라 자원 관리, 건강, 음식, 안전, 물, 위생, 조직 분석, 공동체, 지방 계획, 시장 분석 등으로 확장되면서 1990년대 중반 PLA라는 또 하나의 방법론으로 진화한다.[40] PLA는 앞선 두 방법론처럼 한 형태로 매뉴얼화되기보다는 문해(리플렉트), 위생(통합적 위생 관리, Community-Led Total Sanitation, CLTS), 해충 관리(Integrated Pest Management, IPM), 빈곤 평가, 참여적 지리정보시스템(Participatory Geographic Information Systems, PGIS)과 같이 특정한 주제나 영역을 중심으로 자기 완결성을 갖춘 방법론들로 진화, 발전하고 있다. 최근에는 IT 기술이 더해져 참여적 정보통신기술(ICT) 방법으로도 변화, 발전하고 있다(Chambers, 2017).

### 참여적 개발 방법론의 원칙과 차이들

1970년대 속성지역평가에서 시작해 1980년대 참여지역평가, 1990년대 참여학습행동으로 변화, 발전한 세 가지 방법론은 여러 원칙과 방법을 공유한다. 각 방법론에서 강조하는 측면을 보기 이전에, 공통 원칙을 살펴보자(Chambers, 1994b; 2007b).

- 학습의 뒤집기(reversals): 사람들로부터, 사람들에 의해, 사람들과 함께 학습한다. 그들의 목록을 사용하고 도출한다. 지역에서 통찰력을 얻는다.

---

40) 국제환경개발연구소(The International Institute for Environment and Development, IIED)는 RRA 방법론이 활성화되면서 1988년부터 이론, 성과, 사례들을 학술지(≪RRA NOTE≫)를 통해 공유, 소통했다(학술지 이름은 1995년에 ≪PLA NOTE≫로 전환).

- 빠르고 점진적인 학습(rapid progressive learning)을 한다. 또한 유연하고(flexible), 탐색적이고(exploratory), 상호작용적이고(interactive), 독창적인 학습(inventive)을 한다.
- 진실에 다가가기 위해 크로스체킹 방법으로 삼각화(triangulation)를 사용한다.
- 현장에서 직접 면대면 접촉을 한다.
- 다양성과 차이들을 추구한다.
- 편견들을 상쇄한다.
- 조급함이 아닌 느긋함, 강의가 아닌 듣기, 다음 주제로 대충 넘어가는 것이 아닌 엄밀한 조사, 더 가난한 사람과 여성들의 관심과 그들이 가진 것에서 배우기를 추구한다.
- 최적의 무지(optimal ignorance): 알 가치가 있는 것과 그럴 필요가 없는 것을 구분하는 것이다. 연구에 필요한 데이터를 선별해 적절한 자료를 수집한다.
- 적절한 부정확성(appropriate imprecision): 기존 조사에서는 수집된 데이터 중 상당수가 실제로 불필요한 정도의 정확성을 갖고 있다. 문제의 영향을 받는 절대 수치에 대한 정확한 정보보다는 문제의 원인, 추세, 변화 방향을 알아내는 것이 더 유용한 경우가 많다.

이 방법론들은 기본적으로 현장지식을 중요시하는 질적이며 참여적 방법론으로, 실행연구(action research)와도 많은 공통점이 있다. 지역주민이 직접 자신의 상황을 분석해 새로운 지식을 창출하고 직접 행동할 수 있도록, 권한을 부여하고 탈집중화한다. 방법적인 측면에서는 다양한 편향(젠더, 공간, 소득, 교육, 기대 편향)들을 줄이기 위해 '삼각화'를 사용한다. 삼각화는 한쪽으로 기울어지지 않고 다양한 측면을 고려하는

그림 5-1 삼각화(JOFCA, 2002)

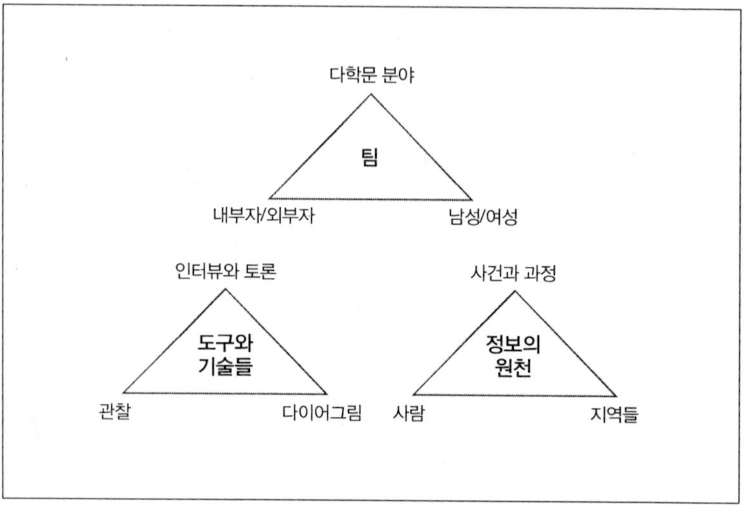


최적화를 통해 진실에 다가가려는 크로스체킹 방법으로, 그림 5-1과 같이 팀 구성이나 세부 방법론의 선택과 활용, 정보의 원천(소스)을 적어도 세 가지 부류와 방법들을 통해 다양화하는 것이다(Greenwood & Levin, 2007; Freudenberger, 2008; JOFCA, 2002).

RRA, PRA는 여러 원칙들을 공유하지만, 표 5-2와 같이 몇 가지 측면에서는 차이를 보인다(Chambers, R, 1994a).

앞서 이야기했듯이 RRA에서는 외부자들이 지역주민들에게 배우는 것이 초점이라면, PRA는 지방 사람들 스스로의 권한 강화가 목적이다. 그래서 PRA는 정보 수집을 위한 방법과 기술보다는 행동과 태도의 변화, 비판적 인식을 더 중요하게 여긴다. 그래서 '그들이 직접 하게 하라. 막대기를 들게 하라'와 같은 교훈들이 더욱 강조된다. 그리고 다양하고 심화된 집단적 분석을 위해, 다소 개별화된 구술적 방식보다는 함께 공

표 5-2 RRA와 PRA의 차이점

| | RRA | PRA |
|---|---|---|
| 주요 발전 시기 | 1970년대 후반, 1980년대 | 1980년대 후반, 1990년대 |
| 주요 혁신자 | 대학 | NGO |
| 초기 주요 사용자 | 원조 기구, 대학 | NGO, 정부 현장 조직 |
| 초기 과소평가된 핵심 자원 | 지방 사람들의 지식 | 지방 사람들의 분석적 능력 |
| 주요 혁신 | 방법, 팀 매니지먼트 | 행동, 실험적 훈련 |
| 주요 방식 | 추출, 발췌 | 촉진, 참여, 권한 강화 |
| 이상적 목표 | 외부자들이 배우는 것 | 지방 사람들의 권한 강화 |
| 장시간의 결과 | 계획, 프로젝트 출판 | 지속적 지방 행동과 제도화 |

유할 수 있는 시각적인 방식이 훨씬 더 많이 사용된다. RRA가 주로 반구조화 면담 또는 조사와 같은 구술적인 방법을 많이 사용한다면, PRA는 매핑, 모델링, 스코어링, 랭킹, 다이어그램, 씨앗, 막대기, 돌 등 시각적 방법들과 도구들을 사용하며 개인보다는 그룹에 집중하는 것이다. 챔버스는 구술적 방법과 시각적 방법, 최근에 활용되기 시작한 디지털 방법의 차이를 표 5-3과 같이 정리했다(Chambers, 1994b:1264).

챔버스는 RRA에서 PRA/PLA로의 변화를 아래와 같은 여러 측면으로 정리했다(Chambers, 2007b).

- 평가와 분석에서 계획과 실행 그리고 모니터링과 평가로
- 지방에서 도시로
- 남반구에서 북반구로
- 안전한 주제에서 민감하고 어렵고 위험한 주제들로
- 방법에서 전문적이면서 제도적 변화로

표 5-3 대화적 모드와 시각적, 디지털적 모드의 비교

| | 버블(인터뷰, 대화) | 시각(다이어그램) | 디지털 |
|---|---|---|---|
| 매개 | 말하고 듣기 | 보고 만드는 시각들 | 주고받는 메시지들 |
| 전형적 맥락과 상호작용 | 상호 질문, 인터뷰 | 다자 그룹에 초점 | 도구를 가진 개인 |
| 통상적 사용 | 조사 데이터 수집 | 그룹과 공동체의 평가와 계획 | 시민들의 거버넌스 피드백 |
| 프레임과 목록 | 에틱[41](보편성)<br>분석자의 관점<br>표준화, 사전에 설정 | 에믹(특수성)<br>원주민들의 관점<br>다양성, 새로운 출현 | 에틱(보편성)<br>표준화, 사전에 설정 |
| 표현과 내구성의 매개체 | 임시적이고 말해진 문장들 | 보여지고 누적된 복잡한 시각물들 | 전송되고 일회적인 간단한 디지털 |
| 참가의 선택 | 외부자 | 외부자와 참가자와 결합 | 스스로 선택 참가자 |
| 외부자의 역할 | 조사자, 분석자 | 시작자, 촉진자 | 중재자, 분석자 |
| 참가자의 역할 | 반응하는 응답자 | 상호적 공동 창작자 | 복합적 커뮤니케이터 |
| 외부자 인식, 상호 눈맞춤 | 높음 | 낮거나 중간 | 아주 낮거나 없음 |
| 익명성 | 낮음 | 종종 높은 익명의 망토 | 높거나 낮음 |
| 상호작용으로 인한 데이터 왜곡 | 높음 | 낮음 | 아주 낮음 |
| 규범의 엄격함 | 통계적 | 반복적, 시각적 삼각화 | 참가의 질적 단계 |
| 영향을 미치는 것들 | 외부자의 분석 | 참가자와 촉진 | 참가자의 동기 |
| 패러다임 | 과학적 진실을 추출하는 뉴턴주의자 | 다양성과 복잡성을 더 강화시킴 | 민주적 다양성 |
| 외부자의 모드 | 증명 | 촉진 | |
| 외부자의 중재 | 지속적 | 초기에는 일부 있으나 점차 감소 | |

| | | | |
|---|---|---|---|
| 내부자의 모드 | 외부 자극에 의한 재반응 | 창조적 | |
| 내부자의 외부자에 대한 인식 | 높음 | 낮음 | |
| 매개와 재료들 | 외부자 | 내부자 | |
| 가난한, 약한 여성들 | 주변화된다 | 권한이 강화된다 | |
| 정보 흐름 | 일련적 | 누적적 | |
| 다른 정보들의 접근성 | 낮음, 일시적 | 높음, 반영구적 | |
| 결정을 위한 주도권 | 외부자 | 내부자 | |
| 공간적 시간적 캐주얼의 분석, 계획, 모니터링의 통합성 | 낮음 | 높음 | |
| 정보의 소유권 | 외부자에 의해 접근 | 내부자에 공유되어 소유 | |

- 행동과 태도에서 개인적 변화와 관계성으로
- 액션에서 정책 영향으로
- 실천에서 이론으로

그리고 PLA는 RRA나 PRA와 같이 방법으로 모델화하기보다는 지속적으로 자기 개발을 실행해 가는 공동체 권한 강화 과정에 좀 더 초점을

41) 주로 인류학에서 사용하는 용어로 에믹(emic)은 원주민들의 내부자적 관점을 말하고, 에틱(etic)은 외부자에 의한 분석의 관점을 말한다. 에믹은 주로 지역성과 당사자성이 강하며, 에틱은 보편성과 과학성이 강하다고 할 수 있다.

둔다고 할 수 있다.

### 속성지역평가 과정과 방법

RRA는 빈곤에 대한 편견을 찾는 과정으로 '우리(외부 연구자)를 재교육하고 그들(지역주민)을 참여'시켜 유의미한 데이터를 찾기 위해 지역에서 다양한 방면에 대한 전문가를 찾는 데 초점을 맞춘다. 관행적 조사의 통계 분석이나 정형화된 질문은 가급적 하지 않고, 방법의 삼각화를 적용해 '가로질러 걷기(transect walk)'를 통한 직접적인 관찰이나 반구조화 면담, 핵심 이슈에 대해 사람들에게 직접 묻기 등을 통해 가능한 정확하고 풍부한 정보들을 모으는 것이 관건이다(Chambers, 2007b). RRA 과정은 보통 4~8일 정도 소요되며 다양한 방면으로 훈련된 팀이 지역공동체의 멤버들을 촉진하는 여러 방법을 사용하고, 모인 정보들을 토대로 후속 프로젝트를 디자인하는데, 이 내용들은 국가 정책으로까지 활용하기도 한다(Freudenberger, 2008).

먼저 삼각화 방식으로 조사팀을 꾸리고 나서, 주민들 눈에 띄며 접촉이 용이한 장소를 선정하고, 주민들을 초대해 RRA 오리엔테이션을 진행한다. 이후 촉진자, 진행자들을 모아서 RRA 기술을 교육하고, 커뮤니티에 의해 우선적으로 선정된 주제들에 대한 정보를 수집한다. 다음으로 선정된 주제들과 해결책을 여러 도구를 활용하여 결합하고, 동일한 상황의 다른 마을 사례를 보거나 도움이 되는 추가 자료들을 수집한다. 이후 지역사회 실천 계획을 조정하여 완성하는 데까지 통상 수개월의 실행 과정을 거친다. 현장 연구 일정과 세부 도구들은 고정되어 있다기보다는 현장 상황에 따라 유동적으로 변화한다. 정보 수집 작업 이후에는 분석과 마을의 피드백을 통해서 자료들을 정리한다(Freudenberger, 2008:55).

RRA의 대표적 자료 수집 도구로는 반구조화 면담과 가로질러 걷기를 들 수 있다. 반구조화 면담은 주제만 제시하는 '안내된 대화(guided conversation)'로, 대화 내용에 대한 시각적 배치와 분석을 통해 새로운 질문을 구성하고 통찰력을 얻는 개방형 대화 방식이다(Chambers, 1997). 체크리스트가 있는 상태에서 다소 열린 상태로 대화를 하기 때문에 비공식적으로 보이지만, 정의된 목표와 지침이 있는 체계적인 활동이다. 대신 질문 자체에 집중하기보다는 인터뷰가 진행되는 과정에서 여러 가지 맥락에 집중하는 방법론이다. 반구조화 면담에는 준비, 면접 맥락, 인터뷰, 민감한 질문, 판단 및 교차 확인 질문, 인터뷰 녹음, 자기 비판적 검토와 같은 7가지 핵심 요소가 있다. 연구자는 면접 상황에 영향을 미치는 시간, 기간, 설정, 몸짓 등을 확인해 가며 열린 마음으로 인터뷰 참여자의 이야기에 집중하고 다시 묻거나 이야기에 반응하며 이야기를 진행해 나간다. 반구조화 면담은 상황이나 진행 과정에 따라서 열린 그룹 토론(open group discussions)의 방식이나 포커스 그룹 또는 이해 그룹 세션 토론(interest group sessions), 우발적 인터뷰(accidental or incidental interviews) 형태로 변용할 수 있다. 반구조화 면담은 최대한 인터뷰 참여자에게 자신의 의견을 이야기할 기회를 제공하며, 기초 자료가 수집된 상태에서 여러 자료가 가진 의미들을 풍부하게 만들게 하는 방법론이다(Shah et al., 1999).

다음으로 '가로질러 걷기'는 지역을 잘 아는 현지 사람과 마을을 통과하면서 마을에 대한 정보를 파악하는 구조적 걷기(structured walk)다. 현지 사람의 안내를 받으며, 지역의 다양한 측면을 이해하고, 교감하는 과정이기도 하다. 반구조화 면담과 마찬가지로 지역에 대한 지도를 비롯한 기본 정보를 가지고, 주민의 시각과 의견을 중심으로 지역을 해석하는 과정이기도 하다. 그래서 알고자 하는 여러 가지 방면의 현지 전문가를 만나고 그의 안내를 통해서 여러 정보와 변동 사항들을 파악하는

표 5-4 가로질러 걷기 사례

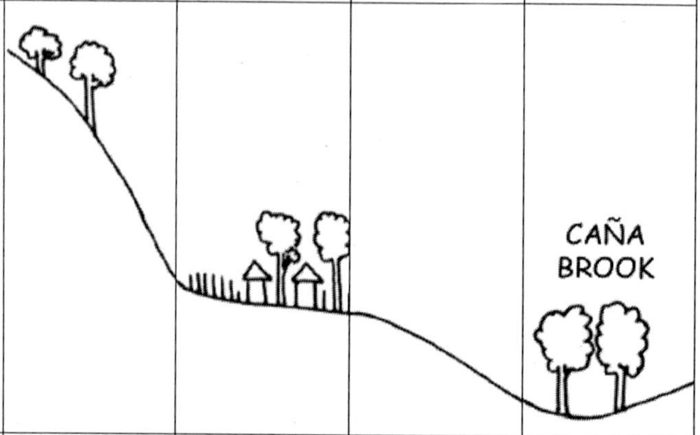


| | 높은 비탈 | 평지 | 낮은 비탈 | 카나 계곡 |
|---|---|---|---|---|
| 토양 | 빈약, 바위 | 비료 토양 | 붉은 토양, 많은 바위 | |
| 물 | 물 보관이 안 됨, 아주 건조함 | 신선, 많은 비로 홍수가 남 | 건조함 | 연중 가능 |
| 작물들 | 삼림, 목초지 | 옥수수, 콩, 과일 | 목초지 | 삼림 |
| 동물 | 가축, 말 | 멧돼지, 가금류 | 말 | |
| 누가 일하나? | 전체 커뮤니티, 여성들이 목재를 모음 | 개별 농장 구간 | 여성과 어린이들이 동물을 돌봄 | |
| 이전에 무엇이 었나? | 삼림이 더 많았음 | 한때 카사바와 고구마가 생산됨 | 땔감을 모았음 | 더 많은 물이 있었음 |

출처: Geilfus, 2008:64

것이 중요하다. 보통 '가로질러 걷기'는 지역을 횡단해 끝까지 가면서 이야기를 듣고 다시 돌아오면서 추가 이야기나 질문들을 하게 되고, 그 과정에서 각종 지형 지물, 시설, 자연환경, 사람들을 만날 관련 질문들을

표 5-5 PRA의 교훈들

| 교훈 | 지시하는 바 |
| --- | --- |
| 너 자신을 소개하라 | 사람으로서 관계하고, 솔직하고 투명해라 |
| 그들은 할 수 있다 | 사람들의 능력에 대한 신뢰를 가져라 |
| 잊어라 | 네가 어떻게 본 것인지에 대해서 성찰하라 |
| 그들에게 물어라 | 그들의 현실과 가진 것, 조언들을 사람들에게 물어라 |
| 서두르지 마라 | 인내심, 시간을 가져라 |
| 앉아서 듣고 배워라 | 지배하려 하지 마라 |
| 촉진하라 | 강의하지 말고 비판하고 가르쳐라 |
| 실수를 껴안아라 | 잘못된 것을 통해 배워라 |
| 막대기를 지배해라 | 권한을 강화하기 위해 필요하다면 분필, 펜이든 무엇이든 들어라 |
| 모든 순간 당신 최선의 판단을 해라 | 네가 하는 것에 책임감을 가져라 |
| 입을 다물어라 | 먼저 말하기보다 참을 수 있는 침묵을 환영하라 |

하게 된다. 한 개 팀이 아닌 여러 지역과 주제로 하위 팀을 운영할 수 있으며, 과정이 끝난 뒤에는 다이어그램 형태로 정리해 기존의 정보와 새로 얻게 된 정보를 한눈에 볼 수 있도록 정리한다(Shah et al., 1999).

### 참여지역평가 과정과 방법

PRA는 지역주민들이 조력자, 촉진자의 지원을 받으면서 스스로 마을과 공동체의 가능성과 상황, 문제의 원인을 분석하는 실천적 학습을 진행하고, 어려움과 기회에 해당하는 활동들을 잘 구별해 실행하는 것에 초점을 둔다(RUDEP, 2007). 챔버스는 PRA의 세 가지 중요한 요소로 (다양한) 방법, 행동과 태도, (경계 없는) 공유를 꼽았다. RRA가 정보에 중요성을 둔다면, PRA는 단지 정보 수집에 참여하는 것만으로는 주민의 권한 강화가 되지 않으며, 주민 스스로 비판적 분석 작업에 참가해 행동과 태도를 변화시켜야 권한 강화가 가능하다고 주장한다(Ozanne & Saatcioglu, 2007). 그래서 챔버스는 촉진가, 조력가(또는 주선가)에게도 주민들 스스로의 행동과 태도 변화를 권장, 독려하는 마인드를 강조하며 표 5-5와 같은 교훈들을 끊임없이 되새길 것을 권장한다(Chambers, 2007).

촉진가는 주도자(이니셔티브)의 역할보다는 도움을 위한 공동체 요구에 응답하기 위해 공동체의 관심을 끌어내거나 단계마다 여러 방법, 기술, 도구들을 안내하고 과정을 모니터링하는 섬세한 역할을 하게 된다. PRA의 과정은 주민이 중심이 되는 위원회를 짜는 것으로 시작하는데, 구성은 RRA와 마찬가지로 삼각화 원칙을 이용해 주민 4~8명에 촉진가 1명 정도로 한다. 현장 연구 초기에는 한 달 정도의 집중 활동이 진행되는데, 연이어 진행되는 일련의 실천 활동들은 (일반화하기 쉽지 않지만) 1년 정도 소요되기도 한다. 팀 구성 이후 이차 자료와 가이드 질문들을 수집하고 현장 작업 계획을 설계하는 것 등은 RRA와 유사하지만 주민들로 구성된 위원회가 준비, 추진 주체가 된다. 현장에서 주민들과 만나고 토론하는 주요 방법은 시각적인 지도, 배열, 나열, 비교, 계산, 추정, 채점, 정렬, 연결 등의 방법들로 구성된다. 세부 과정과 목록들은 사전에 정해지기보다는 현장 논의를 진행해 나가면서 결정된다. 예를 들어 그림 5-2는 액션에이드라는 국제개발 조직에서 진행한 농민들의 PRA 사례다(JOFCA, 2002). 경작 시스템에 대한 조사(세부 도구: 가로질러 걷기, 면담, 계절 달력, 사회 매핑), 타겟 집단 정의(소셜매핑, 웰빙 랭킹), 문제 정의(문제 랭킹), 문제의 본질에 대한 조사(반구조화 면담, 가로질러 걷기, 매핑), 가능한 해결책 정리(반구조화 면담, 직접 관찰)의 과정으로 진행된다. 크게 본다면 현 상태에 대한 정보 수집과 조사, 문제

그림 5-2 연구 가능한 이슈 정체화를 위해 액션에이드 농민참여연구팀에서 사용한 PRA 도구들

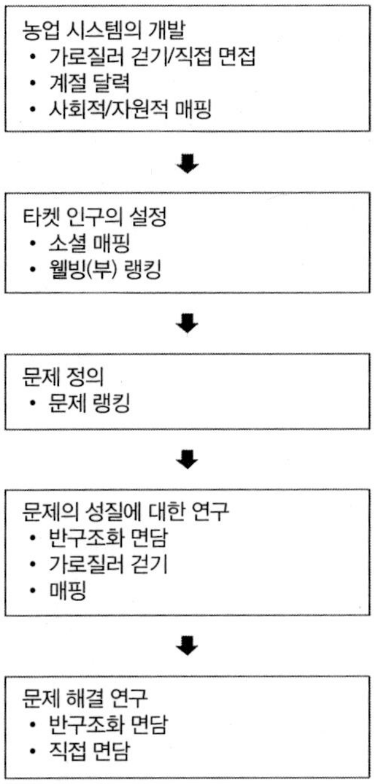


분석, 해결 방안 모색의 과정을 거친다. 단계와 세부 과정, 방법의 조합은 위원회와 촉진팀에서 현장의 상황들을 고려하여 계획한다.

앞서 이야기했듯이 PRA는 지역주민들의 집단적 논의 과정을 위해 개별적 면담과 같은 방식보다는 시각화의 방식을 많이 사용하는데, 챔버스는 시각화의 주요 바탕으로 땅바닥을 사용한다는 의미와 함께 가장 기초(ground)인 주민으로부터 의견이 나온다는 의미에서 PRA 방법을 '바닥 민주주의(democracy of the ground)'라 불렀다(Chambers, 2002:94

~5; 186~187). 가장 대표적인 시각화 도구들로는 매핑, 매트릭스, 벤다이어그램, 행복 순위(wealth ranking) 등을 들 수 있다.

먼저 참여적 매핑(participatory Mapping)은 주민들이 직접 지역의 지도를 그리고 수집한 정보들을 기록해 다양한 문제와 이슈를 정리하는 작업이다. 작업 초기 팀과 지역사회가 함께 참여적 분위기를 만드는 데 많이 쓰여 쇄빙선(ice breaker)과 같은 역할을 하며 지역사회의 물리적 랜드마크, 구조, 배치, 시설, 자원 등을 분석하는 데 유용한 방법이다. 매핑 과정에서 지역의 여러 현황과 자원, 권한에 대한 질문을 던지게 되는데 다음 질문들을 토대로 잊혀진 것들과 잘못 알고 있는 것들을 바로잡으면서 토론을 진행할 수 있다(Chambers 2007:20).

- 누구의 목소리가 중요한가, 누가 통제하는가, 중요한 것을 누가 결정하는가
- (자원에 대해) 시각적으로 표시하고, 공공재여야 한다고 결정하는 것은 누구인가
- 누가 시각적 접근권을 가지는가, 누가 정보의 사용을 통제하는가
- 누가 주변화되는가, 누구의 현실을 누가 이해하나, 누구의 현실이 표현되는가
- 누구의 지식, 내용이 진실로 인식되고 질문되는가
- 누구의 공간과 경계에 대한 인식인가
- 이야기되는 언어는 누구의 특별한 언어인가
- 누가 지도의 전문가인가, 누구에 의해 지도가 만들어지는가
- 누가 물리적 결과를 이해하는가, 하지 못하는가
- 누구의 현실이 배제되는가 등

그림 5-3 사회적 지도-신용

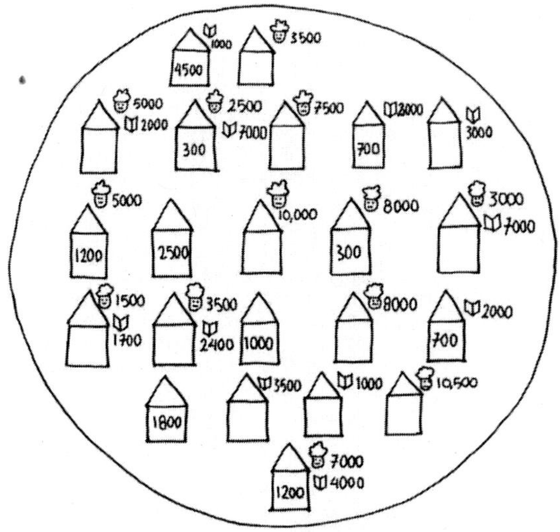


| 유형 | | 종합 정리 결과<br>**(총 22가구 중)** |
|---|---|---|
| 2500 | 다른 지역 사람들,<br>친인척 대출 | 친인척 대출 10가구<br>(총 1만 4200달러) |
| | 채권자 대출 | 채권자 대출 13가구<br>(총 7만 5000달러) |
| | 은행 대출 | 은행 대출 12가구<br>(총 3만 6000달러) |

출처: Geilfus, 2008:42

참여적 매핑은 현장의 재료들을 이용해 모두가 볼 수 있는 땅바닥에 그린다. 권역지도, 지역지도(이웃 마을 포함하는 좀 큰 지역의 시장에서 실천, 건강 촉진, 자원 활용 등의 이슈에 이용), 가족자원지도(땅, 소유권, 가축, 소득 등의 이슈에 이용) 등의 종류가 있고, 초기 매핑을 응용하여 좀 더 심화시키거나 공동체의 시간에 걸친 변화를 이해하는 역사적

그림 5-4 사회 조직 벤다이어그램

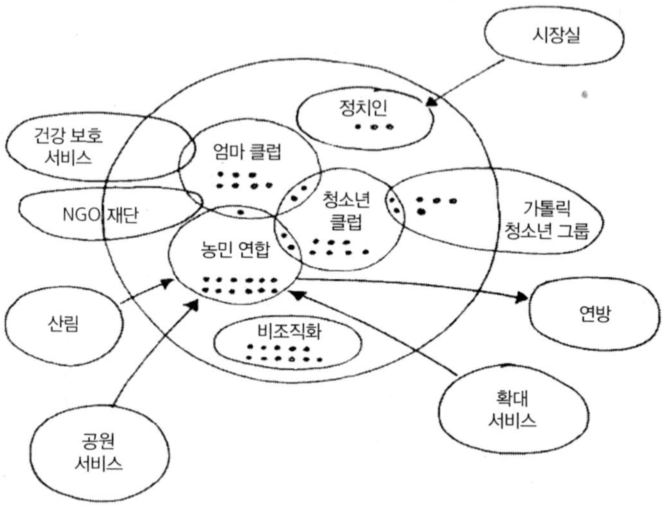


• 검은색 점은 지역 구성원들을 나타냄

출처: Geilfus, 2008:40

매핑, 젠더 · 인종 · 나이 · 전문성 등 이해 그룹 매핑(Interest group mapping), 공간적 분석에 인구 · 인프라 · 건강 · 핸디캡과 관련한 랭킹을 더하는 사회적 지도(Social maps combine) 등이 있다(그림 5-3 참조; Geilfus, 2008:42).

다음으로 벤다이어그램은 지역의 물리적 관계보다는 인적 · 사회적 관계의 분석을 위한 방법이며, 지역 내에서의 소규모 관계에서부터 국경을 넘는 더 큰 커뮤니티와의 관계가 어떻게 조직되는지를 분석하는 도구다. 벤다이어그램은 돌멩이, 나뭇잎처럼 현지에서 구할 수 있는 재료나

그림 5-5 자원평가, 갈등 분석 매트릭스

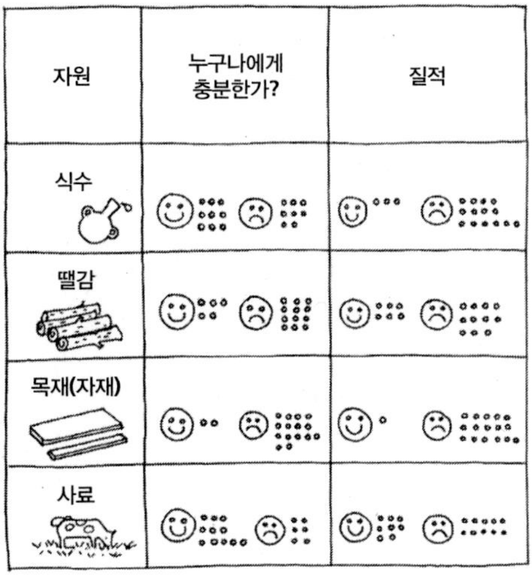


출처: Geilfus, 2008:70; 76

다양한 크기와 색상의 종이들을 주로 이용한다. 논의하고자 하는 문제 유형에 따라 체크리스트를 만든 후 땅바닥이나 큰 종이에 마을에 해당하는 원을 그리고, 개인과 내부 조직을 시작으로 관계 맺고 있는 여러 그룹, 위원회, 개인, 협회, 공공기관과의 관계성과 마을에 미치는 영향(특징)을 여러 색상과 크기의 종이들을 활용해 표시한다. 영향력이 클수록 더 큰 원을, 관계가 가까울수록 가까운 곳에 배치하는데 이는 물리적 배치가 아니라 인식론적 배치에 해당한다(Shah et al, 1999). 그리고 그룹에서 주 역할을 하는 개인들도 다른 모양으로 표시한다. 마을 내부에 대한 표시가 끝나면, 마을 외부와의 관계성에 대해서도 같은 방식으로 표시한 후 이 그림에 대한 인터뷰나 토론을 진행한다. 벤다이어그램은 기본적

그림 5-6 시간 흐름선(아프리카 사례)

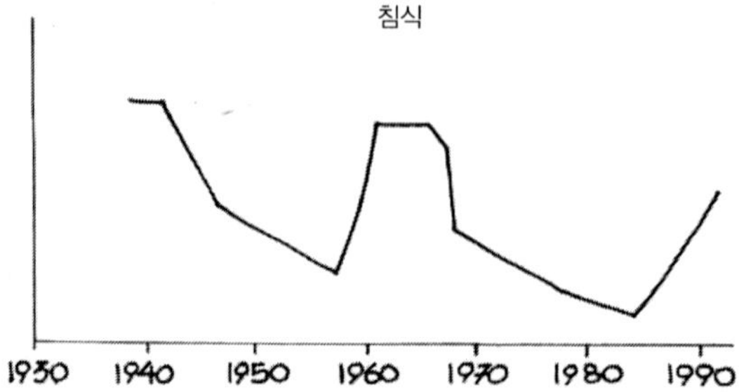


**주요 사건들**

| | |
|---|---|
| 1946년: | 정부가 단지(단층) 도입 |
| 1951~1954년: | 단지 확장 |
| 1955년: | 보호론자 그룹 형성 |
| 1959~1963: | 내전-농장은 내팽개쳐짐 |
| 1965~1968: | 농민들에 의한 개별적 노력으로 침식 감소 |
| 1976~1986: | 그룹 재형성 |
| 1987~1988: | 도구가 비싸짐, 가뭄과 폭우. 보호론자 그룹 해산 |

출처: Geilfus, 2008:54

으로 지역사회 내 사람, 집단들의 관계성과 권력관계, 의사 결정 과정, 국가나 공공기관, NGO의 역할, 다른 마을과의 관계, 사회 안전망, 갈등 및 갈등 해결 메커니즘 등을 분석하는 도구라고 할 수 있다. 또한 관계성뿐만이 아니라 노동, 상품, 돈, 서비스의 이동과 여러 자원의 흐름을 파악할 수 있는 도구다.

매트릭스는 RRA 및 PRA에서 사용되는 가장 정교하고 분석적이며 여러 각도에서 구체적으로 문제를 분석할 수 있게 해 주는 도구다. 가장 보편적인 매트릭스는 분류 매트릭스인데, 종과 횡 두 변수의 상호작용을 보여 준다. 먼저 질문을 정하고(중심이 종인지 횡인지 결정), 주민들에게 매트릭스에 표시(또는 투표)를 할 수 있도록 도구(콩, 돌멩이 등)를 나눠주고, 자신의 의견들을 표시하게 한다. 매트릭스는 하나의 기준만이 아닌 여러 개의 기준을 동시에 제시해 서로 비교 분석을 진행할 수도 있다.

역사 매트릭스는 시간의 흐름에 따라 지역사회의 여러 부분의 변화를 볼 수 있는 도구다. 몇 년 단위로 끊어 변화의 양상을 지켜볼 수도 있고 연대기 순서로 배치해 시대별로 비교해 볼 수도 있다. 다음으로 시간 흐름선(time trend lines)은 선 그래프로 시간의 변화를 표시하고 주제의 상하 변동을 통해 흐름을 분석하는 매트릭스다. 특정 시점만을 보는 것이 아니라 전반적인 흐름, 변곡점, 변동 폭 등을 통해 좀 더 입체적으로 지역의 변화를 분석할 수 있는 도구다.

매트릭스는 또한 순위를 매기는 랭킹 방식과 결합해 문제의 우선순위를 정하거나 가장 좋은 해결책을 선택하는 방식으로도 응용된다. 여러 가지 해결 방안이 있을 경우 지속가능성, 형평성, 생산성, 안정성 등과 같은 여러 여건을 고려해 종합적이면서 효과성이 큰 솔루션을 선택할 수 있다. 그리고 매트릭스를 활용해 체계적인 실행 계획을 세우기도 한다. 실제 행동, 사람, 일정, 물적 조건 등을 고려하고 부족한 부분이나 우선적으로 준비해야 할 부분들을 파악해 단계적으로 일을 추진할 수 있도록 도움을 준다.

이와 같은 대표적 도구들 이외에도 계절적 편향성과 1년 단위의 상황 변화를 분석하는 캘린더, 지역의 역사를 이벤트와 시간별로 분석하는 역사 프로필, 지역 내 가구들의 경제적 상태와 행복도를 나열하는 부·행복 순위, 성(性)적 문제나 에이즈와 관련된 정보를 수집하고 논의하는 데 용이한 보디 매핑(body mapping), 선호도 · 보급률 · 의사 결정 과정을 분석하는 데 유용한 순위와 채점, 지역에서의 사건과 삶의 방식에 있는 문제와 원인을 분석하는 인과관계 분석(flow diagrams) 등 100여 개에 가까운 방법이 있다.[42] 매트릭스와 랭킹을 결합해 새로운 방법론이 만들어진 것처럼 현실 상황에 따라 여러 변용, 응용을 거치며 계속 새로운 방법론들이 만들어지고 있다.

### 참여학습행동 과정과 방법

RRA의 초점이 이차적 자료 수집, PRA의 초점이 지역주민의 권한을 강화하는 것이라면 PLA는 한 번의 이벤트가 아닌 점진적 과정에 해당한다. 그리고 PRA가 확장과 공진화를 거치면서 여러 주제들과 결합해 통합적 해충 관리, 문해교육 방법론 리플렉트, 에이즈 예방을 위한 스테핑 스톤(Stepping Stones), 참여적 지리 정보 시스템, 내재적 학습 시스템, PALS, 공동체 주도 통합 위생과 같은 방법론들로 발전했다. 챔버스는 이러한 진화 과정들 속에 '농촌(rural) 사정 · 평가(appraisal)'에 대한 질적 변화가 발생했다고 말했다(Shah et al., 1999). 농촌과 농업에 한정되지 않고 지역과 적용 영역이 다양해졌고, 사정과 평가라는 요소뿐만 아니라 행위와 마인드를 변화시켜 나가는 점진적 학습 과정과 공유를 통해 다원적이고 다양한 확장이 일어난 것에 주목했다. 또한 프레이리의 민중교육을 비롯한 액션리서치, 참여 조사, 숀(Donald Schon)의 행위 속 성찰(reflection in action), 사회인류학, 미국 하이랜더 센터의 실험 등 다양한 이론과 실험들을 참고하여 성찰과 비판적 인식 강화를 통해 복합적이

42) Geilfus, F.(2008). 80 TOOLS FOR PARTICIPATORY DEVELOPMENT. Inter-American Institute for Cooperation on Agriculture.

고 특별한 지식을 창조하는 학습 방법론으로 구체화된다(Chambers, 2007). PLA는 보통 수개월이 걸리기 때문에 좀 긴 시간의 흐름을 분석하거나 지역사회의 문제나 원인을 구조화하는 방법이 많이 이용된다. 또한 자조모임이나 마이크로크레딧 같은 활동 방식이나 조직과 결합해 단계적으로 삶의 여러 영역들을 변화시키는 역할도 한다.

### 참여적 개발 사례

RRA, PRA, PLA로 이어지는 참여적 개발 방법론은 수십 년 동안, 수십 개국가에서 진행되어 왔기 때문에 그 사례도 엄청나게 다양하고 많을 수밖에 없다. 여기서는 참여적 개발이 가장 활성화된 인도 사례와 국제 NGO 조직인 CARE(Cooperative for Assistance and Relief Everywhere)의 사례를 간략하게 살펴보고자 한다.

### 인도 마이라다(MYRADA)의 참여적 학습 방법론

RRA 방법론의 한계를 느껴 자체적으로 PRA에 해당하는 변화 실험을 한 인도의 마이라다는 1968년 티베트 난민의 정착을 위한 조직으로 만들어졌고, 1980년대부터 지역개발을 중심으로 RRA 방법을 선도적으로 시도했다. 마이라다는 신속함을 강조하는 RRA 방법론은 참여적일 수 없다고 판단하고, 1989년부터 자체적으로 PALM(Participatory Learning Methods)이라는 참여적 개발방법론을 만들어 시도했으며, 추후 PRA를 구체화하는 데 큰 기여를 했다. 이후 자연 자원 개발 · 관리 프로젝트, 통합적 농촌 개발프로그램에 대한 참여적 기획, 농촌 빈곤 위기 관리, 신용 관리 등을 위한 전략 연구, 농촌 생활 연구, 지방 삶의 다른 측면들의 학습, 개발 프로그램의 참여적 영향평가와 모니터링 등의 활동 주제와 상황들로 내용이 확장되었다. 마이라다의 PALM은 개발 프로그램이 진행 중이거나 예정된 마을의 주민 30여 명 정도로 그룹을 지어 진행한다. 그 과정과 결과를 간략하게 정리하면 다음과 같다.

- 1일 차: 마을 안내(마을의 역사, 지도, 기반 시설 등)
- 2일 차: 기초 탐사(자원, 이웃, 경향, 선호 등에 대한 학습)
- 3일 차: 심화 탐사(계절 변동, 자원 확인, 행복 순위 매기기를 통한 지역분석과 계급과 갈등, 원인과 결과 등에 대한 학습)
- 4일 차: 수렴(기회 확인, 우선순위 정하기, 다양한 참가자들의 역할 및 책임 설정)
- 5일 차: 결론(운영 계획, 기록)
- 주요 방법들: 타임라인, 매핑, 가로질러 걷기, 계절성 다이어그램, 랭킹, 다이어그램, 또는 여러 도구의 하이브리드

마이라다의 방법은 일회성으로 그친다기보다는 지역공동체 개발을 위한 자조 그룹(SHG) 또는 마이크로크레딧과 같은 지원 시스템과 지속적으로 관계를 맺으며 진행된다. 주민들은 마이라다와 자조 그룹을 통해 자신들의 권리를 주장하고, 자립적인 경제기반을 만들어 나간다.

### CARE의 공동체 기반 참여학습행동

CARE는 제2차 세계대전 후 미국 교전국 국민을 구제하기 위한 목적으로 설립된 비영리 민간 구호단체로 방글라데시, 마다가스카르, 토고, 우간다, 소말리아, 잠비아 등지에서 PRA와 PLA 방법론를 중심으로 개발 활동에 참여하고 있다. 여기에서는 방글라데시에서 PRA와 PLA를 적용한 사례와 잠비아에서 여성 청소년들을 대상으로 지역사회 기반 접근(Community Based Approaches)를 적용한 사례를 살펴보고자 한다.

먼저 방글라데시에서는 여성개발프로젝트(Women's Development Project, WDP)라는 조직과 함께 가족의 살림과 건강을 향상하는 것을 목표로 참여적 방법을 진행했다. 이 지역은 영유아 사망률이 인구 10만 명당 850명으로 매우 높았는데(미국 12명), 주요 원인은 설사병과 폐렴이었다. CARE는 먼저 이웃특별위원회가 조직된 마을에 건강에 대한 조언과 훈련 역할을 하는 커뮤니티 건강 종사자 15명에게 3일짜리 세션을 통해 참여적 방법을 훈련했다. 또 다른 축으로는 생산에 필요한 초기 자금을 모으고자 마이크로크레딧 활동을 하는 이웃 기반 저축 공동체를 아주 오랫동안 만들어 나가고 있었다. 이 두 프로젝트를 중심으로 공동체의 필요를 인식하고 건강과 영양에 대한 많은 지식과 정보를 쌓을 수 있도록 지원했다. CARE는 다양한 방식을 사용했는데, 참여적 사회 매핑을 주로 사용해서 지역과 이웃의 가족과 건강 현황들을 파악했다. 아이들의 상황, 초유를 먹이는 집, 가계 상황과 관련한 내용을 막대기와 밀가루를 이용해 표시하고 수집했으며 지도 분석을 통해 산모들이 초유의 효능과 필요성을 인식하도록 했고, 가정별로 스스로 가족계획에 대한 인식을 할 수 있도록 촉진했다. 이 과정을 통해 대부분의 여성이 이미 신생아에게 초유를 먹인다는 사실을 새로이 확인했고, 가정별 가족계획을 세워야 한다는 공감대를 형성했으며, 오랜 시간 함께 만들어 온 여러 성과들을 확인함으로써 성취감과 자부심을 느끼도록 했다.

아프리카 잠비아에서는 1997년 14~19세 학교 밖 여성들과 함께 자신의 성 행동을 분석함으로써 HIV를 포함한 성병의 감염원을 이해하고, 원치 않은 임신을 줄이는 것을 목표로 PLA 작업을 진행했다. 이 과정에서는 10대 여성들이 스스로 상황을 분석하고 확인하는 것이 중요하기 때문에, 어떤 예비 질문도 없는 상태에서 열린 과정으로 진행되었다. 먼저 여성들을 네 그룹으로 나누고 그들의 성적 관계, 재생산, 건강 등에 대해서 자유롭게 토론하는 것으로 시작했다. 또래 남성 또는 학교 안팎의 청소년들은 물론 다양한 연령대의 사람들과 다시 그룹을 만들어 크로스체크를 할 수 있도록 했다. 5일간의 현장 실습에서 마지막 2일은 참여자들과 함께 성적 건강, 행동 등을 중심으로 현황 조사를 진행했다. 주요 방식으로는 보디 매핑을 활용했는데, 남성과 여성의 차이, 각 신체 기능별 역할, 성과 관련된 몸의 이야기들을 청소년의 언어와 은어 탐색하는 작업과 재생산 건강 관련 이슈들도 논의했다. 청소년의 미래, 생계 이슈와 관련해서는 청소년의 관심사를 중심으로 쌍방향(pair-wise) 랭킹을 조사했는데 돈, 고용, 고등교육, 쉼터, 가족 순으로 조사되었다. 그리고 성적 행동과 생계 관련 분석 내용을 결합해, 성관계에 대한 어린 남성들의 심리 상태를 분석하기도 했다. 이후에는 청소년들과 함께 다룬 내용과 결과를 지역공동체로 들고 가서 논의를 이어 갔다. 청소년, 어른들과 함께 각 커뮤니티에서 성적 지식에 대한 오해들을 확인하고, 공동체가 실천할 계획을 작성한다. 학교에 성교육 도입하기, 콘돔을 배분하고 교육하기, 야간에 아동들이 노는 것을 자제시키기 등의 실천 계획들을 수립했다. 이와 같이 PLA는 비용 효과적인 결과를 빠르게 내놓기보다는 주민 스스로 자기 삶과 주변 관계를 살펴볼 기회를 제공하면서 서로 생각과 감정을 나누도록 기다리고, 다양한 만남과 기회들을 제공하여 실질적인 계획과 행동으로까지 이어지도록 한다.

두 사례에서 보듯, 하나의 단체에서도 국가, 지역, 대상, 주제에 따라 방법을 유연하게 선택할 수 있다. 주민 스스로 경험을 나누고 이야기들을 분석하며 실천 계획까지 수립한다는 원칙을 유지하면서 활동 기간, 방법, 그룹 작업 방식 등을 선택하고 주제와 관련한 다른 조직, 활동과도 결합해 권한을 강화할 수 있다.

## 참여적 개발에 대한 우려와 비판들

챔버스의 방법론은 세계은행을 비롯해 여러 NGO와 국가 등 전 세계적인 호응도 받았지만, 여러 우려와 비판들도 함께 제기됐다. 가장 많이 제기된 비판 중 하나가 방법의 오용 문제다. 챔버스 역시 여러 가지 오용과 실패 사례를 든다(Chambers, 2007b). 주체에 대한 고려 없이 '참여'라는 라벨만 사용하거나, 개발 에이전시가 펀딩을 위해 짧은 기간에 한두 번의 간단한 필드워크만 진행하거나 공동체에 대한 조사도 없이 프로젝트에 특정 트레이닝을 추가하는 사례, 참여적 방법을 수행할 수 없을 정도의 큰 규모(수천 개 커뮤니티)를 대상으로 프로젝트를 진행하는 사례 등이다.[43] NGO 조직인 JOFCA는 RRA와 PRA의 위험 요소로 변덕, 일시적 유행, 서두름, 형식주의, 관성들, 거절, 폐기를 꼽았다(JOFCA, 2002). 원칙과 방향을 모르는 채 도구만을 쓴다는지, 주민에게 배우고 학습할 시간을 주지 않은 채로 속도만 강조하는 우를 범한다든지,[44] 원칙과 과정의 혁신도 없는 상태에서 마치 조리법을 따라 하듯 매뉴얼을 기계적이고 형식적으로 쓴다든지, 과거의 습관과 루틴 또는 외부 전문가의 틀을 벗

---

43) 참여적 방법론 실천을 직접 보기 위해 인도를 방문한 적이 있다. 자료를 통해서 REFLECT, PALS, PRA, ILS 등 여러 사례들을 미리 학습하고 현장 접촉을 시도했으나, 실제로는 기금을 집행하는 에이전시 NGO 정도를 탐방할 수 있었다. 일부 국제 NGO에 현장 이야기를 물었을 때 이해가 그리 깊지 않은 경우가 있었고, 방법론에 대해 모르는 경우도 많았다. 이에 반해 인도의 단체 니란타르나 마이라다는 불가촉천민과 참여적 학습을 진행하는 현장을 직접 보여 주고 주민을 인터뷰할 수 있게 해 주었으며, 방법 시연을 해 주기도 했다. 성급하게 판단할 수는 없지만, 참여적 개발과 관련한 가치와 방법을 제대로 학습하거나 공유하지 않으면 형식화돼 버릴 수 있다는 생각이 들었다.

44) 챔버스는 속도에 대한 문제 제기에 공감해, 이후 RRA에서 R을 'Rapid'가 아닌 'Relaxed'로 바꿔 사용하기도 했다.

어나지 못한 상태에서 참가자들을 무시하는 듯한 행동들이 실행 과정에서 나타날 수 있는 문제라고 지적했다.

이러한 비판이 주로 실행 과정과 활용에 대한 것이라면, 참여적 개발의 근본적이고 구조적인 문제를 지적하는 비판들도 있다. 참여적 개발의 외부 전문가는 대부분 남성인데 참여하는 주민은 대부분 여성인 상황에서 질적이고 미시적이며 문화기술지적인 과정을 세심하게 진행하기에 한계가 있다는 비판도 있다(Greenwood & Levin, 2007). 지원, 촉진하는 기관이 규제하는 분위기에서 과업이 수행될 경우, 외부 전문가들은 보이는 측면만을 받아쓰게 되거나 기존에 권력을 가진 세력과의 공모한 내용이 결과물에 반영되거나, 공식화된 지식이 여성의 기여를 제한할 수 있다고 비판했다. 또한 도시 지역의 전문성이 며칠 간의 활동으로 어떻게 역동적인 변화를 가져갈 수 있을지, 현장 연구 이후 적용되는 활동계획과 방법들이 구체적이지 못하다는 등 참여적 개발 방식이 단기적이고 형식적이어서, 장기 변화 전략은 부재하다는 비판도 있다(Greenwood & Levin, 2007). 글린 윌리엄스(Glyn Williams) 역시 전통적 도덕경제가 주로 극심한 젠더 불평등과 사회적 불평등에 기초하기 때문에 지식 생산을 하는 방법 자체에 의문을 가질 필요가 있다고 주장했으며, 『참여: 새로운 폭군?(Participation: The new tyranny?)』[45]이란 책을 근거로 주민들의 목소리만 내게 하고 실질적인 권한은 갖지 못하게 하는 정신적 통제 과정이라고 비판했다. 그래서 경제주의나 전문가주의와 투쟁해야 하

45) 『참여: 새로운 폭군?』은 참여적 접근 방식이 프로젝트화하면서 토착 지식보다는 계획된 지식에 맞춰 조작하는 정치적 전략적 도구가 되었다고 비판한다. 이외에도 효율성과 권한 부여의 긴장, 사회문제에 대한 구조와 개인의 문제, 지역사회의 문화적 다양성, 개발에서의 경영적 사고와 노동의 문제, 참여적 개발에서 생산되는 지식과 권력의 문제 등 굉장히 비판적인 관점으로 '참여'를 다루고 있다.

는 전략과 방향들을 무시하는 '탈정치화'의 결과를 낳게 되는 상황에 대해서도 비판한다. 김새롬(2019) 역시 많은 사람이 '참여'를 지지하지만, 참여에는 모호성과 복잡성이 있어 세밀한 개념화가 필요하다고 주장하면서, PRA가 효율성을 위한 도구로 표준화되어 참여가 또 다른 지배 전략이 되어 버렸다고 비판한다.[46] 파워큐브를 창안한 가벤타(John Gaventa)는 챔버스가 개발 과정에서 정치, 사회적 구조보다는 개인 차원의 상호 지배에만 집중하고 있다고 비판한다. 또한 참여적 '개발' 과정에 참여하는 것이 개발 과정 자체를 반대하는 목소리는 묻어 버리거나, 국제기구나 국가가 개발 프로젝트의 책임을 지역공동체로 떠넘기는 과정으로 전락할 수 있음을 지적한다(Williams et al., 2016).

챔버스의 참여적 개발 방법론은 선진국이나 외부 전문가에 의한 개발 방식을 뒤집어, 지역주민의 관점과 힘으로 지역을 발전시켜 가는 전략을 구사한다. 그런데 이에 대한 비판들에서 보듯 참여적 방법의 실행 과정에는 주민 이외에도 여러 국제 NGO, 지역 NGO, 지역조직들이 관계되고 지역사회에 영향을 미치는 기존의 권력관계들도 존재한다. '바닥으로부터, 바닥의 민주주의'를 지향하는 참여적 개발이 폐쇄적이었던 개발 공간을 개방하는 것을 넘어 창조적 학습과 공간, 권한이 강화된 주민조직으로 변화, 발전하지 않는다면 오용되거나 기존의 권력관계에 포섭될 가능성이 있다고 할 수 있다. 향후 참여적 개발은 참여하는 내부 구성원들과 외부의 다양한 집단들 간의 권력관계를 성찰하고 학습에 의해 민주주의를 강화해 나가는 것을 과제로 삼아야 할 것이다.

---

46) 김새롬(2019)은 참여가 명목적, 도구적으로 활용되면서 대화, 피드백이 동반되지 않아 주민활동이 관료화되고, 여전히 소수가 자원과 기회를 독점하며 참여적 개입으로 지역 내 갈등과 균열이 생기는 등 실질적 변화를 일으키지 못해 실패할 위험이 있다는 것을 경계해야 한다고 보았다.

## 한국 사회에의 시사점

지금까지 참여적 개발 방법론을 로버트 챔버스의 이론과 RRA, PRA, PLA 방법론들을 중심으로 살펴보았다. 서두에서 이야기했듯이, 어찌 보면 한국 사회에서 개발의 역사는 '참여'의 역사가 아니라 '차별과 배제'의 역사였다. 개발 과정에서 원주민들이 배제되기 일쑤였고(재정착률이 10%도 되지 않음), 수익만을 좇는 외부 투기 세력과 건설 자본이 기존의 것을 허물어 버리고 새로운 상품을 짓고 떠나갔다. 또한 일제 강점기부터 국가가 조직한 애국반, 국민반, 재건반, 반상회로 이어지는 관 주도 주민 감시 체제로 지역민주주의가 뿌리를 내리지 못하고 왜곡되었다. 최근 들어 한국 사회에서 참여적 개발의 일환으로 진행되는 도시재생 정책이나 지역사회혁신을 위한 로컬랩은 전문가, 행정 일변도의 개발 정책과는 다르다고 할 수 있는데, 외부 전문가가 단기간 지역에 들어와 조사하고, 인터뷰나 워크숍을 통해서 지역의 과제 도출과 해결 방안을 모색하는 '참여적' 활동을 진행한다. 그렇지만 챔버스의 방법에 대한 비판처럼 참가자들은 주로 의견을 내고 외부자가 분석하고 실행하는, 그리고 단발적 이슈 해결에만 치중하고 중장기적 행동과 태도 변화는 없는 상황에 그칠 수도 있다. 조만간 한국 사회는 지역의 쇠퇴, 도시 공동화 등 다양한 변화를 겪을 것이다. 이러한 상황에서조차 외부인에 의한 개발을 진행할 수는 없다. 그간 주민들이 형성해 온 관계, 그 속에서 겪은 경험과 지식, 그리고 지역의 변화를 위한 의지와 역량에 대한 학습과 참여, 권한 부여를 통해서 지역사회를 변화시켜 나갈 토대를 만들어 나가야 한다.

국제개발 분야에서도 한국이 뚜렷한 전략과 철학, 방법론을 가지고 있는지 성찰해 볼 필요가 있다. 그나마 좋은 사례로 언급되는 태권도 보급, 새마을운동 수출 등은 어찌 보면 그곳의 주민들이 필요로 하고 원하는 것이 아니라 우리가 지원하고 싶은 것을 주는 방식을 벗어나지 못한 것이다. 한국 사회는 농업을 희생하면서 중공업과 수출 중심의 압축적인 경제 성장을 추진했고, 지방과 농어촌을 희생하면서 도시를 키우는 전략을 택했다. 이러한 방식을 한국 ODA의 중심 내용으로 삼을 수는 없다. 어찌 보면 도시재생, 지역재생, 공동체 활성화, 시민학습공동체와 같은 참여적 개발의 화두를 국제개발과 연결하면서 나름의 방법론을 만들어 낼 수 있을 것이다. 그런 점에서 참여적 개발의 주민 주도성 원칙, 유연하면서도 다양한 형태와 결합하는 방법론, 개인 학습만이 아닌 시각적 방법들을 활용한 집단 학습 등은 여러 가능성을 보여 준다.

# 참고문헌


김새롬(2019). 건강증진사업에서 권력강화적 참여의 과정: 건강새마을 조성사업에 대한 심층사례연구. 서울대학교 대학원 박사 학위 논문.

김현주, http://egloos.zum.com/cklist/v/5522142

낭공스, https://www.facebook.com/nanggongs/

이현정(2014). 에티오피아의 참여적 개발: 농촌개발사업을 중심으로. ≪국제지역연구≫, 24권 1호, 115~144.

장혜진(2016). 한국 ODA의 문제점 세 가지: OECD 개발원조위원회의 평가를 중심으로.
https://m.blog.naver.com/PostView.naver?isHttpsRedirect=true&blogId=gp3project&logNo=220779150189

정지선·오태현(2013). ODA국별 성과관리체제 및 평가방법에 관한 연구. KIEP.

Blesilda, M. C. (2018). *Participatory rural appraisal guidebook*. University of the Philippines Los Baños.

Chambers, R. (1994a). The origins and practice of participatory rural appraisal. *World Development, 22*(8), 953~969.

Chambers, R. (1994b). Participatory rural appraisal (PRA): Analysis of experience. *World Development, 22*(9), 1253~1268.

Chambers, R. (1995). Poverty and livelihoods: Whose reality counts? *Environment and Urbanization, 7*(1), 173~204.

Chambers, R. (2007a). From PRA to PLA and pluralism: Practice and theory. IDS Working Paper, No. 286. Institute of Development Studies, Brighton.

Chambers, R. (2007b). Notes for participants in whose reality counts? Very short (1-2 day) PRA/PLA-related familiarisation workshops in 2007.

Cornwall, A., & Scoones, I. (2022). *Revolutionizing development: Reflections on the work of Robert Chambers*. Routledge.

Freudenberger, K. S. (2008). Rapid rural appraisal (RRA) and participatory rural appraisal (PRA): A manual for CRS field workers and partners. Catholic Relief Services.

Greenwood, D. J., & Levin, M. (2007). *Introduction to action research: Social research for social change*(2nd ed.). SAGE Publications, Inc. 변기용 옮김(2020). 『사회개혁과 교육실천을 위한 실행연구 입문』. 학지사.

IIED. (2004). Participatory learning and action 50: Critical reflections, future directions.

Japan Overseas Forestry Consultants Association (JOFCA). (2002). Technical manual on participatory approach. Pasco Corporation.

Mascarenhas, J. (1991). PRA and participatory learning methods: Recent experiences from MYRADA in South India. RRA Notes, 13, IIED and MYRADA.

Ozanne, J. L., & Saatcioglu, B. (2007). Understanding subsistence marketplaces: Exploring the contributions of participatory action research. In J. Cheng & M. Hitt (Eds.), *Product and market development for subsistence marketplaces: Consumption and entrepreneurship beyond literacy and resource barriers*(Advances in International Management Series, pp. 121～150). Emerald Group Publishing Limited.

Quang Ngai Rural Development Program (RUDEP). (2007). Participatory rural appraisal manual: Socio-economic planning process.

Shah, M., Degnan, S. K., & Monahan, B. (Eds.). (1999). Embracing participation in development: Worldwide experience from CARE's reproductive health programs with a step-by-step guide to participatory tools and techniques. CARE.

Wilde, V. L., & Vainio-Mattila, A. (1995). How to use rapid rural appraisal (RRA) to develop case studies. Food and Agriculture Organization (FAO).

Williams, G., Meth, P., & Willis, K. (2014). *Geographies of developing areas: The Global South in a changing world*. Routledge. 손혁상 외 옮김(2016). 『개발도상국과 국제개발: 변화하는 세계와 새로운 발전론』. 푸른길.

# 더 읽을거리

### 로버트 챔버스의 참여적 개발 관련 주요 저서

Chambers, R. (1983). *Rural development: Putting the last first.* Longmans Scientific and Technical Publishers. John Wiley.

Chambers, R. (1997). *Whose reality counts: Putting the first last.* Intermediate Technology Publications.

Chambers, R. (2002). *Participatory workshops: A sourcebook of 21 sets of ideas and activities.* Earthscan.

Chambers, R. (2017). *Can we know better?: Reflections for development.* Practical Action Publishing.

### 세계은행의 참여 개발 프로젝트 (가난한 사람들의 목소리 시리즈)

Narayan, D., Chambers, R., Shah, M. K., & Petesch, P. (2000). Voices of the poor: Crying out for change. Oxford University Press for the World Bank.

Narayan, D., Patel, R., Schafft, K. A., Rademacher-Schulz, C., & Koch-Schulte, S. (2000). Voices of the poor: Can anyone hear us? Oxford University Press for the World Bank.

### 참여적 개발 관련 학술지(The journal Participatory Learning and Action)

1988에 RRA 방법론이 확산되기 시작하면서, 다양한 이론과 사례들을 담는 학술지로 만들게 되었고, 1998년 제목이 PLA로 변경되었고, 2013년 66호까지 출간되었다. 참여적 개발의 변화, 역사, 다양한 사례들을 볼 수 있다.
https://www.iied.org/about-pla

### 참여적 개발 트레이닝 매뉴얼 등

Bradley, S. M. (1995). How people use pictures: An annotated bibliography and review for development workers. Retrieved from https://pubs.iied.org/6020iied

Geilfus, F. (2008). 80 tools for participatory development: Appraisal, planning, follow-up, and evaluation. Inter-American Institute for Cooperation on Agriculture (IICA). Retrieved from https://repositorio.iica.int/bitstream/handle/11324/4129/BVE17089190i.pdf;jsessionid=F749E8E5F593851842E91EF3C9F7638A?sequence=2

Pretty, J. N., Guijt, I., Thompson, J., & Scoones, I. (1995). PLA trainer's guide. Retrieved from https://pubs.iied.org/6021iied

Tools Together Now! (n.d.). 100 participatory tools to mobilise communities for HIV/AIDS. Retrieved from https://www.thecompassforsbc.org/project-examples/tools-together-now-100-participatory-tools-mobilise-communities-hivaids

### 참여적 개발에 대한 비판

Brock, K., & McGee, R. (Eds.). (2012). *Knowing poverty: Critical reflections on participatory research and policy.* Routledge.

Cooke, B., & Kothari, U. (Eds.). (2001). *Participation: The new tyranny?* Zed Books.

## 참고 웹사이트

**서섹스 대학 개발학 연구소 홈페이지**

https://www.ids.ac.uk/

**개발학 연구소의 개방 자료실**

https://opendocs.ids.ac.uk/opendocs/

**개발학 연구소 로버트 챔버스의 아카이브**

https://opendocs.ids.ac.uk/opendocs/handle/20.500.12413/29

**인도 참여적 개발 단체 마이라다 홈페이지**

https://myrada.org/

**참여적 개발을 중심으로 활용하는 국제식량농업기구 홈페이지**

https://www.fao.org/home/en/

**국제환경개발연구소 홈페이지**

https://www.iied.org/

**국제환경개발연구소 학술지 홈페이지**

https://www.iied.org/participatory-learning-action-PLA

**개발학 연구소에서 운영하는 참여적 방법 클러스터**

https://www.participatorymethods.org/

# 6장
# 힘(권력)의 성찰을 통한 학습과 실천, 파워큐브

■ 요약

참여적 학습 방법론은 1970년대 이후 참여실천연구와 참여적 개발론을 중심으로 형성되었으며 민주화운동, 계급운동, 민중운동 등 정치사회운동과도 결합했다. 참여실천연구 역시 지배적이고 독점적인 지식-권력체제에 대항할 수 있는 정치사회적 지식에 집중하거나 권력과 권한을 인정받는 것이 중심이 되었다. 1990년대를 지나며 정치적 민주화가 어느 정도 이뤄지면서 성, 인종, 인권, 환경, 평화, 소수자운동 등 정치 권력을 쟁취하려는 투쟁보다는 자본주의나 과학기술, 환경 파괴, 인간 집단 간 갈등 등에 의해서 다양하게 발생하는 생활세계의 식민화와 위협을 방어하는 신사회운동이 일어나기 시작했다. 정치적 의식화가 중심이 되었던 참여실천연구도 더 다양한 주체와 영역, 방식들로 다양화하면서 2세대 참여실천연구방법이 형성되기 시작했다.

2세대 참여실천연구방법들은 권력과 지식의 연관성과 대항적 관점은 유지하면서 그동안 담지 못했던 더 다양하고 다차원적인 힘과 목소리, 행동, 경험에 주목하는 대안적 방법론이다. 파워큐브는 다차원적 지식-권력관계에 주목하는 방법론이다. 정치 권력 이외에도 경제, 사회, 젠더, 인종 등 다양한 권력이 존재한다고 보고, 지방-국가-글로벌 권력들에도 주목한다. 또한 권력이 갈등, 투쟁과 같이 부정적 측면만 있는 것이 아니라 무언가를 실현하고 협력, 연대하며, 내면적 성찰을 통해 능동적이고 긍정적인 측면들을 생산하는 것으로 새롭게 개념화하는 방법론이다. 그래서 형태, 공간, 레벨이라는 좀 더 입체적인 범주로 권력 개념에 접근하며, 다양한 권력에 대한 학습을 통해 우리를 둘러싼 현실들을 좀 더 다양하게 분석하고, 주체성을 강화할 계기를 제공한다.

■ 주요 이론가 및 교육 이론/ 방법론

미셸 푸코의 권력론, 스티븐 룩스의 3차원적 권력, 가벤타의 파워큐브, 프레이리의 민중교육론

■ 누가, 어디에, 어떻게 활용할 수 있나요

협치, 거버넌스 관계자(정책 입안자, 공무원, 사회운동가 등): 거버넌스, 민관협력과 같은 사업들에서 다차원적 권력관계와 자원과 조직, 기회들을 비판적으로 검토할 수 있다.

국제 이슈 관련 사회운동가: 국제개발, 글로벌 이슈와 관련한 다양한 권력관계를 분석할 수 있다.

시민사회운동 조직: 시민사회 조직의 역사, 조직, 활동을 분석하고 성찰하는 방법으로 활용할 수 있다. 또한 이해관계 당사자들이 겪는 입체적 상황들을 분석하는 데 사용 가능하다.

시민교육 활동가: 권력, 경험, 지식, 활동과의 관계에 대해 학습할 수 있다.

사실상 권력은 생산한다. 그것은 현실적인 것을 생산하고, 객체의 영역과 진실의 관례들을 생산하는 것이다.

- 미셸 푸코

## 들어가며

참여적 학습 방법론이 씨앗을 뿌리던 1970~1980년대는 전 세계적으로 제국주의, 독재, 냉전, 민주화운동의 시대였다. 권력 쟁취와 이를 위한 무력 투쟁, 이데올로기적 저항이 중심이 되던 시기였다. 이 시기 사회변화를 위한 교육은, 폭력적인 정치 세력과 무자비한 자본가들에 의해 착취당하는 노동자, 농민, 빈민 등 민중이 은폐된 상황들을 인식해 폭로하고 일상화된 억압들을 정치경제적으로 분석하며, 대항적 헤게모니를 구축하기 위한 의식화 교육이었다. 1980년대를 넘어서면서 저항적 지식인과 민중의 투쟁으로 독재정권이 무너지고 형식적 민주화가 달성되었고, 냉전 체제가 와해되면서 이데올로기 투쟁은 약해지고 다극화되기 시작했다. 현실 사회주의는 성공적 체제로 자리 잡지 못하면서 와해되었고, 자본주의 역시 우리 삶을 풍요롭게만 하는 것이 아니라 여러 면에서 위협하고 있다는 것이 드러나기 시작했다. 이러한 환경 속에서 시민들의 참여와 직접 행동의 영역이 계속해서 확장되었고, 자연스레 그동안 드러나지 않았던 다양한 의제들이 등장하기 시작했다. 성, 인종, 인권, 환경, 평화, 소수자운동 등 소위 신사회운동으로 불리는 이 운동들은 정치 권력을 쟁취하려는 투쟁보다는 자본주의나 과학기술, 환경 파괴, 인간 집단 간 갈등 등에 의해서 다양하게 발생하는 생활세계의 식민화와 위협을 방어하고자 했다. 그래서 정치 권력의 획득보다는 풀뿌리 민주주의, 협력, 다양한 정체성, 생활세계의 변화, 새로운 가치 등을 중요시했다. 한국 사회에서도 1990년대부터 다양한 의제들을 다루면서 시민의 참여를 촉진하는 경제민주화, 환경, 인권, 여성, 교육운동이 등장했다. 이러한 흐름은 광우병 소고기 수입 반대 촛불집회를 통해 생활세계에 영향을 미치는 먹거리 의제가 전 사회적 운동으로 성장할 수 있다는 가능성을 보여 주었고, 세월호 참사로 상징되는 안전 의제, 미투운동을 필두로 하는 젠더 의제, 환경 파괴와 다양한 재난을 불러오는 기후위기 등으로 점차 확장되고 있다. 2000년대 이후에는 정부나 지자체에서도 이러한 생활세계를 지키거나 복원하려는 의제들을 민관이 협력하여 다루는 '의제 거버넌스'를 시도하고 있다.

하지만 일상과 생활세계를 변화시키려는 신사회운동의 성장 속에서 시민성과 시민역량을 강화하는 시민교육의 성장은 더뎌 보인다. 정치적 의식화로 대표되는 민중교육이 쇠퇴하기는 했지만 외환위기 같은 경제적 위기, 유연화, 능력주의(메리토크라시)와 경쟁 체제 강화 등으로 시민을 둘러싼 교육 역시 자본 가치를 높이는 다양한 자기 개발과 평생학습 시장으로 성장하고 있다. 아주 일부 지자체에서 민주시민교육 조례를 제정하고는 있지만 학교, 작업장, 지역사회 등과 같은 일상적 공간에서 시민교육은 아직도 정착되지 못했고, 우리 주변의 다양한 의제에 대한 교육적 작업도 미진해 보인다.

일상과 생활세계를 다루는 시민교육에서는 정치사회적 권력뿐 아니라 다양한 개인, 집단, 정체성을 둘러싼 더욱 다양한 권력들과 차이들, 경험들에 대한 분석과 성찰을 통해 새로운 지식과 실천을 생성해 가는 교육이 중요하다. 그런 차원에서 이 장은 1970년대부터 시작된 참여연구, 실천, 학습에 대한 비판적 성찰 작업이기도 하면서, 동시에 특정 내용을 강화하거나 발전시킨 방법론들이라는 점에서 1980년대 이후 등장하고 성장한 2세대 참여적 학습 방법론이라 할 수 있다. 힘(권력)과 경험을 다루는 방법론들은 신사회운동에서 새로운 시민교육을 만들어 나가는 데 여러 단초를 제공해 줄 것이다.

앞서 시민과 이해당사자가 학습과 행동의 주체가 되는 참여실천연구와 참여적 개발 방법론들을 살펴보았다. 참여적 학습 방법론들은 1970년대 초반부터 개발되기 시작해, 1990년대에 이르러서는 하나의 독립적 영역으로 자리 잡았다. 다양한 사회운동, 개발협력, 사회운동 현장과 결합해 실제화되었고 이를 통해 내용과 방법이 더 풍부해졌다. 챔버스의 참여적 방법론은 1990년대 중반 이후 전 세계적으로 개발협력 사업의 중심 방법론으로 받아들여지고 활용되었다. 하지만 그 이면에는 어두운 그림자와 비판도 뒤따랐다. 여기서 소개하는 방법론들은 그 비판들에 대한 성찰과 새로운 시도에 대한 결과물들이다.

이 장에서 소개할 파워큐브(power cube)는 챔버스의 참여적 방법론이 제3세계 개발에서 당사자 참여 증진, 빈곤 해소라는 기여를 했음을 인정하지만 개인 상호 간 지배만을 강조하고 구조적 문제들은 비판하지 않거나, 권력의 문제에 소홀했음에 문제를 제기한다. 특히 챔버스의 방법론들이 도구적으로만 남용되거나 미시적이고 개인적인 수준의 변화에 그치면서 개발과 빈곤을 둘러싼 다차원적이고 복합적인(사회, 정치, 경제 등) 권력 문제에 무관심함을 비판한다(Gaventa & Cornwall, 2008:177).[47] 이

47) 챔버스는 개발 과정에서 일어나는 지식과 권력의 차이에 대해 정치사회적 구조보다는 개인적, 개인 상호 간 조건의 지배를 더 강조했다. 챔버스는 외부 전문가와 내부 주민의 지식-권력관계를 상위자(uppers)와 하위자(lowers)로 나누고, 참여적 학습과 행동을 통해 주민들도 상위자가 될 수 있을 것이라고 생각했다. 하지만 주민들의 지식이 역사성과 현장성을 가진 상위자가 될 수는 있지만, 다른 분야에서는 하위자가 될 수도 있고, 여러 상황을 고려한 종합적 판단을 내리기가 어려울 수도 있다.

에 대한 성찰을 통해 참여실천연구의 관점을 강화하면서 지식과 권력의 관계를 좀 더 심화하고, 권력의 다면성과 복합성에 대한 분석과 학습 방법론으로 파워큐브를 제시한다.

## 권력과 지식의 재개념화, 파워큐브의 탄생

파워큐브는 미국 정치학자 존 가벤타를 중심으로 영국 IDS에서 공동으로 개발한 '권력 분석과 학습을 위한 방법론'이다. 특히 거버넌스에 기반한 프로세스, 조직 및 사회적 관계에서 권력이 작동하는 방식을 이해하고 분석하는 데 혁신적으로 사용 가능한 개념 도구로 평가받는다(Gaventa, 2011). 권력의 다양한 차원에 대한 다면적 접근과 권력관계가 만나는 다양한 공간과 수준(차원, 레벨)의 매핑을 결합해 일종의 입체적 '큐브'를 창조했다. 과거와 달리 점차 정치적 갈등, 전쟁, 빈곤, 불평등, 기후, 재난, 감염병에 이르기까지 인간의 삶을 위협하는 여러 요소는 지역과 국가 단위를 뛰어넘어 전 지구적 영향을 미치면서 변동하고 있다. 이에 대한 해결책 모색과 대안 마련 방법 또한 지역 수준에서 글로벌 수준으로 확장되었고, 그 책임과 행동 주체 역시 국가의 틀을 넘어 국제기구(세계은행, 국제금융기구 같은 거대 행위자), 시민사회로 확장되고 있다. 참여와 문제 해결 방식에서도 시민사회와 국가가 각각 사회운동과 정책 실현으로 분리되어 있었으나 참여예산제나 사회적경제와 같은 새로운 공간으로의 초대로 여러 기회가 열리면서 참여, 권리 기반 접근, 포용, 공동 거버넌스, 참여 거버넌스, 공동 파트너십과 같은 새로운 방식과 관계 맺음, 행위자성이 등장하고 있다. 국가가 중심이 되어 시민사회를 통제하던 과거와 달리 개발, 사회변화의 다양한 주체들과 파트너십이 설정되고 시민사회가 직접 참여해 개발의 주도권을 가진 주체가 될 것을 계속해서 요구받는다. 하지만 언뜻 보기에 민주적이고 당사자성이 중요시되는 이 과정과 개념들은 여러 의도와 장치들, 그리고 권력관계가 복잡하게 얽혀 있어 면밀히 들여다보지 않으면 안 된다. 가벤타는 다국적 기업 행위자들이 기업 시민의식과 같은 개념을 채택하게끔 하여 우리와 그들의 구분을 흐리게 하기도 하며, 급속한 세계화 과정에서 전통적인 공동체와 민족-국가 개념에 도전하고, 권력의 공간적 역학을 재구성하여 시민행동의 진입점에 대한 가정을 변화시킨다고 비판한다. 또한 세계은행, 국제금융기구 같은 거대 행위자가 파트너십, 공유 소유권과 같은 용어를 사용하는 것에 대해 공평한 경쟁의 장에서 참여를 유도하지만, 자원과 권력의 불평등을 모호하게 만든다고 주장한다(Gaventa, 2005). 그래서 여러 상황과 주체들이 얽힌 복잡한 상황에서 특히 주체(행위자)를 설정하고 권한을 부여, 분배, 실행하는 데서 힘(권력)의 분석은 필수적이라고 주장한다. 특히 파워큐브는 개발, 빈곤, 발전 등을 둘러싼 권력과 지식의 역학 관계를 심층적으로 분석하는 방법론이다. 그래서 파워큐브는 국제 NGO, 지역 NGO, 사회운동, 싱크탱크, 대학 및 기부자를 포함한 광범위한 개발 행위자의 참여, 정책, 거버넌스 문제와 관련된 권력들의 다양한 수준과 참여라는 공간이 생성되는 방식, 그리고 그들을 가로지르는 권력들의 형태를 분석하는 방법론이다. 또한 이런 분석을 적용해 새로운 민주주의 공간에서 시민행동을 통한 변혁적 가능성이 어떻게 확대될 수 있는지까지 발전하고 있다. 전통적인 개발협력과 빈곤의 문제뿐만 아니라 최근에는 디지털 포용, 경제 정의, 환경, 공정 무역, 건강, 주택, 인도주의적 구호, 인권, 기아 등에서 파워큐브의 유용성이 입증되고 있다(Gaventa, 2019a).

파워큐브는 기본적으로 권력과 지식의 연관성에 주목하며, 앞서 이야기했듯 성인학습과 사회변화를 잇는 비판적 교육학, 액션리서치, 페미니스트 연구 등의 전통과 연결되어 있다. 가벤타는 권력과 지식을 뗄 수 없는 관계로 보고, 참여실천연구를 통해 권력과 지식이 독점되는 방식의 구조적 관계를 분석하고 비판하며, 목소리, 조직, 행동을 통해 불평등한 지식 생산 과정을 전복하는 힘의 관계 변화를 탐색하고, 다양한 힘의 개념화를 시도한다(Gaventa, 2011). 이를 위해 기존의 지식과 권력 개념이 한쪽이 다른 한쪽을 억압하는 좁은 관점에 터한다고 비판한다. 예를 들어 무엇이 유용한 지식인지 누가 결정하는가 하는 문제에서 지식을 가진 전문가가 지식이 부족하거나 없는 민중을 통제하거나(power over) 배제하는데, 기존의 참여실천연구는 이 갭을 없애기 위해 현재 권력관계에 문제를 제기하고 민중이 지식 생산 과정에 참여하여 다시 권력을 가져오는 것으로 이해한다. 가벤타는 이러한 기존의 관점이 권력을 '부족한 것, 잃은 것, 소유하는 것'으로 좁게 이해하는 것이라 비판하면서, 최근 시민의 참여를 기반으로 하는 연구와 활동에서 권력관계의 복잡성(complexity)과 우발성(contingency)에 대해 더 두텁고 세심한 관점으로 바라볼 수 있어야 참여실천연구의 대안을 창조할 수 있다고 판단한다(Gaventa & Cornwall, 2008). 그래서 참여실천연구를 통해 실질적이고 유용한 지식으로 인정받는 것뿐만 아니라 지식 생산 과정에 참여해 새로운 목소리를 스스로 실현하고, 내가 속한 집단만이 아닌 다른 집단의 지식을 이해하고 공유, 연대하며 대항적 헤게모니 집단으로서 정체성과 의식성을 형성해 가는 확장 과정으로 권력을 새롭게 이해가 필요하다고 주장한다. 파워큐브는 권력에 대한 이론적 재개념화와 함께 자신의 경험과 실천을 토대로 불평등, 배제의 원인과 권력관계를 분석하고 삶의 변화와 개선을 위한 새로운 가능성을 창출하는 인식적 과정이라는 측면에서 지식과 권력의 관계를 재정립하려는 시도이자 프로세스라고도 할 수 있다.

파워큐브는 미국 정치철학자 존 가벤타의 자전적 경험에서 시작되었다. 가벤타는 1971년 대학을 졸업한 후 연구자 신분으로 미국 애팔래치아산맥 계곡의 시골 광산에서, 그 지역에 살지 않는 부재자들의 토지 소유와, 광산을 소유한 대기업과의 관계를 조사하는 프로젝트에 참여한다. 당시 이 광산의 가장 큰 소유주는 영국 런던에 기반을 둔 회사 '아메리칸어소시에이션'이었는데, 비밀 기업을 통해 광산 토지의 90%를 소유하고 있었다. 자원이 풍성했지만 기업이 광산을 독점하면서 이 지역은 심각한 불평등과 착취, 질 낮은 서비스로 굉장히 열악한 곳이 되어버렸다. 가벤타가 대학에서 배운 정치학에 따르면 이러한 심각한 불평등 상황에서는 시민이 결집해 공개적이고 조직적으로 저항하는데, 실제 현실에서는 그러한 저항이나 항의가 거의 일어나지 않았다. 가벤타는 왜 이런 상황이 발생하는지 의문을 품었고, 광산을 둘러싼 권력관계의 역사적 구성을 살펴보기 시작했다. 이 과정에서 기업의 토지 통제와 광물 자원 착취에 깊은 관련성이 있음을 알게 되었고, 권력은 특정 문제와 목소리를 정치적으로 끌어들이면서 동시에 다른 것을 배제하고 억압하는 역할도 한다는 것을 깨달았다. 애팔래치아 광산 지역의 부당함이 저항에 직면하지 않고 유지되는 것은, 권력자가 시민들을 물리적으로 통제하고 억압하는 것 이외에 시민들이 기존의 권력관계를 수용하게끔 내면화한다는 것을 깨달았고, 이때부터 권력의 다양한 차원들과 작동 방식들을 살펴보게 된다. 가벤타는 50여 년 이후에 다시 해당 지역을 방문한다. 빈곤과 불평등한 상황(빈곤율 38%, 미국 평균 15.5%)이 이어지고 있었고, 원조 기관에서 500억 달러 이상을 지출했음에도 그 패턴은 더욱 뚜렷해지고 있었다. 2016년 대통령 선거에서 도널드 트럼프(Donald Trump)에게 80%의 표를 몰아주는 정치적 후퇴 상황도 발생했다. 가벤타는 과거보다 더욱 복잡한 상황에서 지역의 다국적 경제 상황뿐만 아니라 포퓰리즘과 신자유주의, 다중정치, 저항운동을 다양한 차원에서 분석한다(Gaventa, 2019b). IDS에서 일하게 된 그는 국제개발 분야에서 참여의 개념과 관행에 대한 다양한 접근과 권력을 밀접하게 연결한 방식들을 찾기 시작했다.

가벤타는 권력에 대한 다양한 이해와 분석을 위해 푸코의 생산적 권력 이론과 정치학자 룩스(Steven Lukes)의 3차원적 권력 이론을 적용하고, IDS 동료들의 작업에 영향을 받아, 권력을 다양한 수준(레벨)과 공간이라는 측면들로 분석한다. 권력에 대한 다차원적 검토는 2002년 IDS 워크숍과 2006년 발표한 논문을 거쳐 권력의 다양한 측면(긍정적, 부정적, 공간적 등등)과 상호작용을 이해, 분석하는 파워큐브 방법론으로 정리된다. 또한 가벤타는 진정한 변혁을 위해서는 권력의 변화 역시 다차원적으로 일어나야 하고 대항적(대안적) 행위자들의 연합 및 네트워크가 출현해야 함을 주장한다(Gaventa, 2019). 파워큐브는 개발되자마자 NGO나 시민사회의 참여 전략을 평가하기 위해 사용되기 시작했고, 특히 신자유주의나 세계화 상황의 불평등, 불균형, 블록화, 로컬과 글로벌의 역동적 변화, 다양한 주체와 복잡한 개발 과정, 특히 거버넌스를 기반으로 한 여러 참여적 개발 주제들을 중심으로 트레이너, 응용분석가, 기부자, 시민사회 실무자와 함께 여러 작업을 진행하고 있다(Gaventa, 2005:6).

## 권력에 대한 새로운 해석

파워큐브의 작업은 기존 권력관계에 대한 성찰과 재평가, 새로운 개념화에서 출발한다. 이 작업은 크게 두 가지로 나눌 수 있는데, 첫 번째는 지배 집단이 과거와 다르게 어떻게 권력들을 재배치하고 전략적으로 활용하는가를 입체적으로 밝히는 작업이고, 두 번째는 시민사회와 풀뿌리 조직이 변화된 지형 속에서 어떻게 대안적 지식과 권력을 형성할 수 있는가에 대한 부분이다. 최근까지 우리에게 권력은 소수 독재자 같은 정치인과 지배 집단의 소유물이었다. 독재자들은 이 권력을 활용해 자신과 뜻이 맞지 않거나 저항하는 세력들을 통제하려 했고, 이를 위해 무력과 폭력적인 방식들을 사용했다. 과거 사회운동은 당연히 이 권력을 민중 다수의 권력으로 변화시키려 했다. 이를 위해 먼저 독점적 권력이 어떻게 이뤄지고 행사되는지를 감시, 견제해야 했고 할 수 있으면 대항 권력을 통해 그 권력을 무너뜨리고 새로운 권력을 세우려 했다. 이와 같이 전통적 권력은 기본적으로 A가 B의 행동과 생각을 통제하고 지배하는 적대적, 갈등적, 구조적 힘이었다(Gaventa & Cornwall, 2008). 이러한 권력 이해는 힘의 소유 여부에 따라 승자와 패자가 나뉘는 제로섬 게임으로, 지식과 관련해서는 하나의 전문가가 객관성 · 합리성 · 신뢰성 · 영향력 등에서 다른 지식과 전문가를 압도하는 방식으로 이루어진다. 시민참여와 관련한 가장 고전적 이론인 '참여의 사다리(A Ladder of Citizen Participation)'도 비참여[조작(manipulation), 처치(therapy)], 명목상 참여[정보 제공(informing), 자문(consultation), 회유(placation)], 실질적 참여[협력(partnership), 위임(delegated power), 시민 통제(citizen control)]로 구분하고 있지만, 권력을 상품처럼 소유하거나 위계적이고 억압적인 것으로만 보는 것은 마르크스 관점에 기반한 통제적 권력 관점이다(김새롬, 2019).

하지만 권력은 훨씬 더 유동적이고 복잡한 양태를 띤다. 눈에 보이는 정치 권력 이외에 눈에 보이지 않는 자본, 경제 권력, 언론 권력, 성 권력,

민족, 인종 등 권력의 형태는 다양화되었다. 그리고 형식적 민주화, 민주주의의 진전을 통해 새로운 세력, 힘, 주체, 목소리들이 드러났고 제한적으로나마 참여의 '공간'이 열리기 시작했다. 갈등적이고 정치적인 권력 관계가 없어진 것은 아니지만 기존의 권력관을 넘어서는 세계 이해와 변화를 위한 다양한 길과 접근 방식들(선거와 혁명 이외에도 다양성, 협치, 거버넌스, 참여 등)이 생겨났다. 그래서 권력을 둘러싼 맥락, 상황, 이해관계를 고려하여 역동적이고 다차원적인 상호 관계성과 시너지 효과에 대해 사고하면서, 그 내용과 방식에서도 통제만이 아닌 생산, 실현, 공유, 연결, 가능성 등 긍정적 측면으로 사고하게 되었다. 그 표현과 형태에서도 지배와 저항에서 협력과 변혁에 이르기까지 다양한 실천과 전략, 새로운 기회와 공간 창출로 이해하게 되었다. 참여실천연구에 대해서도 지배적 지식 생산 시스템에 대한 비판뿐만 아니라 다른 형태의 앎의 방식과 역동적 행위, 성찰, 집합적 조사를 통한 경험을 나누는 과정과 결과물임에 주목하며, 대안적 지식, 행동 과정에서 생성되는 지식, 비판적 자기 학습이 연결되는 가능성을 발견하고자 한다.

이런 맥락에서 가벤타는 푸코의 미시정치학적 권력 개념에 대한 성찰을 통해 권력의 형태를 다양화한다. 푸코에게 권력은 도처에, 모든 관계에 존재하는 것이다. 그리고 권력을 통제, 금지의 기능으로만 바라보지 않고 '권력 의지'를 통해 사물을 관통해 생산하며, 쾌락을 유도하거나 지식과 정체성을 형성하며, 담화를 만들어 내는 관점으로 바라본다. 권력을 억압이라는 부정적 기능을 넘어서 사회적 육체들을 가로지르면서 변화를 위한 여러 기회를 창출하는 생성적, 구성적 힘(productive, constitutive power)으로 능동적으로 파악해야 한다고 주장한다(Gaventa & Cornwall, 2008). 이러한 관점은 지식 생성과 담론 분석을 통해 권력을 분석하는 참여실천연구에서 중요한 통찰이다. 가벤타는 푸코의 이런 관점을 받아들여 통제적 권력 이외에도 민주적인 형태의 권력을 촉진하기 위해 보다 협력적인 방법을 모색하는 대안으로 실현으로서의 권력(power to, 실현적 권력), 집단적이고 협력적인 힘을 구축하는 권력(power with, 협력적 관력), 스스로의 내면적 자존감을 형성하는 권력(power within, 내면적 권력)으로 다양화 한다. 실현적 권력은 모든 사람이 자신의 삶과 세계를 형성할 수 있는 고유한 잠재력을 뜻하는데, 상호 지원을 기반으로 할 때 공동 행동 또는 권력의 변화 가능성을 만들어 낼 수 있다는 믿음을 바탕으로 한다. 협력적 권력은 서로 다른 이해관계 속에서도 공통점을 찾고 집단적 행동과 힘을 구축하는 것으로 서로 다른 관심, 경험 및 지식을 가로지르는 다리를 구축하는 자원과 전략을 모아 나가는 연합을 구축하는 힘이다. 마지막으로 자존감을 형성하는 내면적 권력은 자기 가치와 자기 존중에 대한 감각과 관련된 것으로 다른 사람을 존중하면서 개인의 차이를 인식하는 능력을 말한다. 내면적 권력은 스스로에 대해 상상하고 희망을 가질 수 있게 하는 능력으로, 개인적인 가치를 확인하고 자신의 힘을 인식하도록 돕기 위해 개별 스토리텔링과 성찰을 사용한다(Gaventa, 2011:30).

## 파워큐브의 이론적 개요

파워큐브는 그림 6-1과 같이 권력을 다각적이고 집합적인 측면에서 새롭게 볼 것을 제안한다(Gaventa, 2011:9). 그래서 공간, 레벨, 형태라는 면들을 범주로 각 차원과 차원 간의 상호작용과 시너지 효과들을 탐색하려 한다. 거버넌스와 같은 참여를 위한 새로운 기회의 창출(spaces), 권력이 행사될 수 있는 수준과 단계의 변화(levels), 정책 결정 과정에서 누

그림 6-1 파워큐브

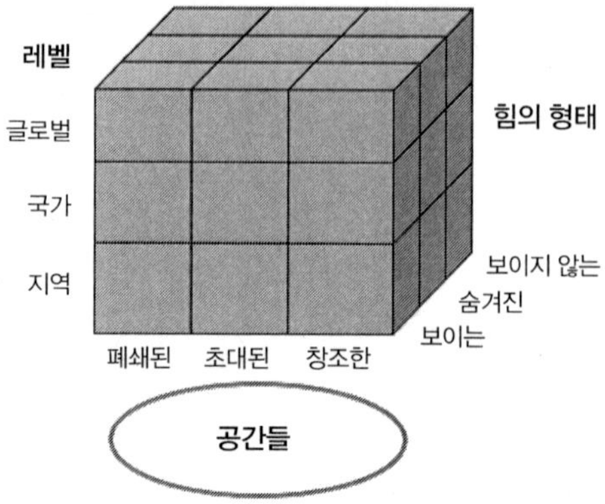


출처: Gaventa, 2011:9

구의 목소리가 어떻게 중요성을 인정받고 반영되는가(forms)에 대한 경계들이 변화하고 있다고 주장한다.

가시성에 초점을 맞춰 권력을 얼굴(power faces)이라고도 부르는 형태적 측면의 권력 분석을 위해 영국의 정치학자 스티븐 룩스(Steven Lukes)의 3차원적 권력 이론을 활용한다. 먼저 1차원적 권력인 가시적 힘(visible power)은 선거, 예산, 법률과 같이 개방된 공식적 의사 결정 기관과 과정에서 볼 수 있는 이익에 대한 경합을 말하며, 중립적 경기장에서 누가 실질적 주도권을 가지고 있는지를 알 수 있는 힘이다.

다음으로 2차원적 권력인 숨겨진 힘(hidden power)은 비(非)의사 결정 행위인 무대 뒤 정치를 통해서 권력과 특권을 유지하는 방식으로, 참여의 장벽을 생성하거나 주요 문제들을 공개 영역에서 제외하거나 의사 결정 폭을 통제하는 방식으로 게임의 규칙을 편향되도록 설정하는 잠재적 권력을 말한다. 2차원적 권력에 의해 어떤 이슈는 정치와 정책으로 조직되고 다른 이슈는 배제되는데, 사람들은 자신들의 목소리와 발언 능력을 강화하거나 조직 동원, 연구, 미디어를 활용해 참여 장벽을 극복하려고 한다.

마지막으로 3차원적인 권력인 보이지 않는 힘(invisible power)은 무력감이나 고정관념, 결핍의 내면화를 통해 가시적인 갈등을 숨기는 지배적 이데올로기로 교육, 미디어, 언론 등 다양한 사회적 기제들과 집단을 통해 작동한다. 보이지 않는 힘은 다양한 갈등과 권력, 지배를 자연적이거나 의심의 여지가 없는 것으로 동의하거나 체념하게 만드는, 프레이리의 표현을 빌리자면 침묵의 문화를 형성하는 것을 말한다.

가벤타는 인도의 성노동자들에게 이 세 가지 형태의 권력이 미치는 영향을 분석한다(Gaventa, 2005). 먼저 성노동자들에게 작용하는 가시적 권력은 성매매를 통제하는 법, 성매매를 보고하고 통제하는 행정부, 지역에서 통용되는 규칙 · 권한 · 제도들을 말한다. 숨겨진 권력은 눈에 드러나지 않는 커튼 뒤에서 매춘 업소 기반 환경에 영향을 미치는 업소 소유자나 이를 통해 이득을 보고 있는 지역 리더들이다. 마지막으로 보이지 않는 권력은 성매매와 관련한 인도와 그 지역 사람들의 인식이다.

최근 거버넌스 형태로 진행된 한국 혁신교육 사례를 같은 방식으로 분석해 보자. 혁신교육(학교) 사업은 교육자치와 전국적 민주, 진보 교육감 탄생으로 정책화되었다. 이 사례에서 가시적 권력은 교육감을 비롯한 정책 운영자나 사업과 예산을 결정하는 사람들(교육위원, 시의원 등), 이 사업이 법적인 테두리에서 진행되도록 하는 조례 등을 들 수 있다. 다음으로 숨겨진 권력으로는 눈에 드러나는 집단은 아니지만 이 사업에 대한 찬성과 반대 정책에 영향을 끼치는 각종 이익집단, 사교육 업체, 민간단체, 협회 등의 집단과 거버넌스에서 세부 지침에 의한 직접적인 집행과 행동을 규율하는 담당 공무원을 들 수 있다. 큰 틀로 짜인 정책을 세부화하는 과정에서 교육 관료들은 자체적인 해석, 규칙, 예산 지침 등을 통해 참가 대상을 분별하거나 사업 영역, 실행 영역들을 결정하는 권한을 행사한다. 마지막으로 보이지 않는 힘은 교육과 혁신교육을 둘러싼 다양한 이데올로기적 힘으로 약육강식의 경쟁 논리, 서열화, 국가 중심 교육 관리 체제, 학교 중심의 교육 주체 등을 들 수 있다. 이러한 다양한 형태의 힘에 대한 고찰은 겉으로 보이는 물리적인 힘뿐만 아니라 유무형의 다양한 힘들을 심층적이고 입체적으로 관찰하고 분석할 기회를 제공한다. 또한 이 힘들의 변화를 위해서도 물리적 대안뿐만 아니라 지지 세력의 형성, 공적 규칙들의 변경과 이데올로기적 대안 마련, 담론 투쟁의 중요성을 일깨워 준다.

권력에서 '공간' 개념은 최근 거버넌스 과정을 통해 참여 기회가 확장된 것과 연관된다. 시민이 자기 삶과 이익에 영향을 미치는 관계, 정책, 담론의 결정에 잠재적으로 영향을 미치기 위해 행동할 가능성(space of possibilities), 기회, 순간, 채널로 해석할 수 있다. 그래서 공간은 중립적인 그릇이 아니라 인간에 의해 역동적으로 구성되고 통제, 지배할 수 있는 권력 수단이다. 참여와 관련한 공간은 공간 형성의 주체와 참여 조건에 따라서 폐쇄된(closed), 초대된(invited), 요구된(claimed) 공간으로 나뉜다(Gaventa, 2011:15). 폐쇄된 공간은 아주 소수의 공식 대표자나 엘리트, 관료, 전문가에게만 개방된 거의 닫힌 공간으로, 광범위한 참여나 협의 없이 결정되는 공간이다. 초대된 공간[48]은 참여적 거버넌스의

48) 콜롬비아에서 시민사회 활동가들은 초대된 공간에 들어가는데 다섯 가지 영역에서 21가지 전략으로 정리했다. 다섯 가지 공간은 초대(Formal by invitation), 권리(Formal by right), 제도(Created by institutions), 조직(Created by organisations), 직접적 집단행동의 이행(Transitory collective direct action)으로 분류했고, 그 공간에서 일어날 수 있는 일들을 21가지로 분류했다. 의사 결정(Decision-making), 논쟁

공간으로 시민, 수혜자로서 의사 결정에 참여하게 되는 공간인데, 협업의 기회가 될 수 있지만 주로 미리 정해진 틀 내에서 공개 협의(협상과 타협)를 진행하는 공간이다. 가장 대표적인 초대된 공간으로는 브라질 포르투 알레그리에서 시도한 시민참여예산제를 들 수 있고, 2000년대 한국 사회에서 시도한 다양한 사회혁신 정책들도 이에 해당한다. 마지막으로 요구된 공간은 배제된 집단, 힘이 약한 사람들이 주장이나 자율적으로 창조한 그들만의 공간으로 공통의 관심사와 의제들을 생성하고 실행하는 풀뿌리 캠페인, 이웃 모임과 같은 동일시를 통한 유기적 공간이다. 이러한 참여의 공간은 고정되어 있지 않으며 서로 영향을 주고받으면서 정당성과 저항, 수용과 변형을 통해 역동적으로 끊임없이 열리고 닫힌다.

그림 6-1의 육면체의 구성에 따라 세 가지 차원과 공간을 동시에 고려할 수 있지만, 그 종류와 구성은 한정되지 않는다. 각 지역과 현장 상황에 따라 공간에 대한 분류가 추가되기도 한다. 예를 들면 젠더 관점의 권력 분석에서는 공적, 사적, 친밀감이라는 공간 영역으로 분류하기도 한다. 공적 공간이 직업, 고용, 공적 생활, 법적 권리 등을 말한다면 사적 공간은 가족, 친구, 성적 파트너, 결혼 등의 내용을 담고 있다. 친밀감의 공간은 좀 더 내밀한 개인의 감각, 자신감, 심리, 신체 및 건강과 같은 내용을 포함한다. 공적인 관계에서는 문제가 없는 것처럼 보이다가도 젠

---

(Debate), 합의 구축(Building agreements), 영향력(Influence), 중재(Interlocution), 로비(Lobbying), 저항(Protest), 책임(Accountability), 가시화(Making visible), 압박(Pressure), 표현(Articulation), 후속 조치(Follow up), 여론 형성(Formation of public opinion), 조사와 추천(Scrutiny and recommendation), 저항(Resistance), 제안(Proposal), 협상(Negotiation), 평화 구축(Peace-building), 불만(Complaint), 만남(Encounter), 동원(Mobilization)이다.

더 관점에서는 불평등 상황이 드러나기도 하고, 에이즈 예방과 같은 이슈에서 사적 공간과 친밀함의 공간에서 발생하는 모순들을 잘 보여 주기도 한다(Gaventa, 2011:31).

마지막으로 수직으로 연결하는 힘인 '레벨'로서 권력은 영토적, 공간적 관계 변화를 반영한다. 레벨은 가정과 일상에서 지역, 국가, 글로벌 단위로 나뉘고 지역별 상황에 따라 더 다양한 행정구역 단위들로 세분화되기도 한다. 가벤타가 애팔래치아에서 경험했던 것처럼 권력의 주체가 존재하는 장소와 영향을 발휘하는 장소가 다를 수 있다. 또한 권력을 개혁하고 운동하는 방식에서도, 지역 개혁을 통해 위로 움직이고 글로벌 개혁을 통해 아래로도 움직이는 이중 운동으로 볼 수 있다.

이와 같이 공간, 형태, 레벨 등 권력의 다면적 속성을 개념화하고 지역사회 개발과 시민들의 참여와 행동에 적용하기 위한 행동, 학습의 틀로 파워큐브를 개발했다. 파워큐브는 권력의 복잡한 작동 방식을 학습, 분석할 수 있는 도구이면서 헤게모니적 권력관계에 도전하는 새로운 가능성 창출에도 기여한다.

## 파워큐브의 활용

지금까지 파워큐브의 다면적 권력 개념을 살펴보았다. 파워큐브는 권력의 다면적 특정과 조합, 관계성, 동적 변화, 전략 등을 개념화하고 계획할 수 있는 입체적 도구다. 이를 통해 권력의 복잡성을 이해하고, 더 주의 깊고 전략적으로 불평등과 배제의 근본 원인을 밝힘으로써 권력의식을 갖게 한다. 시민을 둘러싼 다양한 권력이 존재하듯이, 삶을 변화시킬 수 있는 권력에 대한 권한을 강화하기 위해서는 모든 수준과 측면의 변

표 6-1 나이지리아 빈곤 정책과 연관된 권력 분석 사례

| 범위 \ 공간 | 공적(폐쇄된) 공간 | 초대된 공간 | 요구된 공간 |
|---|---|---|---|
| 해외 | 제공자 정책 | 제공자-시민 사회 대화 | 국제적 사회운동 (예: 부채) |
| 국가 | 국가 빈곤 프로그램 | 빈곤감축전략 보고서(PRSP) | 국가 단위 노조, 인권 조직 |
| 주(State) | 지가와(Jigawa) 빈곤 정책 | 지가와 주 의회 | 아랍 에미리트와 청소년 구조 |
| 지역/공동체 (LGA/ Community) | 지방정부 의회 | 평행 구조 -아랍 에미리트 석유 회사 | Zakkatcommittees; 고향협회; 청소년운동 |

출처: https://www.slideserve.com/shanon/john-gaventa-j-gaventaids-ac-uk-novib-workshop-november-2007

화가 필요하기 때문이다. 파워큐브를 통해 시민사회 행위자들의 동맹 구축 전략, 대표성과 역할 배분, 서로 다른 캠페인과 행위에 대한 상호 영향들을 확인하고 성찰할 수 있다.

파워큐브는 기본적으로 여러 권력이 얽힌 상황을 분석하는 도구로 활용된다. 표 6-1은 2007년 나이지리아의 빈곤 정책과 연관된 권력들을 공간과 레벨 수준에서 분석한 사례다. 먼저 폐쇄된 공간에서는 지역사회에서부터 글로벌한 범위까지의 정책적 지원들이 진행되고 있다. 그리고 요구된 공간에서는 빈곤 관련 이해당사자들이 스스로의 권한 강화를 위한 지역사회 조직부터 국제연대 사회운동까지 확인하게 된다. 협력과 거버넌스의 공간이 초대된 공간에서는 민-관이 만날 수 있거나, 거버넌

스를 통해 상황을 변화시키는 기회를 만들 수 있는 정책과 활동, 공간 등을 분석한다. 이러한 구분과 작성은 단순한 확인을 넘어서서 빈곤 관련 정책, 주체, 사회운동들을 배치하면서 권력의 성격들을 명확히 하고 여러 차원의 권력들이 어떤 연관성을 가지고 있는지도 분석해 낸다. 그리고 긍정적 변화를 위해 어떤 주체들과 어떤 정책들을 지지하며, 사회운동을 통해 어떻게 풀어 갈 것인지 전략을 세워 나간다.

두 가지 이상의 측면의 권력에 대한 상호작용을 볼 때, 다음과 같은 워크숍 작업이 가능하다. 우선 바닥에 2차원의 삼면을 구성하고, 자신들이 활동하는 공간과 레벨(또는 자신이 저항하고 있는 권력의 공간과 레벨)이 어디에 있는지 표시하고 설명한다. 하나의 활동과 관련된 여러 주체가 있는 경우 함께 분석을 진행할 수도 있다. 예를 들어 그림 6-2와 같은 결과일 경우 국가 단위의 활동은 충분한 반면, 글로벌 레벨의 공간은 다소 닫혀 있고, 네트워킹이 안 되어 있다. 또한 닫혀 있는 공간이 많지 않고 초대된, 창조된 공간들이 열려 있어 여러 가능성을 펼칠 수 있도록 참여가 활성화 되어 있다고 할 수 있다. 이렇게 주어진 문제를 둘러싼 변화를 위해 어떤 권력과 공간이 더 필요한지, 막힌 곳이 있는지, 어떤 레벨에 더 집중해야 하는지, 서로 네트워킹을 해야 하는지 분석하는 도구로 사용할 수 있다. 권력 매핑 작업을 통해서 시간이 흐름에 따라 권력과 권리의 접근 방식이 어떻게 변화하는지를 추적할 수도 있다. 한국 사회의 혁신 정책들도 직접적 활동은 동 단위 마을에서 진행되지만, 정책은 국가나 광역지자체 단위에서 설계되고, 기초지자체 단위에서는 주로 집행과 관리를 맡는 경우가 많다. 즉 정책 기획 단위, 광역 단위 행정, 지역 단위 행정, 동 단위 행정, 중간지원조직, 지역조직, 주민조직 등 여러 레벨에서 협력, 실행이 진행되며 각종 위원회와 협력회의, 네트워크 회의 등을 통해 논의와 결정의 공간이 열리기 때문에 여러 차원에서 권력관계망을 파악하는 것이 필요하다. 또한 여러 조직이 함께 네트워킹하는 경우 협력적 거버넌스 활동에서 관계 맺고 있는, 만나고 있는 단체들을 표시하고, 만나고 있지 못한 집단을 확인하고 그 이유를 분석할 수도 있다.

이러한 과정들은 주로 교육, 워크숍, 권력 분석, 전략 구상, 실천과 행동에 대한 성찰 등으로 나눠서 진행된다. 이 과정 또한 참여적 학습 과정으로 개인과 집단들의 경험이나 사례연구, 권력의 개념과 이론을 통한 재개념화, 개인적 성찰, 창조적 글쓰기, 스토리텔링, 과거 형성된 것들에 대한 집단 성찰 등 다양한 방식이 결합되는 액션 러닝이다. 오랫동안 풀뿌리 조직을 촉진하는 활동을 해 온 훈잔(Raji Hunjan)과 페팃(Jethro Pettit)이 공동체가 변화를 위해 권력을 분석하고 전략을 수립하고, 실천하고 성찰하는 과정까지를 담은 워크숍을 진행했다. 워크숍은 권력에 대한 소개, 문제 분석, 전략수립, 행동과 성찰이라는 네 가지 섹션으로 나누어져 있고, 시간과 다루는 범위에 따라 맛보기, 반나절, 종일 워크숍으로 선택해서 진행할 수 있다.

## 파워큐브 활용 국제 사례: 주빌리 2000 채무 캠페인과 권력 분석

파워큐브는 주로 시민사회, 국제개발협력, NGO의 활동 분석에서 활용된다. 광범위하고 복잡한 영역, 최근 활성화되고 있는 거버넌스 영역에서 많이 쓰인다. 여기서는 해외 사례로 '주빌리 2000'의 채무 캠페인을 살펴보고자 한다.

먼저 희년(Jubilee)을 뜻하는 주빌리2000 채무 캠페인은 빈곤국의 부채 탕감을 목적으로 가톨릭교의 대희년인 2000년에 중남미와 아프리카 최빈국(35개국)의 악성 부채인 단기 외채 1000억 달러 이상을 탕감시

그림 6-2 파워큐브 사례

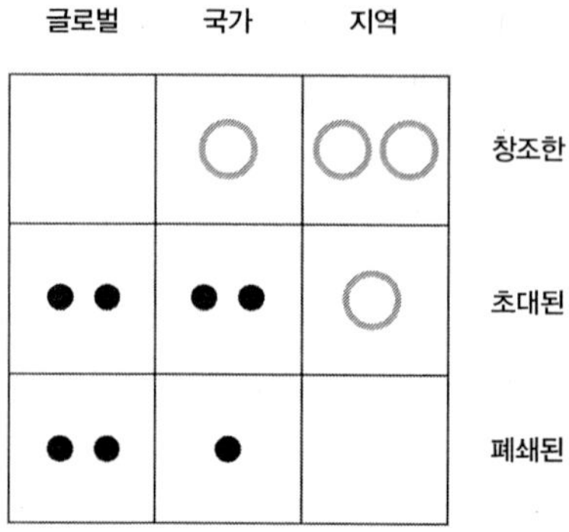


출처: https://www.powercube.net/wp-content/uploads/2009/11/powertwister_forumsyd.pdf, https://www.powercube.net/resources/video/,

키자는 국제운동이다. 국제금융기구의 구조조정 프로그램에 반대해 왔던 영국의 종교, 자선 단체와 NGO를 중심으로 진행된 이 운동은 1994년 영국의 경제학자 앤 페티포(Ann Pettifor)를 영입하면서 50개국 이상이 참여하는 국제적인 캠페인으로 확산된다. 부채에 대한 정치경제적, 윤리적 분석을 진행하고 성서적 희년(Jubilee)의 원리(50년마다 노예들이 자신의 채무를 탕감하고 해방되는 것)와 이와 관련된 '안식일 경제학' 등의 개념을 통해, 국제 채권자들에게 압력을 가하고 선진국들의 합의를 이끌어 냈다. 그리고 채권국의 노동조합 운동뿐만 아니라 어머니 연합, 여성 연구소, 영국의사회(The British Medical Association, BMA) 및 다양한 다민족 협회를 포함하는 광범위한 조직의 구성을 이끌어 내고, 채무국에서도 마을 단위부터 전국 단위까지 캠페인과 운동을 조직했다. 그 캠페인의 결과로 35개국 이상에서 1000억 달러 이상의 부채를 청산했고, 채무국에서는 저축을 통해 빈곤을 줄이고 국가의 보건과 교육에 자금을 지원할 수 있게 되었다. 이 캠페인의 과정에서 파워큐브 방법론은 빈곤 국가의 국제적 부채 문제에서 모든 차원에 걸친 권력관계들을 분석하고 정렬하는 데 큰 기여를 했다고 할 수 있다. 국가 간 관계를 넘어선 부채와 빈곤의 문제들이 그 영향을 직접적으로 받는 사람들과의 협의나 참여 없이 폐쇄된 공간에서 결정되고, 국제금융조직이나 경제 전문가같이 보이지 않는 숨겨진 권력에 의해 작동한다는 것을 폭로한 것이다(Gaventa, 2011). 또한 우리의 일상에 영향을 미치는 많은 피해들이 글로벌화 상황과 밀접하게 연관되어 있다는 것도 밝혀낸다. 예를 들면 빈곤국의 소녀들이 학교를 가지 못하는 일상적 교육 문제의 원인이 사실은 빈곤국 부채로 인한 교육 투자 부족임을 밝혀낸다.[49] 권력의 공간 개념을 통해 글로벌, 국가, 지역 단위의 권력관계와 영향, 작동들을 분석해내는 것이다. 그래서 '외채는 노예제'라는 구호를 만들어 내기도 했다.

이러한 방식들은 캠페인과 운동에서 수직적, 수평적 차원의 전략을 만들어 내는 데도 영향을 끼쳤다. 수직적 차원에서는 마을 수준에서부터 부채 문제를 인식하는 그룹들을 만들고 캠페인의 장으로 이끌어 냈다. 국가 수준에서 60여 개 국가의 조직, 캠페인과 연계하여 로비 활동과 저항운동, 교육을 실시했다. 글로벌 수준에서는 부채 문제에서 권력을 휘두르는 권력들인 G7, 세계은행, 국제금융기구, 파리클럽 등에 대해 각종 국제회의에서 압박을 가했다. 수평적 차원에서도 폐쇄된 의사 결정 과정에 도전하면서, 초대된 공간을 적극 활용해 협의를 위한 기회들을 만들었다. 1998년 7월 버밍엄에서 열린 G7 회의에서는 무려 7만 명의 사람들이 인간 사슬을 만들어 글로벌 부채 문제의 비도덕성, 불의에 도전했다. 파워큐브를 통한 수평적 차원의 전략 마련은 단지 부채 문제를 해

49) https://blog.naver.com/gp3project/10147637838

결하는 것을 넘어서서 게임의 규칙을 바꾸고 부채 문제에 직접적인 피해를 입는 지역주민들이 자신들의 문제와 권리들을 말하고 참여할 수 있게끔 권한을 부여하는 것이 중요하다는 것을 알게 해 주었다. 선진국과 빈곤국 시민들이 부채 문제 해결을 위해 남-북 간 연대를 할 뿐만 아니라 지역 단위에서 목소리와 참여를 강화해 남-남 연대를 만들어 내고, 부채 문제에서 출발해 다른 여러 대안을 만들어 가는 계기를 제공했다고 할 수 있다.

## 파워큐브 활용 국내 사례: 시민건강위원회와 참여 거버넌스

시민건강위원회는 민관협력 조직을 통해 권력 강화를 위한 참여적 거버넌스를 만들어 낸 사례다(김새롬, 2019). 지역사회, 국가, 글로벌 영역과 연관을 맺고 있는 사안에 대해 파워큐브를 통해 각 차원의 권력관계를 분석하고 변화에 대한 다차원적인 권력을 정렬해 새로운 공간을 창출하고 문제 해결을 해 나가려 한 사례라고 할 수 있다.

최근 들어 지방자치단체를 중심으로 민관이 정책적으로 협력해 지역사회의 여러 문제를 해결하는 거버넌스 사례들이 늘어나고 있다. 지자체를 중심으로 진행된 시민건강위원회 역시 민간을 중심으로 형성되지만, 거버넌스 공간으로 초대되어 여러 네트워킹 활동들을 펼쳐 나가는 사례라고 할 수 있다. 김새롬(2019)은 라이트(Erik Wright)와 펑(Archon Fung)이 건강 영역에서 사회권력 강화 모델로 주장한 권력 강화 참여 거버넌스라는 틀로 이 사례를 분석한다. 사회권력 강화 모델은 시민참여예산제, 브라질 민중건강평의회(People's Health council)의 이론적 토대이기도 한데, 참여를 기술이나 도구가 아닌 집합적 권력을 강화하는

그림 6-3 참여적 건강개입에서 권력강화의 과정

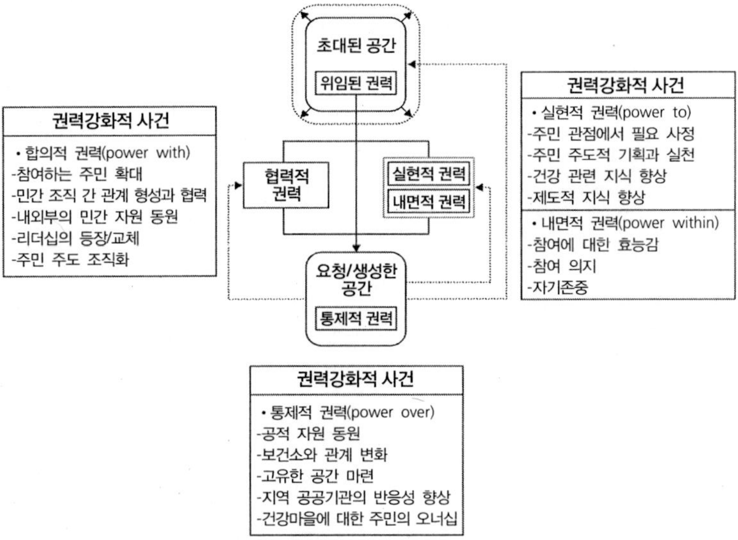


출처: 김새롬, 2019

내재적 가치(intrinsic value)로 구분하면서 삶에 영향을 미치는 정치, 사회적 결정에 더 많은 통제력을 행사할 수 있는 관점과 과정(participation as process)으로 개념화한다(김새롬, 2019:3). 공중보건과 건강정책 영역은 여러 요소가 복합적으로 개입하고 중재되기 때문에 규명하기가 쉽지 않으며, 전문성과 기술적 특성 때문에 논의와 의사 결정이 엘리트주의적 방식으로, 하향적이고 위계적으로 진행되므로 당사자나 시민이 주체적으로 목소리를 내기가 쉽지 않다. 그래서 거버넌스 구조인 위원회를 통해서 참여를 한다는 것 자체가 규범적 힘을 가질 수 있다. 참여와 관련된 다양한 힘과 가능성을 분석하기 위해 김새롬(2019)은 파워큐브에서 제시된 통제적 권력, 협력적 권력, 실현적 권력, 내면적 권력 개념을 활용한다. 시민건강위원회라는 초대된 거버넌스적 참여 공간에서 권한을 만들어 내기 위해 시민들이 정체성을 공유하고 협력, 네트워킹, 자원 모집 등의 과정을 통해 어떤 힘을 어떻게 만들어 나가는지, 그리고 그 힘들을 토대로 폐쇄적 공간과 엘리트적 권력에 통제적 권력을 발휘할 수 있는지 가능성을 분석한다.

시민건강위원회에 참여하는 시민들은 관계 형성과 협력, 민간의 자원 동원, 리더십 형성 등을 통해 협력적 권력을 만들어 낸다. 또한 건강, 보건 정책에 대한 지식을 습득하고 관련 역량을 축적하면서 과거보다 경계를 확장해 실현적 권력을 강화한다. 이는 자기 존중, 효능감으로 이어지면서 내면적 권력을 만들어 낸다. 권한의 위임과 공간으로의 초대는 이러한 새로운 권력들을 생성하고, 이 권력들이 다시 통제적 권력으로 작용하면서 정책과 보건소 내의 관계성, 의사 결정 과정, 공간 등을 변화시키는 참여적 힘이 된다고 할 수 있다. 이렇듯 파워큐브는 과거에 통제적 권력을 중심으로 갈등적, 대결적, 소유적으로 파악되었던 권력관계를 좀 더 풍성하고 다면적으로 성찰할 계기를 제공하고 시민의 참여를 통해서 다양한 권력들이 생성될 가능성과 틀을 제공해 준다.

# 참고문헌

김새롬(2019). 건강증진사업에서 권력강화적 참여의 과정: 건강새마을 조성 사업에 대한 심층사례연구. 서울대학교 대학원 박사 학위 논문.

GP3Korea, 부채와 기초교육의 관계, https://blog.naver.com/gp3project/10147637838

Eyben, R., Harris, C., & Pettit, J. (2006). Exploring power for change. *IDS Bulletin, 37*(6), 1~10.

ForumSyd. (2009). Powercube.net. Retrieved from https://www.powercube.net/wp-content/uploads/2009/11/powertwister_forumsyd.pdf (accessed August 22, 2018).

Gaventa, J. (2005). Reflections on the uses of the "power cube" approach for analyzing the spaces, places, and dynamics of civil society participation and engagement. CFP Evaluation Series, No. 4.

Gaventa, J. (2008). Power and knowledge. In *The SAGE handbook of action research: Participative inquiry and practice*(Vol. 2, pp. 172~189). SAGE Publications.

Gaventa, J. (2011). Power pack: Understanding power for social change. Practical Action Publishing.

Gaventa, J. (2019a). Applying power analysis: Using the 'Powercube' to explore forms, levels, and spaces. Paper presented at The Changing Faces of Power 1979–2019: The 40th Anniversary of the Power Group, International Political Science Association, Moscow, May 22~23.

Gaventa, J. (2019b). Power and powerlessness in an Appalachian Valley—revisited. *The Journal of Peasant Studies, 46*(3), 440~456.

Guijt, I. (2006). Assessing civil society participation as supported in-country by Cordaid, Hivos, Novib, and Plan Netherlands 1999–2004. Retrieved from http://www.partos.nl/index.php?page=5_2_3

Hunjan, R., & Pettit, J. (2011). *Power: A practical guide for facilitating social change.* Carnegie UK Trust.

VeneKlasen, L., & Miller, V. (2006). A new weave of people, power, and politics: The action guide for advocacy and citizen participation (Just Associates Making Change Happen series, No. 3). ITDG Publishing.

## 더 읽을거리

Ganz, M. (2010). *Organizing: People, power, change.* Oxford University Press.
권력과 사회운동, 조직화를 분석한 고전이다.

## 참고 웹사이트

**가벤타의 파워큐브 홈페이지**

https://www.powercube.net/

**권력 분석, 실행방법 관련 홈페이지**

https://justassociates.org/

**주빌리 캠페인 홈페이지**

https://www.advocacyinternational.co.uk/featured-project/jubilee-2000

# 글을 마치며

'참여 학습 방법론'이라는 틀에서 시민이 여러 과정과 방법을 통해 우리를 둘러싼 세상을 비판적으로 인식 · 해석하고, 같거나 다른 상황에 있는 이웃들과 함께 현실에 대한 질문에 답을 찾아가는 다양한 길을 제시해 보려 했다. 이 책에 담지는 못했지만, 비고츠키와 엥게스트룀으로 대표되는 '문화역사적 활동 이론과 변화의 실험실(Change Laboratory)', 남미 민중교육의 성찰을 통해 개발된 '경험 분석을 통한 학습 · 실천 방법론'인 경험의 체계화(Systematization of Experiences), 결코 지나칠 수 없는 '기후변화, 재난에 대한 참여학습', 프레이리의 해방적 문해교육론을 발전시킨 리플렉트와 내재적 학습시스템(ILS), 공간에 대한 참여적 실천과 기록을 기반으로 하는 참여적 매핑, 커뮤니티 매핑 등도 함께 다뤄보고자 했던 내용들이다.

주로 풀뿌리 현장에 적용할 수 있는 방법들을 정리해 보려 했지만 역사, 이론, 세부적 방법이 너무 방대했고 필자의 능력이 부족했다. 참여적 방법론들을 학습하면 할수록 '참여'와 '학습', '행동'에 대한 전제와 배경들이 다양하기도 하고 현실 적용에서 괴리와 모순을 보이는 경우도 있었다. 참여적 학습 방법론의 실천을 직접 보기 위해 여러 프로젝트가 활발하게 진행되는 인도에 갔을 때, 논문과 연간 보고서에서 소개된 참여적 방법론들은 찾아볼 수 없었고 재정 마련을 위해 거쳐야 하는 통과의례 정도로 취급되고 있었다. 국내에서는 비판적 시민교육과 관련된 연구와 실천을 찾기가 점점 힘들어지고 있었다. 평생학습이 확산하면서 사회혁신 정책으로 시민참여와 비판적 학습의 계기들이 마련되기는 했지만, 신자유주의적 자기 계발과 경제적 어려움으로 인한 고용난, 정책적 사회참여의 한계, 경쟁적 교육문화 등으로 채 뿌리를 내리지 못한 채 최근 수구 정권의 탄생으로 정책마저 전환과 후퇴를 경험하고 있다. 동네에서 배제당해 왔던 다양한 주민들을 참여시키는 지역공동체 활성화 정책은 특정 정치 세력의 이권을 챙기는 행동으로 매도당하고 있고, 직접 민주주의를 지향하는 주민자치 활동들도 다시 대의 민주주의를 보완하고 동원되는 방식으로 회귀하고 있다. 수구 정권은 수십 년 전의 기술산업 역군 양성을 부르짖으며 특정 학과 늘리기라는 시대착오적 정책을 실행하고, 우리 교육계는 정시-수시 논쟁, 학생 인권-교권 논쟁, 학교 자율권-예산 지원 등의 해묵은 논쟁을 하느라 건강한 지역주민의 공동체성과 시민력을 키워 나가는 교육은 거들떠보지도 않는다. 이 책을 쓰는 동안 시민사회 참여를 활성화하는 법령이 폐지되었고, 줄 세우기와 사교육을 부추길 수 있다는 우려 속에도 과거 일제고사와 다를 바 없는 기초학력진단평가가 부활했다. 시민의 일상적 참여가 기본이 되는 노동조합, 협동조합, 주민자치, 다양한 공동체 정책들도 '좌파'라는 딱지와 기득권 집단의 반발, 정부의 탄압으로 고사 위기에 처해 있다. 상징적으로 4 · 16 세월호 참사와 10 · 29 이태원 참사는 여전히 우리 사회가 시민의 참여와 연구, 의견 개진, 자발성 등에 대해 사회적인 권한을 거의 부여하고 있지 않다는 것을 보여 주기도 한다.

경제적으로 선진국 대열에 들었고, '케이(K)'로 상징되는 우리 문화 요소가 전 세계적으로 주목받으며, ICT 기술의 발전으로 수많은 국민이 열심히 자기표현을 하고 있음에도 우리 사회의 시민참여와 참여학습에 기반한 직접 민주주의 기반은 취약하다. 경제, 문화, 기술의 발전이 직접 민주주의의 가능성으로 이어지긴 하지만 학교, 작업장, 동네, 공론장 등에서 발현되지 못하면 이익과 기술만을 좇는 권력이 훨씬 더 크게 작용해 민주주의를 해칠 우려 있다. 이 책을 쓰면서, 우리 사회 시민참여와 시민학습의 뿌리가 정말 허약하다는 것을 다시 실감하게 됐다. 시민교육을 정체화하지 못해 여전히 '민주시민교육'이라는 용어를 사용하고, 공론장이나 주민총회와 같은 시민참여 공간이 열리긴 했지만 행정의 주도로 획일화되고, 참여의 장은 양적으로 확대되는 듯하지만 그 장을 기획하고 실행으로 옮기는 과정들은 분절되어 질적인 변화는 느끼기 어렵다. 각 장을 집필하며 이미 정리된 국내 이론과 현장 사례들을 찾고자 애썼지만 발견하기 쉽지 않았고, 최근 자료와 실천들은 더더욱 확인하기가 힘들었다. 방법론과 사례를 잘 정리해 현장에 전달해야겠다는 본래 의도와 달리, 먼저 나부터 참여적 학습의 뿌리와 이론들을 학습할 수밖에 없었다. 방법론만 기술적으로 전달했을 때 시민참여가 오히려 은폐된 동원 기제가 되고 시민학습이 각종 규제를 없애고 시장의 자유를 중심으로 하는 자기 계발 전략으로 활용될 수도 있기 때문이다.

이 책이 시민참여와 시민학습을 활성화하는 첫 번째 시도가 되고 또 다른 시도가 이어지길 바라는 마음에서, 참여실천연구와 관련해 핵심 내용들과 몇 가지 과제들을 정리해 보고자 한다. 먼저 참여실천연구는 참여적 학습 방법론의 한 종류이자 핵심적인 방법론이다. 이외에도 참여를 활성화하거나 시민이 주체가 되어 연구와 학습을 진행하는 방법론이 많다. 그중에서도 참여실천연구는 민중교육가 파울로 프레이리에서 출발하는 가장 오랜 전통을 가지고 있으며, 제1세계와 제3세계를 아우르는 다양한 맥락과 뿌리들을 가지고 있다. 두 번째로 참여실천연구는 매뉴얼로 정리되는 기술적 방법론이 아니라 시민, 참여, 학습, 연구에 대한 개념을 변화시키는 일종의 패러다임, 관점이다. 그래서 참여실천연구만의 연구 과정이 있다든지 특별한 방법을 쓰는 것이라기보다는 연구가 진행되는 모든 과정에서 이해당사자나 시민들이 주체가 되고, 유의미한 행위자로 자리매김하도록 애쓰는 것에 가깝다. 마지막으로 참여실천연구는 이론과 연구방법론이면서도 다양한 주체들의 더 나은 행위와 실천을 꾀하며, 자연스레 직접적인 사회변화와 연결된다. 관념과 이론만으로 파악되지 않는 실천적 지식, 행위를 통한 검증, 성찰을 통한 새로운 질문의 생성으로 이어지는 순환적 연구이자 학습 과정이다.

시민참여와 시민학습이 활성화되지 못한 한국 사회에서 참여실천연구는 여러 가능성을 보여 준다. 하지만 시민사회 현장에서 계속 활동해온 입장에서 보기에 몇 가지 과제가 보인다. 첫 번째로 매뉴얼화를 하지 않는다는 것은 방법적 틀로 자리 잡아 가는 데 약간의 어려움이 있다는 것을 말한다. 실제로 연구를 진행하는 과정에서 다양한 공동연구자들의 영역과 역할 분담을 위한 좀 더 세밀한 논의와 지침들이 필요해 보인다. 또한 전문 연구자의 역할이 무엇인지, 당사자 연구자와의 경계점은 무엇인지를 좀 더 명확히 할 필요가 있다. 또한 전문연구원, 당사자 연구원, 중간지원 연구원, 행정 연구원 등을 어떻게 연결하고 통합할 것인지 일종의 모델이 필요해 보인다.

두 번째로 변화의 폭이 커지는 상황에서 참여실천연구의 길을 찾아야 한다. 참여실천연구는 구체적 현장에서 그동안 드러나지 않았던 행동과 목소리에 주목한다. 그래서 주로 소외되거나 농민, 이주민, 노동자, 빈민, 장애인, 성소수자 등 억압받는 계층이나 지역적 고유성이 강한 지방민들을 위해 많이 활용되었다. 그런데 과거에 비해서 요즘의 상황은 훨씬 다차원적이고 복잡해져서 로컬이나 정체성이 기반한 고유성들도 변화를 겪고 있다. 글로컬(glocal)이라는 말이 생길 정도로 로컬의 고유성은 줄어들고 글로벌 영향력은 강해지고 있으며 서로 넘나들기도 한다.

또한 네트워크와 기술, 자본의 유연화 등으로 고유성을 가진 민중 지식, 소수자 지식의 경계도 흐릿해지고 있다. 고유성보다는 혼종성이 더 커지고 경계의 넘나듦이 커지는 상황에서 참여실천연구의 지식 생산 과정이 어떻게 영향을 받고 변화해야 할지 모색해야 하는 상황이다.

세 번째로 당사자 중심의 연구방법과 매개체가 더욱 다양해져야 한다. 여전히 연구와 학습은 시민 당사자가 참여해 자료를 생산하고 비판적으로 해석하고 성찰하는 과정을 거치지만 연구 형태와 매개체가 다양화되지 못한 상황에서는 전문 연구원의 역할과 영향력이 강할 수밖에 없다. 기존 연구의 논리 체계를 대체하면서 시민 당사자가 사용할 수 있는 매개 수단, 연구와 관련한 단계적 학습 도구의 개발도 필요해 보인다.

마지막으로 다중적인 이해당사자 간의 이해를 도모하는 것이다. 시민참여와 시민학습에서 거대 담론이 성행했던 시기에는 '민중'이라는 (상상적) 집단 주체를 통해 여러 상황을 통합해 내려 했다. 하지만 개별성과 정체성, 각각의 목소리가 강조되는 흐름 속에서 참여실천연구는 과거와 같은 통합적 대표성이 아닌 '위임 없음'을 주장한다. 그렇다면 참여실천연구 그룹이 있다면 그룹과 그룹은, 다중적 그룹은 어떻게 서로를 이해하고 소통할 수 있을지 의문도 가질 수 있다. 지방의 농민과 도시의 노동자, 성소수자와 페미니스트, 빈곤 지역의 주민과 소외된 청년 등 각각의 참여실천연구 그룹이 다른 그룹을 이해해 가며, 사회변화를 위한 공통 분모와 협업 과정을 통해 새로운 형성적 주체가 되어 갈 수 있는 방법을 고민하고 시도해야 할 것이다.

지난 3년간 전 인류는 코로나19로 인해 서로 영향을 주고받을 수밖에 없음을 깨닫는 강력한 경험을 했다. 코로나19와 같은 전 지구적 상황이 처음이 아닌데, 전염병만 보더라도 조류독감, 사스, 신종플루 등 수차례이고 기후변화로 인한 각종 재난, 재해, 이상 기온, 빈곤 악화, 분쟁과 난민 문제는 수십 년째 이어져 오고 있으며 그 범위와 영향은 점점 더 커지고 있다. 하지만 안타깝게도 우리는 이런 상황들에 대해 아주 일부만 알고 있다. 우리를 둘러싼 외부 환경을 이해하는 것도 중요하지만, 거기에 영향을 미치고 있는 우리 스스로의 행동들을 인식하고 성찰하는 작업도 필요하다. 덧붙여 각종 재난과 기후변화들로 인해서 발생하는 복잡다단한 현상들을 분석하고 새로운 전환을 하지 않으면 안 되는 상황을 마주해야 한다. 이러한 상황은 전 지구적인 범위에서의 협력과 노력을 필요로 하며, 국가뿐만 아니라 이 상황을 직접 겪는 시민들의 참여와 학습, 행동을 절실히 필요로 한다. 국가 중심의 일방향, 하향식 대처 방식은 이미 한계를 드러냈다. 전염병, 기후변화, 재난 상황에서 시민은 자신의 경험을 능동적으로 이해하고 분석해 행동해야 하며, 자신의 상황뿐만 아니라 유기적으로 연결된 다른 지역과 시민들의 상황을 학습하고, 자신과의 연결성을 이해하며 함께 행동해야 한다. 그래야 대안 마련이 가능하다.

그러기 위해 우리의 경험과 기존 지식들을 비판적으로 성찰하는 교육적 과정이 점차 중요해지고 있다. 그동안 쌓아 온 지역공동체의 지혜와 지식이 지닌 가치를 확인하고, 기후변화와 재난 상황을 심화시키는 성장주의, 자본주의, 물질주의적 패러다임에 대한 비판적 성찰을 진행하고, 지역별 상황에 맞는 능동적 실천 방안들을 개발하고, 주체들의 다양하게 연결될 수 있도록 하는 참여적이고 교육과 학습에 기반한 과정과 방법을 만들어 가야 할 것이다. 참여실천연구, 더 나아가 참여적 학습 방법론은 이런 과제들에 대한 대안을 만들어 나가는 하나의 계기이자 출발점이 될 것이다.

# 지은이

**김한수**

사단법인 난곡사랑의집 대표, 관악 지역 시민사회 상설연대조직 관악공동행동 상임대표다. 대학에 들어가면서 야학 활동을 시작해 야학이 업(業)이 되었다. 대학생 때는 종로야학에서 활동했고, '야학 21'이라는 연구 집단을 만들어 야학, 민중교육, 프레이리, 대안교육 등을 연구했다. 2001년 야학 21 동료들과 그간 연구한 야학의 대안들을 실천하기 위해 서울 관악구에 있는 남부야학에 들어갔다. 남부야학은 남부교육센터, 난곡사랑의집으로 변화·발전하면서 문해교육, 도시형 대안학교, 공부방, 지역주민교실 등 다양한 교육 실험들을 진행했다. 시민의 학습과 지역의 다양한 활동들을 결합하는 데 관심을 가지고, 교육 현장과 지역운동 현장을 번갈아 가며 일해 왔다. 야학과 문해교육 현장 이외에도 난곡지역단체협의회, 금천구마을공동체지원센터, 사단법인 한국교육연구네트워크 등에서 일했다. 지은 책으로는 『한국 공동체조직화(CO) 운동의 역사: 의식화와 조직화의 만남』(2019), 『프레이리 선생님, 어떻게 수업할까요?』(2018), 『노동야학, 해방의 밤을 꿈꾸다: 노동과 학습은 어떻게 만나는가』(2018) 등이 있고 옮긴 책으로는 『문해교육의 힘 : 라틴아메리카 혁명의 전장』(공역, 2014)이 있다.